台湾经济研究选集

TAIWAN JINGJI YANJIU XUANJI

张邦钜　著

九州出版社
JIUZHOUPRESS

图书在版编目（CIP）数据

台湾经济研究选集 / 张邦钜著. -- 北京 : 九州出版社, 2014.10

ISBN 978-7-5108-3334-2

Ⅰ. ①台… Ⅱ. ①张… Ⅲ. ①区域经济发展－台湾省－文集 Ⅳ. ①F127.58-53

中国版本图书馆CIP数据核字(2014)第251754号

台湾经济研究选集

作　　者	张邦钜　著
出版发行	九州出版社
出 版 人	黄宪华
地　　址	北京市西城区阜外大街甲35号（100037）
发行电话	（010）68992190/3/5/6
网　　址	www.jiuzhoupress.com
电子信箱	jiuzhou@jiuzhoupress.com
印　　刷	北京华忠兴业印刷有限公司
开　　本	787毫米×1092毫米　16开
印　　张	20.5
字　　数	359千字
版　　次	2015年4月第1版
印　　次	2015年4月第1次印刷
书　　号	ISBN 978-7-5108-3334-2
定　　价	40.00元

目 录

第三章　两岸金融篇

第四章　两岸经贸篇

台湾历史沿革

台湾自古以来就是中国领土的一部分。台湾岛在很早以前本来与大陆相连，由于经过了漫长的地质运动，后来才与大陆分离成为海岛。现在台湾海峡水深仅80米，是大陆地理基础的一部分，其与大陆最近距离仅130公里。

据历史记载，台湾汉时称为“东鳀”，那时就与浙江省的会稽发生了商业往来。

三国时，台湾称为“夷洲”。黄龙二年（230年），吴主孙权曾派遣将军卫温，诸葛直将甲士万人，浮海台湾。

隋炀帝时，台湾称为“流求”。曾几度派使节、武官到过台湾，这时开始有台湾人向福州的福庐山（今福建省福清市东南）移民。

唐末、五代到南北宋时期，由于大陆历经频繁的战乱，人民为逃避兵荒，沿海移民台湾显著增加。当时台湾的北港（在云林县）为过往贸易登陆的港口，因此，那时台湾又叫“北港”。

到了元朝，台湾和澎湖与大陆的经济往来更为密切，每年有几十艘船只来往澎湖与大陆之间，这时澎湖已成为福建泉州地区经济的一个重要组成部分，被称为“泉州外府”。在至元二十九年至三十一年（1292–1294年），元朝政府在澎湖岛上设“巡检司”，管理澎湖，台湾民政，隶属福建省泉州同安县（今厦门）。

明万历年间（1573–1619年）开始用“台湾”名称。万历三十二年（1604年），在澎湖设立“游兵”，并在鸡笼（基隆）、淡水二港屯军，以防倭寇侵扰。明天启二年（1622年），颜思齐、郑芝龙率人入台，一面从事开拓，一面防御荷兰人和倭寇的侵扰。天启四年，荷兰人侵占了台湾南部部分地区。天启六年，由吕宋入侵之西班牙人侵占了基隆、淡水等北部部分地区。崇祯十五年（1642年），荷兰人将西班牙人驱出台湾。明末，民族英雄郑成功以舟师二万五千之众，一举而收复台湾，被荷兰侵略者蹂躏达38年之久的台湾，回到了祖国怀抱。公元1662年7月，郑成功病故。1683年夏，清政府进军台湾，郑成功之孙郑克塽率众归顺，从此台湾置于清政府管辖之下，作为海上一个重镇，直接受中央政府的管辖。清光绪十一年（1885年），清政府将台湾建为一个行省。

1894年中日甲午之战，清政府战败，1895年4月17日订立“马关条约”，将台湾和澎湖列岛割让给日本，台湾遂沦为日本的殖民地。1937年日本发动侵华战争。1943年11月《开罗宣言》正式声明，日本应将台湾及澎湖列岛等归还中国。1945年8月15日，日本无条件投降，沦陷日本达50年的台湾，复归祖国怀抱。1949年新中国成立前夕，国民党残余势力败退台湾，以迄于今。

台湾省由台湾本岛及本岛临近岛屿与澎湖列岛组成，陆地面积共有36 002平方公里，约为浙江省面积的三分之一。台湾本岛南北纵长394公里，东西最大宽度为144公里，环岛周围长1 139公里；附属岛屿21个，其中较主要的有兰屿，面积45平方公里；绿岛，面积15平方公里；琉球岛，面积6平方公里；龟山岛，面积2平方公里。澎湖列岛由64个岛屿组成，其中以澎湖为最大，面积64.2平方公里，其次是渔翁岛和白沙岛，面积分别为18.2平方公里和14.1平方公里。其他的小岛面积都很小，有的不超过1平方公里。

台湾地区的人口，1905年为312万，1946年为609万，1952年为813万，2000年为2 228万，现在的人口密度为每平方公里520人，是我国人口密度最大的地区，和江苏省差不多。其中澎湖列岛的情况是，有20多个岛屿有人居住，人口约11万多。台湾的人口增长快，主要是大陆向台湾移民不断增加。明末时期，台湾的汉族居民尚不过2.3万人，在郑成功赶走荷兰人，大力开发台湾之后，汉族人口已增加到20万人。到了清嘉庆十六年（1811年），全台湾省汉族人口猛增到200万人。后据民国十五年（1926年）的调查，汉族人口已达375万人，约占全省人口总数的83.6%，其中先人来自福建省311万，来自广东省58万，余为来自其他省。抗战胜利接收台湾以及全国大陆解放时，又去了一大批人。现在台湾的总人口中，汉族约占总人口的97%，其次为高山族，约占2%，余为回、蒙、满、维吾尔等民族。

台湾省的行政区划，1945年日本投降时，设有5州、3厅、51群、11州辖市，2支厅、67街、197庄。到1982年7月的行政区划是：“2院辖市”：台北市、高雄市；5省辖市：基隆市，台中市、台南市、新竹市、嘉义市；16县：台北、宜兰、桃园、新竹、苗栗、台中、彰化、南投、云林、嘉义、台南、高雄、屏东、台东、花莲、澎湖；22县辖市、229乡、61镇、22区、7 211村里。台湾所管辖的地区还包括属于福建省所辖金门县和连江县的马祖地区；还包括南海的东沙群岛和南沙群岛中最大的太平岛。台北市是台湾最大的城市，据1982年10月底的统计，全市人口约为232万人，人口密度每平方公里达8 500人。台北市现划分为 12 个行政区：松山区、大安区、中正区、万华区、大同区、中山区、内湖区、南港区、文山区、士林区、北投区、信义区。

台湾属亚热带气候，具有高温多雨和强风之特性。南北气温相差甚小，东部由于高山，气温变化甚大，从平原至高山，具有热，温、寒三带并存气候。在平地，夏季较长，冬季并不显著。各地年平均温度都高于 20 摄氏度，以 2 月份为最低，平均为 14.8 摄氏度，最高为 7 月份，平均为 28.2 摄氏度。台湾气候受季风的影响，东北季风始于 10 月，终于翌年 3 月，风力极强，西南季风始于 5 月，终于 9 月，风力不如东北季风强大。自夏至秋，为台风季。台湾为我国雨量最多的地区，中部山区各地及东北部，平均年雨量在 3 000 毫米左右，有的山区甚至达 4 000–5 000 毫米。东北沿海各地，年雨量 1 500–3 000 毫米。西部沿海平原，近山地带，雨量在 1 500–2 000 毫米。中部沿海各地，不足 1 500 毫米。还有的地区如基隆年降雨日长达 214 天。澎湖群岛雨量较少，约在 1 000 毫米左右。

台湾的自然条件得天独厚，物产丰富，盛产稻米、甘蔗和茶叶。水果种类繁多，有名闻中外的凤梨、香蕉和柑橘。特产樟脑。沿海渔产更是非常丰富，又是我国海盐重要产地之一。台湾四季常花，树木常青，名胜风景很多。台湾岛是我国最大的宝岛。

第一章　台湾经济篇

台湾经济发展四十年

从20世纪50年代初到80年代末的40年间，台湾地区的经济有了长足的发展，被誉为亚洲“四小龙”（中国台湾、新加坡、中国香港、韩国）之一。一个弹丸之地，资源缺乏，市场狭小，人口众多，何以经济能快速发展，为举世瞩目。现将其所采取的策略、措施和取得的成就及存在的问题作一概略的介绍。

一、基本策略和管理体制

在资本主义制度下，台湾经济发展的策略和管理体制，有其一定的特点。

（一）稳定与成长并重

20世纪50年代初，台湾当局对其经济发展的策略，曾进行过多次的研讨，后来吸收了部分学者专家的意见，制定了“在稳定中求成长，在成长中求稳定”的基本策略。据认为，经济稳定是经济成长的基础，而经济成长才能维护经济的稳定，兼顾经济稳定与成长的双重目标，两者是相辅相成的，但是如遇两者不可能同时得兼时，应以经济稳定为首要目标。

（二）农轻重顺序发展

20世纪50年代初，提出“以农业培植工业，以工业促进农业”的方针。首先恢复和发展农业，解决人民吃穿的问题，继而发展以轻纺工业为主的进口替代工业，解决人民生活必需的问题。20世纪60年代初，开始由内向型经济向外向型经济转型，大力发展出口加工工业。20世纪70年代中期，开始发展重化工业，并加强基础设施的建设，以逐步完善台湾的工业体系，走向现代化的社会。

（三）奉行出口导向方针

20世纪50年代末，是台湾经济发展方向的转折点。在进口替代工业已趋饱和之后，台湾的经济向何处去？决策当局根据台湾岛内资源缺乏，市场狭小的具体情况，确定了以外贸出口为导向的方针，引进外资和技术，通过加工出口，拓展外销，以带动台湾整体经济的发展。这一重要决策的贯彻实施，为以后台湾经济的发展带来了生机和活力，也使台湾逐渐走上了富庶之道。

（四）实行"计划性自由经济"体制

台湾在1953年开始实施第一期四年经济建设计划之际，由于是采取既有管制又有自由的经济模式，因而当时对这种经济制度应视为"计划经济"还是"自由经济"，引起了争论，后来逐渐形成了"计划性自由经济"的理论，并认为是对正统的自由经济的修正，西方学者称之为混合经济，或称为二重经济。

这种经济管理体制，据认为，由于有计划，没有资本主义自由经济的缺点，不致使私人经济的自由超过范围而形成泛滥；由于有自由，没有社会主义制度计划经济的弊病，不致使社会经济的发展失去诱因而丧失活力，形成低效率。

计划性自由经济包括以下三方面的内容：

1. 以自由经济为基础。即维护私有财产，保障经济自由，尊重价格机能，承认合法利润；公营与民营企业兼顾，除独占性者外，以民营企业为主，公营企业为辅。

2. 以计划经济为手段。通过计划指导经济发展方向，调整经济建设重点，诱导民间企业配合当局贯彻实施；引导经济资源的合理分配，使人力、物力、财力从事最有利的生产，避免无计划所造成的浪费、无效率和矛盾冲突。

3. 扩大当局对经济的参与。一是直接规划当局部门的经济活动；二是运用财政金融等政策措施，直接间接影响民间的经济行为；三是协调各经济部门维持适当的均衡发展，防止少数人操纵国计民生，并调和个人与社会的经济利益；四是在兼顾个体与整体经济发展的同时，实行相当的计划与管制。

二、经济发展的五个时期

从台湾光复至20世纪80年代，台湾经济发展的过程，大体可分为以下几个时期：

第一个时期：1946-1952 年

有的说是恢复重建时期，有的说是政经混乱时期，有的说是台湾最困难的时期。这一时期台湾的经济陷于十分困难的境地。

1. 以农业为主的台湾经济遭受战争的严重破坏，如光复后的 1946 年稻米产量为 89.4 万吨，仅及战前 1938 年最高年产量 140 万吨的 63.9%。工业生产同样破坏严重。

2. 新中国成立前后，约有 200 万人到台湾，全岛由 1946 年的 600 万人增加到 1952 年的 812 万人，由于人口迅速增加，物资匮乏，吃穿都成为严重的问题。

3. 政治动荡不定，经济一片混乱，通货恶性膨胀，物价急剧波动。如 1949 年 6 月币制改革前夕，通货发行额（包括旧台币发行额和台湾银行签发的可以流通的即期定额本票）为 17 406 亿元，较 3 年前旧台币发行初期增加 579 倍，仅 1949 年消费物价指数上涨了近 50 倍。

这一严重困境，迫使台湾当局不得不在混乱的情况下寻求解决办法。

（1）恢复和发展农业。除了修复灌溉设施、增施化学肥料、推广优良品种等措施外，从 1949-1952 年实行了农地改革。所谓“和平土改”，分 3 个步骤进行：① 375 减租（即 25 减租）。②公地放领，将公有土地分发给农民。③实行耕者有其田，即对地主的土地实行赎买政策，再将赎买的土地分配给农民。农地改革缩小了农民贫富的差距，对农业生产起到了促进作用。

（2）恢复和发展急需的工业生产。一是基础设施的电力工业；二是农业生产所必需的化肥工业；三是为人民所必需的纺织工业。台湾的纺织工业无基础，主要是由上海迁台的纺织工业陆续投入生产。

（3）实行币制改革。1949 年 6 月，当局宣布发行新台币，以 4 万元旧台币兑 1 元新台币以旧换新。同时采取黄金储蓄、优利储蓄等措施，以期能稳定金融物价。

除了上面所采取的措施外，还有下面一些特殊的因素，有利于台湾的经济恢复和发展：

一是 1950 年 6 月朝鲜战争爆发，随后美国国会通过了所谓与台湾的“共同安全法案”，1951 年即开始对台湾提供援助，首批 4 100 万美援物资到达台湾，解了燃眉之急，随后美援继续源源而来。

二是朝鲜战争期间和以后美国又卷入越南战争，台湾成为美国军需中转和维修基地，军人休假的后方，在这期间，台湾发了不小的战争财。

三是大陆资本的流入。从1948年起，以上海地区为主的纺织资本，移至台湾，成为台湾纺织业迅速发展的一个重要因素。还有前国民党政府和民间持有的外币、黄金，也有相当数量随之流入台湾。

四是台湾光复时，原日本人所有的企业产业，几乎全部由国民党所接收，形成庞大的公营企业所支配的国家资本主义经济，这些产业虽然遭受战争的严重破坏，但其基础还在，熟悉日本人管理方法的人还在。

由于上述主客观因素，到了1952年，台湾的工农业生产已经恢复到日本占领时期的最高水平。1952年主要经济指标如下：

①稻米产量为157万吨，比战前最高水平超过12%。

②按当年价格计算的“国民生产总值”（GNP）为新台币172亿元（约合13亿美元），年人均160美元。

③“国内生产总值”（GDP）为新台币146亿元（约合11亿美元）。其中农业占35.7%，工业占17.9%，服务业占46.4%，反映了当时台湾仍是以农业为主的社会；服务业占的比重大，据认为是台湾特有的状况。

④进出口贸易总额为3.03亿美元，其中出口1.16亿美元.进口1.87亿美元，入超0.71亿美元。在出口总额中，农产品及农产加工品占91.9%，工业产品占8.1%。在进口总额中，机器设备占14.2%，农工原料占65.9%，消费品占19.9%。

⑤消费物价指数由1949年上涨近50倍下降到1952年的29%。

这时，台湾当局认为经济恢复重建时期的任务已经完成。

第二个时期：1953-1960年

有的说是依赖美援扶持时期，有的说是发展进口替代工业时期，有的说是摸索调整时期。

这一时期台湾开始进行有计划的经济建设。1953–1956年实施第一期四年经济建设计划，提出的主要任务是：“以最有效最迅速的途径，从事经济建设，提高工农业生产能力，充裕物资供应，满足岛内市场需要及增加进口，以求对内经济的稳定，对外改善国际收支。”1957–1960年实施第二期四年经济建设计划，主要任务是“继续开发资源，增加农业生产，加速发展工矿业，拓展出口贸易，以提高国民所得，增加人民就业，平衡国际收支，从而加强经济作战的力量。”

在这两期四年经济建设计划期间，主要是依赖美援推动经济的发展。

1. 继续大力发展农业，加速发展进口替代工业

当时工农业生产十分落后，物资缺乏，失业率高，由于物资供应严重不足，不得不依赖进口补充，而外汇又十分短缺。为实施两期经建计划提出的任务和贯彻“以农业培植工业，以工业促进农业”的方针，当局决定，一方面继续大力发展农业，为工业提供粮食、原料，同时加速发展进口替代工业，采取限制进口等保护措施，使由依赖进口的消费品，改由岛内生产，自给供应。发展进口替代工业，是台湾经济发展中的一个重要阶段，为以后转向外向型经济打下了基础。

2. 资金外汇短缺，依赖美援支应

台湾当时的财政极为困难，加之国民所得低，储蓄少，投资财源严重不足，所需建设资金，主要是依赖美援来支应。

从 1951 年开始，到 1965 年的 15 年间，美国向台湾提供计划型援助和非计划型援助共达 15 亿美元（不包括军援），平均每年约 1 亿美元。所谓计划型援助，是以特定经济建设项目为对象，提供所需器材设备、物资原料和技术劳务，并派来了专家。所谓非计划型援助，是以剩余物资向台湾供给小麦、面粉、奶粉、黄豆、油脂、棉花、肥料等。这些援助的直接目的，一是稳定台湾的经济，二是谋求对外收支的平衡，三是促进工农业生产以奠定经济复兴基础。

美援对当时台湾经济的发展起到了很大的作用：一是弥补了 1/3 的财政赤字；二是弥补了进口额 1/3 的入超；三是在肥料和技术上支援了农业的发展；四是美国援助的棉花，使纺织品的生产很快达到岛内自给；五是美援投入最多的部门是电力，为台湾工业的发展创造了基础条件。由于美援填补了台湾当时的经济困难，使其工农业生产得到较快的成长，到了 1958 年，进口替代工业已出现饱和状态。

3. 经济开始转型，为发展外向型经济作准备

在进口替代工业已趋饱和的情况下，对于台湾经济发展的导向，是当时面临的战略决策的大问题，为此又引起了一场争论。一种意见主张，继续发展内向型经济，将进口替代工业扩大到生产资料领域，转向发展重工业。另一种意见则认为，台湾市场狭小，资源贫乏，主张开辟国际市场，转为发展外向型经济，大力发展进口加工工业，以对外贸易带动整体经济的发展，这样才有出路。决策当局采取了后一种意见。

为利于经济转型，在 1958–1961 年期间，当局进行了一系列财经改革，提出了“加速经济发展方案”和“十九点财政经济改革措施”，主要有：

（1）解除不必要的管制，脱离保护，使市场价格机能恢复，以价格调节供需。

（2）大幅度放宽进出口物资的管制，废除和修订了 130 种有关法令法规。这些法规主要是为制止通货膨胀所制定的。

（3）简化复式汇率为单一汇率，大幅度贬低新台币对美元的比价，将消极限制进口为积极鼓励出口。

（4）创办外销贷款，以较低优惠利率供给外销事业长短期资金。

（5）采取必要的财政、金融措施，鼓励储蓄、投资与出口。

（6）制定了“奖励投资条例”、“华侨投资条例”、“外国人投资条例”、“技术合作条例”，以鼓励内外投资。

在这期间，决策当局提出了引进外资的大胆的政策，为 20 世纪 60 年代走向开放型经济作了充分的准备。

4. 经济开始好转，物价有所滑落

按当年价格计算的“国民生产总值”，1960 年为新台币 621 亿元（合 15.5 亿美元），比 1952 年增长 2.6 倍。按可比价格计算，平均每年增长 8%。

1960 年出进口总额为 4. 60 亿美元，比 1952 年增长 51.8%，其中出口 1.64 亿美元，比 1952 年增长 41.4%，进口 2.96 亿美元，比 1952 年增长 58.3%，入超 1.32 亿美元，比 1952 年增加 0.61 亿美元。

1953–1960 年，消费物价指数平均每年上涨 9.8%。

第三个时期：1961–1972 年

有的说是出口扩张时期，有的说是台湾经济高速成长时期，有的说是台湾经济起飞时期，也有的说是台湾经济成长的黄金时期。

这一时期，进行第三期、第四期、第五期四年经济建设计划（1961–1972 年），主要是贯彻实施“加速经济发展方案”和“十九点财经改革措施”，改善投资环境.引进外资和技术，推动出口加工工业的发展，跨入出口导向时期。台湾的经济就是在这个时期开始起飞的。

1. 内外条件十分有利

外部，国际经济空前繁荣，原材料供应充裕，价格稳定，使台湾的进口成本相当平稳，加之工资低廉，出口竞争能力增强，国际市场顺利开展。内部，一是低廉的劳动力，是外国资本流入的最大诱因，这时台湾农村有 100 万过剩的劳动力。二是由于大陆在搞政治运动，台湾人心安定，有利于埋头发展经济和引进外资。

2. 建立出口加工区吸引外资

1966年首先在高雄建立的出口加工区，为台湾在亚洲地区所首创，据说是运用爱尔兰香农自由贸易区的经验，并将工业区的优点和自由港的优点统一起来，成为一种新型的自由贸易区。之后，又在台中和高雄附近的南梓建立了同样的出口加工区。由于投资条件优惠，手续简便，侨、外资很快吸引到这些出口加工区，促进了加工区劳动密集工业的迅速发展。

3. 侨、外资和技术源源流入

（1）侨、外资流入

进入台湾的资本，主要是美国资本、日本资本和华侨资本。

美国从20世纪50年代开始，就对台湾的石油、电力、合成纤维等部门给予资金和技术合作。60年代对肥料部门正式投资，60年代后半期，主要集中在电子加工业，且独资多于合资，其销售市场主要是返销美国。日本于60年代后半期开始以台湾当地市场为对象的药品、电器部门进行投资，之后才重点转移到以外销为对象的电子及化学部门。华侨投资主要集中在纺织、水泥、金融、旅游及服务行业。

上述投资额，1953–1962年累计为5 409万美元，其中华侨投资1 937万美元，外国人投资3 472万美元。而1963–1972年的10年间，增至7.94亿美元，其中华侨投资2.07亿美元，外国人投资5.87亿美元。

（2）经建贷款

1965年美援停止以后，又改以贷款方式支援台湾，台湾还从其他外国银行得到不少的贷款。依据“政府发展经济社会向国外借款及保证条例”贷入的经建款项，1966–1972年共约9.3亿美元，最大的贷主是美国进出口银行，美国其他银行、世界银行、日本银行等，都是经建贷款的来源。经建贷款用得最多的项目是电力工业，约占经建贷款总额的46%，台湾电力公司是最大的承贷人，其次是交通运输、石化工业等部门。

（3）引进技术人才

一是除随美援派来的美国专家外，还聘请美国企业界退休的有经验的专家，以供民间及官方机构的需要。二是取得联合国国际组织的技术协助，由其逐年提供专家，并派遣台湾的人员赴国外考察学习。三是与国际劳工局合作，由其培训台湾的技术人才；与国际粮农组织合作的有：食品工业研究所、养猪科学研究所、植物保护中心等，这些费用，都由联合国发展方案所提供。

4. 经济高速成长

这一时期，由于外贸迅速拓展，带动了台湾整体经济快速发展。主要经济指标如下：

（1）按当年价格计算的“国民生产总值”（GNP），1972 年达新台币 3 144 亿元（合 78.6 亿美元），比 1960 年增长 4.1 倍，年人均产值合 514 美元，比 1952 年的 160 美元增长 2.2 倍。1960–1972 年间，按可比价格计算，平均每年增长 10.5%。

（2）按当年价格计算的“国内生产总值”（GDP），1972 年为新台币 2 477 亿元（合 62 亿美元），其三类产业结构是：农业占 13.9%，工业占 39.6%，服务业占 46.5%，工业已大大超过了农业。1960–1972 年间，工业生产平均每年增长 17.5%，农业平均每年增长 4.4%。

（3）出进口贸易总额，1972 年达 55 亿美元，比 1960 年的 4.6 亿美元增长 11 倍，平均每年增长 23.6%。其中出口总额为 29.9 亿美元，进口总额为 25.1 亿美元，出超 4.8 亿美元。台湾的对外贸易从 1971 年开始出现出超。

1972 年出口产品的结构是：农产品占 6.8%，农产加工品占 9.9%，工业产品占 83.3%。进口产品结构是: 机器设备占 31.1%，农工原料占 63.2%，消费品占 5.7%。

（4）储蓄率大幅上升。“国民储蓄总额”（包括“政府”储蓄、公营事业储蓄、民间储蓄、固定资产消耗准备）占 GNP 的比率，1952 年为 9.2%，1960 年为 12.7%，1972 年增至 32.1%，扩大了投资的财源。

（5）消费物价指数，1961–1972 年平均每年增长 3.3%，较之以前已趋相当稳定。

5. 经济结构失调

一是农业发展速度减慢。由于工业迅速成长，产业结构已由农业中心转换成工业中心，农村年轻劳力大量流入城市，到了 1968 年，农村劳力老年化的矛盾十分突出；加之大量农田被侵占，农产品价格偏低和农民赋税加重等因素，致使 1969–1972 年的农业年平均增长率仅为 1.6%，1969 年还出现了负数。

二是交通、能源等基础设施不能适应经济发展的需要。尤其在交通运输方面，无论是铁路、公路、机场、港口等，都成为经济发展的“瓶颈”，矛盾突出。同时与石油化学、钢铁等相关的原材料进口日益增加，对外依赖程度越来越大。这些都需要进行相应的调整。

除了经济结构失调外，这一时期还暴露出人民的文化素质不能适应经济发展的需要。于是当局决定从1968年开始，实施培养高品质“国民”的百年大计——九年义务教育，并限期在1967年一年的时间内做好准备。在经费短缺而又紧迫的情况下实现这一重大决策，为以后经济的发展打下了文化基础。

第四个时期：1973-1979年

有的说是发展第二阶段进口替代工业（重化工业）时期，有的说是调整产业结构时期，也有的说是适应国际经济形势多变的不安定成长期。

这一时期，先是从1973年开始实施第六期四年经济建设计划，. 未届期满于1976年提前实施“六年经济建设计划”。

过去的20年，台湾实现了进口替代工业和迅速发展了出口加工工业，但这些都是以轻纺工业为主。为建立现代化的物质技术基础，改变以轻纺工业为主的经济结构，提高能源和原材料的自给水平，减少对外依赖程度，从1973年起，开始向重化工业的方向发展。各期经济建设计划总的发展导向是：调整产业结构，发展基础工业，加强基础设施的建设，逐步完善现代化的工业体系；继续扩展以出口为导向的外向型经济，提高产品竞争能力，适应多边的国际经济形势。

1. 加速农村建设

为扭转农业发展落后的状况，1973年开始实施“加速农村建设九项重要措施”，即①解除肥料换谷制度。②取消田赋附增教育捐。③放宽农贷条件。④改革农产品运销制度。⑤加强农村公共投资。⑥加速推广综合技术栽培。⑦创设农业生产专业区。⑧加强农业试验的研究推广。⑨鼓励农村设立工厂。通过这些措施，以稳定农村劳力，提高农业生产水平，增加农民所得。

1975年为进一步鼓励提高粮食产量，开始对稻米实行较高的保证收购价格，以刺激粮食生产。

1979年又推动“提高农民所得加强农村建设方案”，重点是，革新农业生产技术，维持农产品合理价格，推动农业资源的规划与利用等。

2. 推行十大建设计划

十大建设是在第六期四年经济建设计划（1973-1976）期间进行的，重点是解决能源、交通问题，并推动重化工业的发展。其建设项目是：

（1）南北高速公路。

（2）铁路电气化。

（3）新建北回铁路。

（4）桃园中正国际机场第一期工程。

（5）兴建台中港。

（6）改建苏澳港。

（7）兴建高雄造船厂。

（8）分期兴建三座核电厂。

（9）兴建高雄钢铁厂。

（10）在高雄建立石油化学工业。

以上的制钢、石油化学、核能发电等，都是进口替代工业的产业，所以又称第二阶段进口替代工业。十大建设总共需投资约 60 亿美元，计划 5 年完成。

1973 年、1974 年，正值国际经济环境恶化，爆发了第一次国际性能源危机，石油价格由每桶 2 美元涨到 11 美元，而台湾 99% 的石油依赖进口。这种输入性的通货膨胀，使台湾的经济遭受沉重的打击，货币供给额剧增，物价暴涨，投机抢购的风潮不可遏止，经济增长率急剧下降，如 1974 年经济增长率降到只有 1.1%。迫使台湾当局不得不于 1974 年年初实施“稳定当前经济措施方案”，采取调升和限制物价，提高银行利率，鼓励储蓄，紧缩放款等应急措施。

在这种能源恐慌，经济不稳定的情况下，进行十大建设，难度很大。据当时任“财政部长”的李国鼎说，要筹集 2 000 亿新台币的建设资金（约合 60 亿美元），感到没有信心。而当时任“行政院长”的蒋经国，力举其成，并说：“现在不做，以后就要后悔”，因此才得以按原计划进行。为此，借了不少的外债，据 1973–1978 年的统计，向外国贷入的“经建贷款”共计 34 亿美元，主要是用于十大建设和以后的十二项建设。

由于上述因素的变化，原定到 1976 年截止的第六期四年经济建设计划已无实际意义，未届期满即提前于 1976 年实施较长期的“六年经济建设计划”，十大建设未完工程继续列入六年建设计划。

在实施六年计划时，由于台湾当局致力于摆脱能源危机所带来的困境，贯彻稳定中求成长的措施，还由于十大建设推动了工业的发展，到了 1976 年，台湾的经济开始出现了转机，并连续 3 年呈现高增长，1976–1978 年平均每年增长 12%，外贸总额平均每年增长 28.7%。于是 1978 年又开始推行十二项经济建设计划。

3. 推行十二项经济建设计划

十二项建设项目，是在六年经济建设计划期间进行的，扩大了建设层面，其项目是：

（1）环岛铁路网。

（2）三条横贯公路。

（3）延长高速公路。

（4）拓宽屏东至鹅銮鼻公路。

（5）扩建台中港。

（6）续建第二座、第三座核电厂。

（7）扩建高雄钢铁厂。

（8）设立农业机械化基金。

（9）主要水利设施的扩建与维修。

（10）改善重要农田水利排水系统。

（11）开发新市镇，建设居民住宅。

（12）建立各县文化中心。

推行十二项经济建设计划刚开始，1979 年第二次世界能源危机爆发，石油价格又上涨了两倍，又给台湾经济以沉重的打击，使其再度陷于通货膨胀、物价持续大幅上升、经济持续衰退的困境。因此，台湾当局决定终止应于 1981 年期满的六年经济建设计划，提前于 1980 年实施“台湾经济建设十年计划”，十二项建设项目未完工程，继续列入十年计划。

4. 经济在不稳定中成长

1973–1979 年，台湾在经济不稳定的情况下进行了重点建设，据认为，这种有远见的决策为以后经济的发展打下了基础。在这期间，其经济虽然遭受了很大的波折，但仍有较大的发展。

（1）按当年价格计算的 GNP，1979 年为新台币 11，810 亿元（合 328 亿美元），比 1972 年增长 2.8 倍，按可比价格计算，平均每年增长 8.3%，年人均产值合 1 876 美元，比 1972 年的 514 美元增长 2.7 倍。

（2）1979 年出进口贸易总额为 309 亿美元，比 1972 年的 55 亿美元增长 4.6 倍，平均每年增长 29.8%。其中出口 161 亿美元，进口 148 亿美元，出超 13 亿美元。1973–1979 年间，除 1974 年、1975 年为入超外，其他各年均为出超，累计净出超 31 亿美元。

（3）1973–1979 年消费物价指数平均每年上涨 12.3%，主要是受两次世界能源危机的影响。

第五个时期：1980–1988 年

有的说是经济转型时期，有的说是经济转折时期，有的说是外汇高速累积时期。

这一时期，实施长期的“十年经济建设计划”（1980–1989 年），是考虑诸多的变数和长程的发展目标，使计划期具有较大的弹性。

十年经济建设计划的任务是：

（1）扩大能源资源，提高能源供给能力和使用效率，增加进口设备，适应国际石油价格的变化，保证不断增加的能源需求。

（2）建成环岛铁路与公路网，改善岛内陆地交通条件，促进工业与对外贸易持续增长。

（3）继续完成十二项建设中延续下来的项目，加强工业基础，扩大钢铁、石油化学等工业的自给能力，降低其对外依赖程度。

（4）继续大力发展对外贸易，以带动整体经济的增长。

（5）增加就业，稳定物价，提高人民的生活水平。

由于受第二次世界能源危机的影响，使台湾的经济持续停滞膨胀达三四年之久。在实施十年建设计划的头几年，继续面临物价膨胀，投资不振，工厂倒闭，失业增加的困难局面，经济增长率每况愈下，如 1979 年为 8.1%，1980 年为 7.1%，1981 年为 5.7%，1982 年为 3.3%。在这几年，台湾当局主要是致力摆脱经济持续衰退的困境。

到了 1984 年，由于国际石油价格开始下降等因素，台湾的经济又开始出现了转机，景气回升。下半年，当局提出了“经济自由化、国际化、制度化”的长期发展方针，以自由化减少不必要的行政干预；以国际化扩大经济开放程度，充分发挥国际贸易的比较利益；以制度化规范经营行为，维护经济秩序。1985 年，又宣布在以后的 6 年时间里推动完成十四项基本建设计划，以期实现所谓现代化的经济社会。

这一时期的主要经济情况如下：

1. 发展农业全面兼顾

1982 年，为推动农业生产由劳动密集转向资本与技术密集的方向发展，又提出实行第二阶段的农地改革：一是积极推动共同经营、委托经营与合作经营。

二是提供购地贷款，协助农民购买耕地，实行农地重划。三是加速农业机械化，扩大农场经营规模。

1984年，开始推行稻田转作六年计划。自1975年实行稻米保证收购价格以后，稻米已逐渐生产过剩，而保证价格又不宜取消。为了减少财政补贴和仓储的矛盾，决定自1984年开始，实施稻田转作六年计划，导向农民转种其他农作物，并同样实行保证收购价格。

当时对农村的政策是，兼顾农业、农民、农村三个层面。即继续发展农业，提高机械化水平；农民要分享经济建设的好处，提高农民所得；农村与城市均衡发展，缩小城乡差别。

2. 推动十四项基本建设

1985年开始实施的十四项基本建设计划的项目如下：

（1）中钢公司第三阶段扩建计划。

（2）电力发展计划，包括规划核四厂、台中火力发电等。

（3）油气能源计划，包括“轻油裂解更新计划”、“液化天然气专用港计划”等。

（4）电信现代化计划，包括“都市电信现代化”和“乡村电话普及化”。

（5）铁路扩建计划。

（6）公路扩建计划，包括第二高速公路等。

（7）台北市区铁路地下化计划。

（8）台北市都会区大众捷运系统初期计划。

（9）防洪排水计划。

（10）水资源开发计划。

（11）自然生态保护及国民旅游计划。

（12）都市垃圾处理计划。

（13）医疗保健计划。

（14）基层建设计划。

上述建设计划，进展缓慢，有的项目如核四、核五厂，因环保问题，迟迟未动工。

3. 外贸外汇创纪录

1985年以后，台湾的外贸出现了以下有利的形势：一是日元、马克对美元持续大幅升值，而新台币对日元及欧洲主要通货处于相对贬值的有利地位，提高了台湾产品的国际竞争能力。二是 1986 年国际石油价格下跌，国际原材料价格下降。三是 1987 年台湾当局几次调低油、电价格，三次调低进口关税和放宽进口管制，使台湾的厂商经营成本降低，利润增加，有利于扩大出口，刺激进口，并带动整体经济的发展。

由于上述因素，在 1986 年以后的几年，台湾的外贸业务呈现高速增长，外汇储备快速累积。据统计，1986–1988 年的出进口总额平均每年增长 29.5%，3 年累计出超达 456 亿美元，仅“中央银行”持有的外汇储备，1985 年为 220 亿美元，1988 年增至 760 亿美元，仅次于日本而居世界第二位。此外，台湾的民间还持有大量的外汇。

4. 台美贸易摩擦加剧

美国一直是台湾出口的主要市场，约占台湾出口总额的一半，后经分散市场，1988 年仍占 39%。台湾长年外贸出超也主要是对美国，如台湾对美国出超占台湾出超总额的比重，1986 年为 87%，1987 年为 85%，1988 年为 95%，因此，台美贸易不断发生摩擦。

20 世纪 80 年代后期，由于美国连年出现巨额外贸逆差，在美国压日元、马克升值的同时，新台币对美元采取缓慢升值的方针，引起了美国的不满。1987 年，美国不断对新台币升值施加压力，迫使新台币对美元的汇率节节升高，1985 年年底为 39.90 元新台币兑 1 美元，1988 年年底为 28.22 元新台币兑 1 美元，共升值 11.68 元，升幅为 30%。但 1988 年并非最后底线，截至 1989 年 6 月底，新台币继续升值为 25.90 元兑 1 美元。此外，美国还不断向台湾提出降低关税，开放对美国产品的进口，以降低台美贸易顺差，改善台美贸易不平衡关系。

在美国的压力下，为缩小对美贸易顺差，1988 年台湾向美国购买了 50 亿美元的黄金，在美国提出这种人为操作以降低台美贸易不平衡的做法后，台湾已停止进口黄金；而美国也不认为黄金出口是货品外销，只认为是币值交换。

5. 放宽外汇管制

台湾长期实行外汇管制的政策。1987 年 7 月宣布开放外汇管制的主要原因是：①外贸持续大幅出超，“中央银行”的外汇储备快速累积，导致新台币的货币供给额剧增，形成潜在的通货膨胀压力。②台美贸易不平衡的矛盾加剧，美国不断施加压力。③由于新台币持续升值，国际“投机热钱”不断涌进台湾牟取汇差利益。

所谓开放外汇管制，主要是改变以往管出不管进的做法，而是反了过来：管出宽而管进严。主要规定是：①准许人民可以自由持有、运用和取得外汇，过去是必须集中“中央银行”。②除贸易外汇收支不受任何限制外，任何企业和个人，均可在1年之内汇出500万美元，汇入只限5万美元。

开放外汇管制，台湾官方认为是外汇管理向自由化迈进，是金融方面的一项重大改革，舆论则认为开放得不彻底。开放后，“中央银行”的外汇储备并没有减少。

6. 分散外贸市场

为改变以美国销售市场为主的贸易结构，缓和台美贸易关系，台湾一直在致力于分散外贸市场，拓展西欧和东欧的贸易关系。

对西欧的双边贸易在发展中，1988年双边贸易额为179亿美元，占台湾出进口总额的16.2%，台湾出超19亿美元。

在“政经分离”的原则下，台湾已与匈牙利等东欧国家发展贸易关系，1988年10月，台湾破例组织商务代表团访苏。当时台湾对苏联和东欧国家的贸易政策是，除苏联和阿尔巴尼亚仍为间接贸易外，对其他东欧国家均可进行直接贸易。1988年，台湾对苏联和东欧国家的双边贸易额为4.2亿美元，其中对苏联的间接贸易额为3 175万美元。

海峡两岸经香港的转口贸易，也有较大的增长，据台湾“经济部”的统计，1988年转口贸易总值为27亿美元。占台湾外贸总值的2.4%，台湾出超18亿美元。

以上分散市场是有限的，而美国压台湾开放进口，又遭到岛内抵制，因此，台美贸易摩擦难以在短时期内得到缓解。

7. 对外投资增多

由于：①新台币对美元持续升值，台湾的许多中小企业难以承受。②岛内环境保护意识高涨，群众抗议的事件不断发生。③为提高工资所发生的劳资纠纷事件层出不穷。④开放外汇管制后，便利了民间企业调度资金，本来已经游资充斥，在寻找出路。因此，台湾的厂商纷纷到海外投资设厂。

到海外投资地最多的是美国，其次多集中在泰国、菲律宾等东南亚地区。到大陆投资的也在增加，据台报转引自香港的统计，到1988年止，台湾厂商在大陆投资设厂约430余家，协议投资金额约6亿美元，多集中在福建省。投资的台湾厂商，主要是劳动密集的中小企业。

台湾厂商对大陆投资环境的反映多集中在以下方面，即：电力不足，交通不便，信息不灵，政策不稳，环节太多。但最有利的条件是劳动工资低廉，台湾当时1个劳动者的工资，大体相当于大陆15个劳动者的工资。

三、经济发展主要指标

1988 年与 1952 年比较，主要经济指标如下：

（一） 生产总值（GNP）

按当年价格计算的 GNP，1988 年为新台币 34 234 亿元（合 1 197 亿美元），比 1952 年的 172 亿元（合 13 亿美元）增长 198 倍。年人均产值为 6 053 美元，比 1952 年的 160 美元增长 37 倍。1952–1988 年的 36 年间，按可比价格计算，GNP 平均每年增长 9%。

（二）生产总值（GDP）

按当年价格计算的 GDP，1988 年为新台币 33 352 亿元（合 1 164 亿美元）。三类产业结构 1988 年与 1952 年比较如下：

三类产业结构 1988 年与 1952 年比较：

	1988 年	1952 年
农业占	5. 1%	35. 6%
工业占	46. 4%	17. 8%
服务业占	48. 5%	46. 6%

三类产业从业人员结构 1988 年与 1951 年比较：

	1988 年	1951 年
从业人员总数	810. 8 万	289. 3 万
其中：农业人员占	13. 7%	56. 7%
工业人员占	42. 6%	16. 3%
服务业人员占	43. 7%	27. 0%

以上工农业产值按可比价格计算，1952–1988 年的 36 年间，工业产值平均每年增长 13.2%，农业产值平均每年增长 4.2%。

（三）人均收入

按当年价格计算的人均收入，1988 年为新台币 31 221 亿元（合 10.9 亿美元），比 1952 年的 163 亿元（合 12 亿美元——有汇率变动因素）增长 190 倍。年人均收入合 5 520 美元，比 1952 年的 148 美元增长 36 倍。1952–1988 年的 36 年间，按可比价格计算，平均每年增长 8.9%。

（四）储蓄率

1988 年，储蓄总额为新台币 11 944 亿元（合 418 亿美元）。各个时期的储蓄率与投资率比较如下表：

	储蓄率（%）	投资率（%）
1952 年	9.2	13.9
1960 年	12.7	17.0
1972 年	32.1	26.6
1979 年	33.8	32.8
1988 年	34.9	22.0

（储蓄包括“政府”储蓄、民间储蓄和固定资产消耗准备。储蓄率为储蓄总额占 GNP 的比率，投资率为固定资本形成总额占 GNP 的比率。）

（五）财政收支

国民党退台初期，支出浩大，财政赤字累累。当时一靠发行钞票，二靠美援支撑，三靠加征税收。随着台湾经济的发展，到了 60 年代中期，财政支付能力显著增强。

台湾的预算收入可分为赋税收入，赋税外收入（包括公营事业盈余、财产孳息、罚款及赔偿、捐献、规费等）及赤字抵补收入。赤字抵补收入，包括财产出售、发行公债、经建借款和美元基金等为平衡预算的项目。

财政支出，国民党退台 40 年间，其预算始终把军费开支列为首位，如 1950 年“国防”支出占决算总支出的比重，“中央政府”占 86.60%，各级政府占 57.4%；之后逐年所占比重有所下降，但到 1988 年，仍占“中央政府”决算总支出的 45% 左右，占各级政府决算总支出的 1/4 以上。

按当年价格计算的各级财政收支及其占 GNP 的比率，1988 年和 1952 年比较如下表：

	财政收入（新台币亿元）	占 GNP（%）	财政支出（新台币亿元）	占 GNP（%）
1952 年	36	21.0	36	20.7
1988 年	9 515	27.8	8 432	24.6

财政收入 1988 年比 1952 年增加 263 倍，同时期财政支出增加 233 倍。

（六）对外贸易

1988 年台湾出进口总额居世界第 13 位，其出口总额占台湾 GNP 的 50.6%。

1. 出进口总额

1988 年与 1952 年比较如下表：

（单位亿美元）

	1988 年	1952 年	1988 年比 1952 年增长倍数	平均年增 （%）
出进口总额	1 102	3.03	363	17.8
其中：出口	606	1.16	521	19.0
进口	496	1.87	264	16.8

2. 出进口产品结构

1988 年与 1952 年比较如下表：

出口	1988 年	1952 年	进口	1988 年	1952 年
农产品	1.3	22.1	农工原料	64.5	65.9
农产加工品	4.1	69.8	资本设备	28.0	14.2
工业产品	94.6	8.1	消费品	7.5	19.9
合计	100	100	合计	100	100

在出口产品中，据台湾“经济部”1987 年的统计，台湾已有 20 项产品的出口量居世界第一位，即：阳伞、太阳眼镜、鞋类、自行车、电扇、合板、缝纫机、帽子、毛衣、装饰灯、PVC 皮、PU 皮、空气玩具、网球拍、整流器、手提袋、终端机、千斤顶等。

3. 出进口主要对象

1988 年，台湾对世界主要国家和地区的出进口贸易额，占台湾出进口贸易总额的比重如下表：

对象	比重%	对象	比重%
（1）美国	33.0	（9）沙特阿拉伯	1.7
（2）日本	19.0	（10）韩国	1.6
（3）中国香港	6.8	（11）意大利	1.3
（4）联邦德国	4.1	（12）印尼	1.1
（5）英国	2.7	（13）菲律宾	0.8
（6）澳大利亚	2.4	（14）泰国	0.7
（7）加拿大	2.3	（15）科威特	0.6
（8）新加坡	2.2	合计	80.3

其中主要是对美国、日本、香港地区和联邦德国，约占台湾出进口总额的63%。

4. 外贸出超

1971年出现外贸出超以来，除1974、1975两年为入超外，其他各年均为出超。计自1971-1988年的18年间，累计净出超额为782亿美元。其中对美国的出超额占85%左右，也就是说，这18年间，台湾由于对美贸易出超，从美国获得了约700亿美元。

（七）外汇储备

50年代初，台湾的外汇储备几近枯竭，台湾银行开出的信用证外国银行都拒绝接受。随着奉行出口导向方针，外贸出口的扩张，外汇储备不断累积，到了1988年台湾“中央银行”持有的外汇储备已达760亿美元。见下表：

年份	外汇储备（亿美元）
1952	0.80
1962	1.22
1970	4.80
1975	10.70
1980	22.00
1985	226.00
1988	760.00

注：1952年、1962年包括黄金储备。

（八）受雇人员工资

1988 年各业受雇人员每人每月平均工资与 1979 年比较如下表：

（单位为新台币元，括弧数为折合美元）

	1988 年月平均工资	1979 年月平均工资	1988 比 1979 年增长 %
矿业及土石采取业	19 591（684）	9 127（254）	115
制造业	16 846（588）	6 558（182）	157
水电煤气业	32 607（1 138）	11 741（326）	178
营造业（即建筑业）	17 748（619）	7 020（199）	153
商业	18 357（641）	6 978（194）	163
运输仓储及通信业	19 047（665）	8 491（236）	124
金融保险不动产及工商服务业	28 536（996）	11 071（308）	158
社会服务业及个人服务业	17 570（613）	9 125（253）	93

（九）物价指数

1988 年消费物价指数上涨 1.3%。各个时期消费物价指数上涨情况如下表：

时期	消费物价指数平均每年上涨 %
1946-1952	452.7
1953-1960	9.8
1961-1972	3.3
1973-1979	12.3
1980-1988	4.1

1946–1952 年，主要是 1949 年上涨 4 960%；1953–1960 年，主要是 1953 年上涨 18.8% 和 1960 年上涨 18.5%；1973–1979 年，主要是 1974 年上涨 47.4%；1980–1988 年，主要是 1980 年上涨 19% 和 1981 年上涨 16.3%，其他各年相当平稳，有的年份还有下跌。

（十）家庭现代化

据台湾省政府 1982 年 2 月公布的调查材料，台湾家庭现代化的情况是：

每户有彩电一部以上。

每 1.1 户有一个电冰箱。

每 4.2 户有一部录放影机。

每 1.3 户有一台洗衣机。

每 1.2 户有一部电话。

每 4.5 户有一部冷暖气机。

每户有 1.1 辆机车（即摩托车）。

每 8.4 户有一辆小汽车。

每 15.8 户有一架钢琴。

每 1.4 户有一户订阅报纸。

四、成功之道和主要问题

40 年间，台湾经济快速发展的经验，主要有如下方面：

（一）鼓励储蓄增加投资财源

20 世纪 50 年代，台湾的储蓄率很低，投资的财源主要是依赖美援。为突破“所得低，储蓄少，投资少，所得低”的恶性循环，从提高储蓄着手。主要方法是：①利用税收政策，对高级消费品及服务，课以较高的税率，以达到节约消费增加收入的目的。②利用金融政策，提高利率，鼓励储蓄，并对所得利息给予免税优惠。③有效利用美援，使增加的所得，少用于消费，多用于储蓄。随着经济的发展，到了 1972 年，储蓄率已高达 32.1%，已能解决投资的需要。到了 1988 年，储蓄率更高达 34.9%，大大高于投资率。

（二）以出口贸易带动整体经济

为突破岛内资源贫乏、市场狭小的限制，只有拓展出口才是出路，但是困难很多，一是当初建立的法令规章，都是因应物价膨胀和保护政策下所形成的，无法适应多变的国际市场的需要。二是当初所发展的劳动密集消费工业，成本高，品质差，缺乏国际竞争能力。三是当初出口的产品，主要是糖、大米、梨罐头等，都是通过公营事业的“中央信托局”与日本易货为主，一般企业都缺乏拓展对外贸易的经验。于是采取：①进行一系列的财经改革。②改善投资环境，创设出口加工区，引进外资和技术。③充分发挥低廉劳动力的优势。因此出口迅速扩展，促进了60年代的经济“起飞”。由于长期坚持出口导向的政策，带动了台湾整体经济的发展。

（三）促进民营企业的发展

20世纪50年代初，台湾的公民营经济结构，大体是公营经济占80%，民营经济占20%，其中制造业的总产值中，公营企业占56%，民营占44%，而民营多为中小企业。鉴于公营企业受法令规章的束缚和管理不善，效率难以提高，因此，除对必须扩充的公营事业和有独占性者，仍由官方投资外，以鼓励民间企业经营为原则。

当初缺乏有远见有魄力的企业家，而银行又均系公营，亦未能很好地尽到辅导促进投资的责任，于是采取：①当局研拟投资方案时，邀请民营企业参与。②由当局担任创办人，投资设厂获利后，再移转民营。③由当局提供原料给民营企业加工，再收购其成品，以减轻民营企业的负担和风险，辅导其发展。④运用财政金融政策，鼓励民间投资。在当局积极推动与辅导下，民营企业得到迅速发展，据1982年的有关资料，公民营经济结构倒了过来，大体是民营经济占80%，公营经济占20%，其中制造业的总产值中，民营占86%，公营占14%。现在民营企业已出现了如“台塑大王”王永庆等十大财团，而且第二代年轻的企业家阶层已经形成。

（四）重视基本设施的建设

基本设施，包括电力、铁路、公路、港口、机场及电信等，这些设施需要巨额投资，建设期长，投资报酬率低，甚至投资无法收回。但为经济发展所必需，它可以创造外部经济条件，创造有利的投资环境，刺激生产和投资活动。但这类建设民间不易承受也不愿承受，主要是由官方进行的。台湾为此花费了巨额的资金，克服了种种困难，为其经济的长期发展打下了基础。

（五）特定的主客观条件

台湾的经济得到快速的发展，下面一些特定的主客观条件也是至关重要的。

一是有充沛廉价的劳动力，是当时吸引外资的最大诱因。

二是早期缺乏资金有美国的援助，美援停止后，又有国际金融机构的贷款支持，随后储蓄率的增长成为投资的主要财源。

三是初期发展进口替代工业，有岛内市场的支持，60年代发展出口加工工业，适逢国际经济空前繁荣，获得国外市场的支持。

四是重视教育，重视人才，重视专家学者的意见，发挥智慧潜能。由各方面新老“财经智囊”精英组成的“行政院经济建设委员会”，为当局出谋划策，发挥了重要作用。

五是高效率的行政部门，在不同的发展阶段，采取适当的发展策略。

研究认为，在上述供给面（资金、劳务、行政效率）及需求面（内外市场）这两方面的条件均具备的情况下，台湾的经济得到快速的发展。

40年来，台湾的经济虽然发展很快，并逐渐走上了富庶之道，但是存在的问题也不少，主要有：

1. 对外依赖太大，缺乏自生根基

台湾资源贫乏，缺乏内部发展的条件，实行以出口为导向的经济，对外依赖程度太大，经常受到国际经济变化的影响，左右台湾经济的发展。尤其是对美国的依附太大，经常受到美国经济变化的影响，所谓“美国打个喷嚏，台湾就会感冒”。特别是近几年台美贸易摩擦加剧，如果台美贸易不平衡的矛盾得不到大的改善，美国对台湾的压力就会没完没了。还由于台湾低廉劳动力的优势已经丧失，而高科技转型又非易事，因而出口产品日益受到国际竞争的压力，这也是台湾继续扩大外销市场所面临的问题。

2. 外汇储备过多，形成沉重负累

台湾的外汇储备，已大大超过了对外贸易的需要，给台湾当局带来了沉重的负累。一是“中央银行”要收购大量的外汇，大幅度增加新台币的货币供给额，形成潜在的通货膨胀压力。二是大量的外汇存在外国，资金被外人所用，经常受到岛内舆论的指责。三是大量的外汇主要是以美元存在世界主要工业国家约100家银行，既要承受汇率变动的损失，又要承担风险。如何减少和消化过多的外汇储备，一直是台湾当局寻求解决的难题。

3. 游资泛滥成灾，投机歪风盛行

近几年来，由于外贸连年大幅出超，“中央银行”收购外汇放出大量的新台币，以致出现了资金过剩的情况。一是银行的存款大幅增加，而放款占存款的比重，1986年为63.8%，1987年为58.1%，1988年为66.6%，以致出现过银行拒收存款的不正常现象。二是大量游资冲向股市、房地产、“大家乐”、“六合彩”等“金钱游戏”，使股指狂飙，房地产价格狂涨，形成空前的投机狂潮。而参与股市，乐此成迷者无心工作，这腐蚀了人们的意志，助长了投机心理，失败者不惜铤而走险，造成社会问题。这类投机歪风，尤以1988年为甚。三是地下投资公司猖獗，从事投机违法活动。由于游资泛滥成灾，当局又缺乏有效的疏导措施，因而给台湾经济金融的稳定带来十分不利的影响。

4. 只重经济建设，造成两大失误

台湾在长期的经济建设过程中，有两个方面的失误，形成了严重的后遗症。

一是忽略了环境保护。台湾因长期建设而造成的环境污染十分严重，江河多已变色，引起了群情激愤，现在治理相当困难。因此，80年代后期，环境保护意识高涨，群众包围工厂、阻拦工程和漫天索赔的事件不断发生，台电公司因此不知赔了多少钱。问题更严重的是，已经拟定的“五轻”、“六轻”石化工业的设厂和核四、核五电厂的增建计划，都无法进行，以致有人提出填海建厂的建议，台湾已面临电力不足的矛盾。至于民间，则更不敢对石化等有污染性的工厂进行投资。

二是忽略了精神建设。由于长期埋头于经济建设，忽略了对人们思想品德的教育，以致出现了重金钱不重品德，尚奢侈不尚勤俭，贪图享受、好逸恶劳、投机赚钱等不良社会风气，尤其是青年人对社会缺乏责任感。曾任“行政院长”的孙运璇深有感触地说：“今日台湾经济社会发展的诸多后遗症，是自己当初太注意物质建设，而忽略了精神、文化建设之故。”还说：“由于社会价值观的改变，使民众不再有苦干、奉献才能获利的观念，而是一味想投机赚钱，这是很危险的。”

5. 劳资纠纷不断，劳力严重不足

台湾的劳资纠纷有增无减，罢工、间歇罢工、怠工、罢驶、“集体休假”的事件层出不穷，其焦点主要是工资问题。台湾的劳动工资水平已经提升，生产成本已经升高，企业界对此感到十分困扰，也是转向海外投资的一个原因。

另一方面，由于经济的快速发展，企业单位不断增加，已经出现劳动力严重不足的矛盾，而高科技转型又非短时期所能奏效。在此情况下，泰国、菲律宾等外籍廉价劳工通过各种渠道不断流入台湾，引发了一些社会问题。对此，当局虽不认为合法，但也未有效制止。也有从福建省渡海过去的，当局虽不接受，但有的认为，用外籍劳工，不如用外省劳工。

6. 经济秩序混乱，街头抗议频繁

台湾不断发生“脱序、脱法、脱轨”的行为，动辄引发自力救济，街头行动。据官方公布的资料，1988年台湾共发生街头抗议聚众活动达1567起，动用警力达 23.3 万人次。其中属于经济方面的，主要是环境保护问题和劳资纠纷问题。发生上述问题的原因，官方认为其中参有政治因素，并认为这是转型过渡期难以避免的问题，舆论则认为是“公权力不彰”，民间则深感忧虑。这种不安定的因素，给当局很大的困扰，也是十分棘手的问题。

台湾的公民营经济

台湾的经济结构，依资本属性可分为公营、党营、民营、华侨和外国人投资的企业。前三部分是主要的，其中又以民营经济占的比重最大。

一、台湾的公营事业

台湾的公营企事业主要由三部分组成：一是 1949 年前后国民党原官僚资本从大陆迁入的企事业；二是 1945 年日本投降时接收的敌产；三是国民党退台后新成立的公营企事业。

台湾的公营企事业，依行政隶属关系，可分为“国营”、省营、县市营，以及退除役官兵辅导会等各种不同的企事业共有几百家。

有关台湾公营企事业单位的明细资料，台湾《经济日报》1986 年 6 月 1 日对公营企事业单位的现况有如下的报道：

（一）“国营事业”（50 家）

（1）“经济部”（10 家）：台湾糖业、台湾肥料、台湾机械、台湾电力、“中国造船”、“中国石油”、“中国钢铁”、“中国石油化学工业”、中华工程、台湾制盐总厂。

（2）“财政部”（7 家）：交通银行、农民银行、输出入银行、中央信托局、“中国产物保险公司”、“中央再保险公司”、“中央存款保险公司”。

（3）“中央银行”（3 家）：“中央银行”、“中央造币厂”、“中央印制厂”

（4）“交通部”（4 家）：邮政总局、招商局、电信总局、阳明海运。

（5）卫生署（1 家）：麻醉药品经理处。

（6）退除役官兵辅导会（25 家）：农业开发处、森林开发处、海洋渔业开发处、南海资源开发所、桃园渔殖管理处、矿业开发处、桃园食品厂、中坜地毯厂、冈山工厂、台中木材加工厂、桃园工厂、彰化工厂、台北纸厂、荣民印刷厂、荣民气体厂、荣民化工厂、荣民制药厂、龙崎工厂、塑胶工厂、台南工厂、台北铁工厂、荣民工程处、冷冻加工厂、新竹工厂、楠梓工厂。

（二）省市营事业（41家）

（1）台湾省政府（34家）：台湾银行、台湾土地银行、台湾省合作金库、第一商业银行、彰化商业银行、华南商业银行、台湾土开、台湾中小企业银行、劳保局、台湾产业保险公司、台湾人寿保险公司、高硫、唐荣、中兴纸业、农工企业、粮食局、烟酒公卖局、林务局、铁路局、基隆港务局、台中港务局、高雄港务局、花莲港务局、台汽客运、台航、铁路搬运、自来水、石门水库、增文水库、物资局、矿务局、新生报、台湾书店、省府印刷厂。

（2）台北市政府（5家）：台北市银行、台北市印刷所、台北市公共汽车、台北市自来水、台北市当铺。

（3）高雄市政府（2家）：高雄市银行、高雄市公共车船。

（三）县市营事业（8家）：

基隆市公共汽车、台北县印刷所、新竹县瓦斯、台中县示范林场、云林县经济农场、嘉义市公车、台东轮船、澎湖县公共车船。

二、台湾的党营事业

所谓党营事业，即国民党投资经营的事业。庞大的党产，主要是国民党退台后发展起来的，其发展、营运和存在的问题分述如下：

（一）党营事业的发展

国民党的党营事业于1949年在台湾复业，当时只有齐鲁公司一家党营事业迁来台湾。经过初创、奠基、扩展等发展过程，据中国国民党党营事业管理委员会主委刘泰英说，截至1994年年底，国民党所属的七家控股公司，共投资了121家企业。这121家企业按行业类别分，包括银行、保险、票券、证券、石化、电机、电子、天然气、钢铁、建筑、营造、工程顾问、环保、资讯、贸易、报业、电视、广播、正中书局、印刷、创投等21种。

据台湾《中央日报》1995年3月6日的报道，七家党营控股公司所属党营事业如下：

1.“中央”投资公司（包括金融、石化、综合）：

华信银行、中华开发、“中央产保”、国际投信、中兴票券、华信投顾、中加投资、复华证券、台苯乙烯、建台水泥、中兴电工、台湾建业、裕丰纱厂、华禹实业、齐鲁企业、裕台企业、卫丰保全、景德制药、国贸大楼、金泰建设、台湾电讯、大通建筑、永嘉化学、清宇环保、兴建东精密科技、台湾贸易开发株式会社等。

2.光华投资公司（气体、科技）：

欣泰瓦斯、欣荣瓦斯、欣屏瓦斯、欣云瓦斯、欣南瓦斯、欣雄瓦斯、欣嘉瓦斯、欣高瓦斯、民兴实业、台湾石化等。

3.启圣实业公司（营建开发）：

澧水营造、汉谷开发、昭凌顾问、汉洋建设、永昌建设等。

4.建华投资公司（专业事业）：

大华证券、台湾蜡品等。

5.景德投资公司（保险）：

幸福人寿等。

6.悦异昌股份有限公司（海外事业）：

大星公司、港台贸易、协福电厂、新顺加工区、建泰公司等。

7.华夏投资公司（文化事业）：

“中央社”、《中央日报》、《中华日报》、中影公司、中广公司、中视公司、正中书局、博新育乐、“中央文物供应社”等。

（二）党营事业的营运

党营事业的运作发挥了哪些作用，据认为，通过党营事业的营运，配合台湾经济的发展，完成了阶段性的任务。为配合李登辉推动区域经济合作的经贸理念，扩展海外经贸空间，奠定了稳固的实力基础。还有一些民间不愿做的事，由党营事业来承担，也是党营事业的一大贡献。党营事业除了追求利润之外，还要兼顾“国家”利益和社会责任。有的国民党的高官指出，党营事业对台湾经济的发展，有不可磨灭的贡献。

党营事业还是国民党党务经费的重要来源。随着党营事业盈余的大幅成长，国民党的党务经费依赖党营事业盈余的挹注越来越深，据刘泰英说，1995年的党务经费78%是来自党营事业。

（三）党营事业的问题

庞大的党产，被认为国民党是最有钱的政党，累累成为在野党攻击的对象，也经常遭到党内外人士的质疑。

认为党营事业享有特权，可以为所欲为。刘泰英被认为是李登辉的大掌柜，他的言行举足轻重。

认为党营事业的运作不公开透明，暗箱作业，讳莫如深，有神秘色彩。

认为庞大的党营事业，是与民争利，是“党国”不分，是党库通“国库”等。

关于“党国”不分，国民党的高官称，中国国民党是创建中华民国的政党，早期的观念，党和国是一体的。

在野党强烈要求国民党公布党产。

（四）国民党的党产有多少

国民党庞大的党产究竟有多少？据台湾《经济日报》1995年3月9日，对国民党的党产有如下的报道：

国民党党营事业昨（8）日公布，国民党党营投资的事业共121家，资产净值为新台币377.7亿元（按当时新台币兑美元的汇率折算约为14亿美元），股本总额为新台币93.3亿元。同时公布了党营事业的税后盈余，1992年为新台币26.1亿元，1993年为52.7亿元，成长率为101%，1994年为79.2亿元，成长50%。

有关1994年国民党所属7家控股公司税后盈余的统计如下表：

公司	新台币（万元）
“中央投资公司”	335 541
光华投资公司	190 054
启圣实业公司	10 476
建华投资公司	80 123
悦昇昌投资公司	4 629
景德投资公司	−3 094
华夏投资公司	174 875
合计	792 603

三、台湾的民营企业

台湾的民营企业是台湾经济的主体。其资本组成，一是在日据时期少量的台籍私人资本；二是1949年前后从大陆迁台的私人资本；三是台湾在土地改革中部分地主以地产转换的工商资本。

台湾的民营企业发展很快，在台湾经济中占有绝对的优势地位。据台湾第七次工商普查资料，1986年全体工商企业单位数611 161家，其中民营资本610 425家，占99.9%，官资为736家，占0.1%。在生产总额新台币48 426亿中，其中民资40 156亿元，占82.9%，官资为8 270亿元，占17.1%。年底员工人数51.65万人，其中民资47.76万人，占92.5%，官资3.9万人，占7.5%。

据有关资料，截至1991年4月的统计，台湾的富豪排名有96位，其中列第一名的蔡万霖家族的财富净值，估计为新台币850亿元（按当年新台币兑美元的汇率折算，约为32.4亿美元）。小的富豪的净值为新台币10亿元（约合4千万美元）。下面是1991年台湾富豪前20名的排名。

人名（家族名）	主要产业及财富来源	估计财富净值（新台币亿元）
1. 蔡万霖	国泰人寿、国泰建设、三井工程、国泰医院	850
2. 陈启安、陈启川、陈天锚三家族	土地、南和兴物产、台湾可口可乐	700
3. 林谢罕见、林堉、林荣三三家族	土地、宏园等多家建设公司、希尔顿饭店、中联信托、联邦建设	600
4. 王永庆、王永在	台塑、南亚、台化、长庚医院、美国台塑	500
5. 辜振甫、辜濂松	中国信托、台湾水泥	400
6. 吴东进、吴东亮、吴东贤、吴东升	新光人寿、新光纺织、新光合纤、大台北瓦斯	350
7. 徐有庠	远东纺织、亚洲水泥、远东百货、裕民航运、亚东工专、元智工学院、亚东医院	300
8. 翁大铭、翁有铭、翁一铭、翁德铭	国华人寿、华隆纺织、嘉新畜产、中华证券投资、国华等证券公司	240
9. 张荣发	长荣海运集团	180

续表

人名（家族名）	主要产业及财富来源	估计财富净值（新台币亿元）
10. 黄世惠	三阳工业、南阳实业、国泰信托、庆丰投资	160
11. 蔡万才	国泰产险、富邦建设	140
12. 侯博明、侯博义、侯博裕	土地、统一企业、台南纺织、新复兴实业	120
13. 陈由豪家族	东云纺织、东帝士公司	110
14. 林玉嘉	台湾玻璃	100
15. 何寿山、何寿川	永丰余集团、台北企银	96
16. 陈江章	东南水泥	85
17. 叶松根	羽田机械、台湾比雅久、标致汽车、大叶重工、全欧汽车	81
18. 王又曾	中国力霸、嘉新面粉、友联产险、嘉莘企业	70
19. 李水土	三富汽车	65
20. 林挺生	大同公司	60

台湾的地下经济

所谓地下经济，即流动摊贩。

摊贩是原始古老的一种经济活动，一直延存至今。现代社会把摊贩列入地下经济之一，因其为不正规的经济活动，也无法纳入正规的国民经济统计。在经济落后而未上轨道的社会里，摊贩在社会经济活动的比重通常较高，而且管理不易。台湾有关部门对摊贩的活动状况，每隔 5 年进行一次调查分析，下面是 1993 年和 1998 年两次调查台湾报纸的有关报道。

一、摊贩划分的对象和范围

何谓摊贩？据“行政院主计处”调查的对象和范围，是指设置在户外某一地点，如马路边，大街小巷、市场、车站、码头、学校、公园、居民住宅或商店门口等地，以固定或流动摆设摊位，销售物品或提供服务者，包括固定及沿街小巷的流动摊位或叫卖者，但不包括公私零售市场内的摊贩。

摊贩分布的范围相当广泛，形式各种各样，流动性很大，销售物品和提供服务均为人们生活所需，但多为小本生意，获利不菲。摊贩是社会经济层面的一个群体，其利弊兼而有之。

二、摊贩占有一定的比重

据“行政院主计处”的调查，1993 年台湾地区各类摊贩的家数为 25.6 万余家，从业人员为 38 万余人，占总就业人数的 4.3%。1998 年摊贩总家数为 26.4 万余家，从业人员为 39 万余人，占总就业人数的 4.2%。说明摊贩在社会经济活动中占有一定的地位。但由于便利超市及大型量贩店的兴起，摊贩也面临相当程度的竞争，所以 1998 年摊贩的家数比 1993 年仅增加约 3%，而 1993 年的家数比 1988 年增加 9.3%。

据 1993 年的调查资料，在 25.6 万余家的摊贩中，大体可分为七大类，各类家数和占比重如下：

类别	家数（万家）	占比重％
小吃、食品及饮料类	11.27	43.9
其他商品类	2.92	11.4
生鲜水果类	2.89	11.2
成衣、被服、布、鞋类	2.60	10.1
生鲜肉食类	2.56	10.0
生鲜蔬菜类	2.36	9.2
各种服务类	1.09	4.2
合计	25.69	100.0

1993 年各类摊贩家数中，以小吃、食品及饮料类占 44% 的比重为最大，是为摊贩中的主要种类。说明台湾人喜好路边随处就吃的习性，以致小吃、食品及饮料类的摊贩家数远多于其他类别。

三、摊贩的利润丰厚

摊贩的利润丰厚，主要有两方面的因素：一是经营成本低，如营销费用、租金、水电费及人事管理成本大大低于正规的商店。二是不必承担税负。如 1998 年全台湾 26 万多家摊贩，只有约 2 万多家缴纳税款，仅占约 8%，其原因，一是逃税漏税者多，二是有一部分摊贩未达课税标准的。

因此，1998 年的调查资料显示，摊贩的平均利润率高达三成。高利润不仅使八成的从业人员不想转业，也吸引了更多学历相对较高的人投入，如 1993–1998 年 5 年间，高中及大专以上文化程度的摊贩人数增加了五成。同时，全体摊贩的营业总收入达新台币 4 000 亿元，10 年间约增加一倍。

以往曾认为摊贩收入微薄而生活维艰，现今仍有些摊贩赖蝇头小利的不可靠收入维生者。但随着摊贩经营的组织化及灵活弹性化，摊贩的利润率已高达三成，平均每人净收入高于制造业受雇员工平均薪资 5 000 元，摊贩一般而言已非弱势族群。

四、摊贩有利弊两个方面

如任何事物一样，摊贩也有两面性。有利的一面，一是摊贩经营的成本低，能以相对便宜的价格广为招徕，吸引广大消费者。据 1993 年的调查，售货便宜是摊贩竞争优势之一，所销售商品或劳务服务的价格，比一般正规的零售业要便宜 11.6%。二是其营业场所不论固定或流动，或依附市场，或深入大街小巷，或自成营业地盘，或早或晚，均为消费者提供方便购物和饮食服务，如早市饮食随处可得，尤其是油条、烧饼之类的大众食品，正规的零售商店不易购得。甚至逛夜市成为有些人生活的一部分，夜市更是摊贩林立。可以想象如果没有摊贩，人们一定会感到许多不便，这也是摊贩之所以能长期存在的主要原因。

问题是，摊贩的大量存在，对经济、社会、税收等层面都造成严重的影响。其一，摊贩提供廉价及方便购物，在相当程度上是以付出社会成本为代价的，如垃圾、污水、噪声等脏乱现象，不仅有碍公共卫生，也影响市容观瞻。其二，摊贩总要有个场所，其非法占地，阻碍交通，破坏商业体制等负面因素都不同程度地存在。其三，摊贩量大分散，给税收征管带来很大的难度，逃税漏税稽查起来也很困难，一律不征税也不合理。其四，在当时（1993 年）各行业短缺劳工达 22 万人，却有 38 万人从事摊贩经营，占就业总人数的 4.3%，使基层劳力不足现象恶化，这是一个矛盾。

五、摊贩对正规零售业的影响

摊贩的大量存在对正规零售业造成的影响，也是一个不能忽视的问题。

据工商普查资料，1991 年后台湾地区有 28.7 万家零售业，而“行政院主计处”1993 年 10 月底进行的调查，摊贩家数有 25.6 万家，两者的家数相差不远。如果以营业收入和获利进行比较，正规的零售业平均每家一年虽有新台币 488 万元，远高于摊贩的 118 万元，但因房租、税收及管理费等负担重，正规零售商获利能力反而远不如摊贩。

据“行政院主计处”分析，1993 年摊贩以支付清洁费、管理费的比率最高，约占三成；而缴纳营业税的摊贩仅占 7%，平均每家缴纳的税额仅 4 151 元，虽其全年营业收入明显低于正规的商店，但其营业利润比正规商店高出 1.5 倍，见下表：

摊贩与零售业营业比较

项目	零售业	摊贩
家数（万家）	28.7	25.6
平均每家一年营业额（万元）	488	118
营业总额（亿元）	14 006	3 022
利润率（%）	11	27.8

注：零售业是 1991 年工商普查统计资料，摊贩是 1993 年 10 月调查资料。

调查资料还显示，摊贩附近的同类商店，有 37% 认为生意因受摊贩的影响而趋清淡，显示摊贩因销售成本较低，以售价低廉恶性竞争，影响部分合法商店的生存，甚至有的中小店铺因饱受威胁而岌岌可危。一些合法商店难以忍受不公平竞争，而又感到无奈，只有期望当局尽速将摊贩纳入合法管理。

六、摊贩管理难度大

摊贩一律取缔并不现实，管理起来难度又很大，现在似乎处于无序状态。

据 1998 年的有关报道，多年来台湾当局曾尝试对摊贩采取各种措施，但无论是取缔、管理或辅导，总的说来就效果而言，堪称一事无成，可见其难度之大。

摊贩管理难度大，究其原因，主要有如下方面：

其一，处理摊贩问题没有主管机关进行统一管理，只是由警方执行管理之责，而警方勤务繁多，警力又有限，自难将摊贩问题列为优先课题，能管多少是多少。

其二，相对于一般消费者的看法，摊贩是分散的自谋生计者，其实是颇有组织的一群人，政治人物看在选票份上，乃刻意为其护航，不仅造成管理上的困难，“立法院”所以曾对“摊贩管理条例”难产，关键亦在于此，即令地方官员及政党，对于取缔摊贩这种明显有失去选票的事，自然也不会积极。

其三，对摊贩是否为弱势族群有不同的看法，有的认定，就整体而言，摊贩属于弱势族群，有意或无意表示同情和姑息。有的则持相反的看法，认为现在摊贩的收入颇丰，已非弱势族群。

舆论则认为，摊贩应纳入正常管理，使其为经济社会提供价廉方便货品和劳务服务的同时，亦应接受适当的规范，并承担应有的责任和义务，处于无序状态的摊贩问题不能令其继续存在。

20 世纪 90 年代台湾的工资和物价

一、各类人员的薪资

薪资，亦称薪水或工资，都是表示劳动报酬的意思，下文多以薪资或工资来表示。薪资涉及各行各业，总体上可以反映一个地区的经济发展和消费水平，分类观察又能反映各行各业的差别待遇。本文尽可能搜集到的有关资料分列如下：

(一)各业受雇员工的工时工资

据“行政院主计处”的调查，1990 年 5 月份台湾地区各业受雇员工的月平均工时，月平均工资如表一：

表一

各行业业别	月平均工时（时）	月平均工资（新台币元）	合美元（元）
工业	205	21 169	802
矿业及土石采取业	181	21 699	822
制造业	208	20 525	778
水电燃气业	199	38 869	1 472
营造业（即建筑业）	193	23 023	872

续表

各行业业别	月平均工时（时）	月平均工资（新台币元）	合美元（元）
服务业	200	23 782	900
商业	195	20 414	773
运输仓储及通信业	206	25 023	948
金融保险不动产及工商服务业	198	33 893	1 284
社会服务及个人服务业	210	21 319	808
十类行业平均	200	24 972	946

以上10类行业的月平均工时，如果按27个工作日计算则每日工时平均为7.4个小时。

以上10类行业的月平均工资为946美元。各业受雇员工的平均工资，以水电燃气业为最高，合1 472美元，其次为金融保险不动产及工商服务业，合1 284美元。最低为制造业和运输仓储及通信业，均合770余美元。

（二）十大高薪服务业

据“行政院主计处”调查，1990年5月份十大高薪服务业排行榜如表二：

表二

业别	月平均工资（新台币元）	合美元（元）
①证券余融业	50 585	1 916
②外国银行业	47 732	1 808
③台湾银行业	40 662	1 540
④信用合作社	40 511	1 535
⑤远洋及近海水运业	40 461	1 533
⑥顾问服务业	39 947	1 513
⑦信托投资业	37 792	1 432
⑧航空运输业	37 142	1 407
⑨保险业	35 733	1 354
⑩电信业	35 449	1 343

注：①证券公司的工资，随证券市场的变化而变动较大。

②外国银行业的工资，一向高于台湾的银行业。

③城市信用合作社为合作金融性质，这次名列榜4，具有偶然性。

（三）一般公务员的工资

司局长及司局长以下的工作人员均为一般公务员，1990年的工资待遇如表三：

表三

官职		俸额	专业加给	主管职务加给	月薪（新台币元）	合美元（元）
简任（派）	14	33 210	21 230	18 100	72 540	2 677
	13	31 085	20 330	15 400	66 815	2 465
	12	30 235	20 080	14 900	65 215	2 406
	11	28 535	17 630	9 850	56 015	2 067
	10	27 685	15 980	7 200	50 865	1 877
荐任（派）	9	22 585	13 730	5 450	41 765	1 541
	8	20 675	13 180	4 200	38 055	1 404
	7	19 400	11 230	3 200	33 830	1 248
	6	18 125	10 730	2 600	31 455	1 161
委任（派）	5	14 935	9 480	2 350	26 765	988
	4	13 660	8 930		22 590	834
	3	12 810	8 780		21 590	797
	2	10 685	8 760		19 445	718
	1	9 100	8 750		17 850	659

注：①简任10-14级为司局长级。

②荐任6-9级为处科级。

③委任1-5级为科员级。

（四）当局负责人的工资

据台湾《经济日报》1996年6月18日的报道，经过调整后，于1996年7月1日实施的当局负责人的月薪如表四：

表四

职务	新台币（元）	备注
“总统”	822 000	“立法院长”比照“总统府秘书长”，“副院长”比照“总统府国策顾问”。“四院”即：“行政院”、“司法院”、“考试院”、“监察院”。
“副总统”	616 500	
“四院院长”	273 380	
“四院副院长”	177 380	
各部“部长”“政务委员”	158 180	
各部“政务次长”	140 390	
“常务次长”	123 190	

（五）各级学校教师的工资

据台湾《中央日报》1998 年 6 月 19 日的报道，台湾公立各级学校教师的薪资有如下的明细表（表五）。并规定于 1998 年 7 月 1 日实施。

表五

金额单位：新台币元

	大专院校教师月薪合计					中小学教师月薪合计	薪级
					99 680		770
					99 075		740
				89 695	98 465		710
				87 870	96 640		680
			81 190	86 655	95 425		650
		71 925	79 975	85 440	94 210	72 100	625
		70 710	78 760	84 225	92 995	70 885	600
		69 495	77 545	83 010	91 780	69 670	575
		68 275	76 325	81 790	90 560	68 450	550
		67 060	75 110	80 575	89 345	67 235	525
		65 845	73 895	79 360	88 130	66 020	500
		64 630	72 680	78 145	86 915	64 805	475
公立各级学校教师薪资明细表	54 000	62 195	70 245	75 710		57 440	450
	53 090	61 285	69 335	74 800		56 530	430
	52 180	60 375	68 425	73 890	教授	55 620	410
	51 265	59 460	67 510	72 975		54 705	390
	50 355	58 550	66 600	72 065		53 795	370
	49 440	57 635	65 685	71 150		52 880	350
	48 530	56 725	64 775	副教授		49 080	330
	47 620	55 815	63 865			48 170	310
	46 705	54 900				47 255	290
	45 795	53 990		助理教授		46 345	275
	44 880	53 075				45 430	260
	43 970	52 165				44 520	245
	43 060					40 820	230
	42 450					40 210	220
	41 840		讲师			39 600	210
	41 235					38 995	200
						38 385	190
						37 780	180
						37 170	170
			教助			36 560	160
						35 955	150
						35 345	140
						34 740	130
						34 130	120

（六）陆海空军官士官薪饷

据台湾《经济日报》1990年11月7日报道的有关资料，台湾陆海空军官士官现行的薪饷待遇见表六：

表六

军阶	每月薪饷（新台币元）	合美元（元）
上将	54 440	2 009
中将	52 740	1 946
少将	47 390	1 749
上校	43 665	1 611
中校	36 040	1 330
少校	30 630	1 130
上尉	28 640	1 057
中尉	24 415	901
少尉	22 590	834

注：①上表原资料无上将待遇，但有两个中将待遇，可能是上将之误。

②为照顾军人的辛劳和待遇偏低，台湾当时“所得税法”规定，军人的薪饷免缴纳所得税。

③据“国防部部长”陈履安当时表示，正在研拟提高军人待遇和各项加给，以拉近军人与文职人员待遇的差距。

（七）驻外人员的薪资

据台湾《新新闻》周报2003年3月一期题为“当一年外交官年薪上千万”的报道。

陈水扁主政后，所谓“拼外交”，不惜以优惠待遇鼓励驻外人员。报道说，台湾驻外人员的薪俸比“总统”还高。如特任官驻外人员的薪俸每月为9 100美元，若加上最高等级的“地域加给”、“馆长加给”，每月的待遇高达1.7万美元，约合新台币59万元，尚不包括住房补助，家眷补助、子女教育补助等费用。而陈水扁“总统”的月薪在减薪后，只有新台币44.8万元(减薪前为新台币82万元)。“副总统”吕秀莲的月薪也由新台币61.6万元减为33.67万元，还不如一些驻外人员。

所谓驻外人员，除了“外交部”还包括“侨务委员会”、“经济部”、“新闻局”等单位，所有派驻海外的人员，一切待遇，都比照“外交部”。

（八）关于基本工资

所谓基本工资，即劳工日工作8小时的最低工资，不得低于此数，以保障劳工最低所得。基本工资是根据劳工最低消费支出、物价指数、各业劳动生产力及平均薪资等因素计算得出，大体是基本工资占各业平均工资的比重不到一半。

台湾实行基本工资制度有较长的发展过程。

早在1955年11月，中国国民党总裁指出，每月所得不足300元者，应予改善。1956年初订定基本工资每月为300元。

1968年3月，“行政院”发布“基本工资暂行办法”，并调整基本工资每月为600元，后经过多次调整，到1986年已为每月6 900元。

1987年“行政院劳委会”成立后，基本工资从1988年起每年都有调整，但近两年的调幅都很小，而1998年还未调整，相较于同年各业平均薪资仍调高2.9%，就显得缺乏联动性，因而引起各界广泛的关注，饱受劳工团体的批评。

问题还在于，月基本工资每次只调涨几百元，相对于生活水准的提高，基本工资调涨的实质意义，已是越来越不明显，保障劳工最低所得的功能已逐渐式微；而实际上已有很多熟食店雇用劳工的工资，大都高于基本工资。后续的议论，“劳委会”的官员认为，着重讨论基本工资制度的兴革，比每年怎么调基本工资或调多少更有意义。

表七　　10年基本工资与各业平均薪资

基本工资调整时间	基本工资（元）	调幅%	各业平均薪资（元）	基本工资占前一年平均薪资比重(%)
1988.7	8 130	17.8	18 399	
1989.7	8 820	8.5	21 270	47.9
1990.8	9 750	10.5	24 346	45.8
1991.8	11 040	13.2	26 925	45.4
1992.8	12 365	12.0	29 485	45.9
1993.8	13 350	8.0	31 721	45.3
1994.8	14 010	4.9	33 697	44.2
1995.8	14 880	6.2	35 450	44.2
1996.9	15 360	3.2	36 810	44.3
1997.10	15 840	3.1	38 654	43.0
1998未调	15 840	未调	39 780	41.0

（九）历年军公教待遇调整幅度

据台湾《经济日报》1996 年 10 月 21 日的报道，台湾历年军公教待遇调整的幅度有如下的统计，从 1974 年到 1997 年的 24 年间，只有 4 年未作调整，其中调整幅度最高的为 20%，最低的为 3%，见下表：

表八

会计年度	调整时段	调整幅度
1974	1973.7-12 月	20%
	1974.1-6 月	10%
1975	上年 7 月—本年 6 月	20%
1976	上年 7 月—本年 6 月	未调整
1977	上年 7 月—本年 6 月	11.2%
1978	上年 7 月—本年 6 月	14.7%
1979	上年 7 月—本年 6 月	20%
1980	上年 7 月—本年 6 月	13.8%
1981	1980.7-12 月	20%
	1981.1-6 月	9%
1982	上年 7 月—本年 6 月	11%
1983	上年 7 月—本年 6 月	未调整
1984	上年 7 月—本年 6 月	未调整
1985	上年 7 月—本年 6 月	8%
1986	上年 7 月—本年 6 月	8%
1987	上年 7 月—本年 6 月	未调整
1988	上年 7 月—本年 6 月	10%
1989	上年 7 月—本年 6 月	8%
1990	上年 7 月—本年 6 月	12%
1991	上年 7 月—本年 6 月	13%
1992	上年 7 月—本年 6 月	6%
1993	上年 7 月—本年 6 月	6%
1994	上年 7 月—本年 6 月	8%
1995	上年 7 月—本年 6 月	3%
1996	上年 7 月—本年 6 月	5%
1997	上年 7 月—本年 6 月	3%

（十）关于实物配给和房租津贴

1950 年 7 月，台湾当局为因应当时物资缺乏、通货膨胀的困境，保障公教人员最低物质生活，决定对公教人员全面实施实物配发制度。配发的实物为食米、食油、盐、煤油（后改为液化气）四项。享受实物配给的人口，连同本人和眷属计算，职员限五口，技工限四口，工友限三口，后来一律改为五口。

1979 年，随着物资供应充裕，决定除食米外，其他三项改发代金。到了 1983 年，由于配发的次米不受欢迎，又将食米改发代金。

此外，公教人员还有房租津贴。

到了 1989 年，为了简化公教人员待遇的项目，在调整公教人员的工资时，先将房租津贴并入本俸内支付。1990 年调整工资时，又将实物代金的本人部分并入本俸（此项代金约为新台币 920 元，合 34 美元）。有关眷属实物代金部分，也将在以后的年份分期并入本俸计算。之所以要分期并入，因为要增大本俸的基数，从而增大奖金等的支付（公教人员的年终奖金为 1.5 个月的工资。台湾地区现有公教人员 52 万，其中各级机关的公务员 14 万）。

（十一）关于个人所得税

1989 年 12 月修改的所得税法中，将个人所得税的级距由原来的 12 级简化为 5 级，最高税率由原来的 50% 降为 40%。全年所得的免税额为新台币 4.2 万元(即在全年所得中扣除 4.2 万元免税）；1990 年 12 月修改所得税法时，又将此项免税额提高为 5 万元，以考虑物价变动的因素。

现行个人所得税的级距和税率如下：

①年所得新台币 30 万元以下课 6%。

②年所得 30–80 万元课 13%。

③年所得 80–160 万元课 21%。

④年所得 160–300 万元课 30%。

⑤所年得超过 300 万元课 40%。

二、关于消费性物价水平

据有关的调查资料，1990 年、1991 年台湾的各类消费性物价水平有如下的报道：

（一）大台北地区的房价

据台湾《中央日报》1990年7月7日报道的有关调查资料，大台北地区的住宅分别不同地区的合理价位如下：

（按台湾计算房地产面积习惯用台坪为单位：1台坪=3.306平方米，以下均按此折算为平方米）

1. 市区

住宅面积	92-116平方米
合理价位新台币	700-850万
合美元	25.5-31万
每平方米合美元	2 800元

2. 市郊

住宅面积	99-126平方米
合理价位新台币	500-650万
合美元	18.2-23.7万
每平方米合美元	1 900元

3. 近郊

住宅面积	106-132平方米
合理价位新台币	400-500万
合美元	14.6-18.2万
每平方米合美元	1 400万

4. 偏郊

住宅面积	116-149平方米
合理价位新台币	200-350万
合美元	7.3-12.7万
每平方米合美元	700元

（二）台北市的办公室租金

据台湾《经济日报》1990年6月25日报道的有关调查资料，台北市区不同街段的办公室租金如下表：

表九

市区街道	每平方米月租（新台币元）	合美元（元）
仁爱路	877	31.90
敦化南路	832	30.30
民生东路	817	29.80
忠孝东路	726	26.40
敦化北路	726	25.40
松江路	726	26.40
南京东路	696	25.30
信义路	695	25.30
复兴北路	665	24.20
复兴南路	605	22.00
平均	737	26.80

（三）台北市主副食及水果价格

下面是台北市 1990 年 12 月下旬有关主副食及水果的行情（见表十）。

表十　　主副食及水果行情

类别	平均每公斤价（新台币元）	合美元（元）
1. 鱼虾类		
18 种鱼平均价	100	3.69
最高（赤宗鱼）	188	6.94
最低（鲭鱼）	39	1.44
草虾	242	8.93
2. 肉蛋禽类		
上肉（猪肉）	95	3.51
中肉（猪肉）	82	3.03
肉鸡	70	2.58
仿鸡	90	3.32
蛋类	24	0.89

续表

类别	平均每公斤价（新台币元）	合美元（元）
3. 蔬菜类		
20种蔬菜平均价	35	1.29
最高（韭菜花）	68	2.51
最低（萝卜）	17	0.63
4. 水果类		
香蕉	45	1.66
凤梨	34	1.25
杨桃	57	2.10
西瓜	33	1.22
葡萄	69	2.55
甜橙	23	0.85
苹果（韩国进口）	60	2.21
5. 蓬莱白米		
上米（每包60公斤）	1 780	65.70
每公斤	30	1.10
下米（每包60公斤）	1 640	60.50
每公斤	27	1.00

（四）交通理发等价格

1. 台北市公共汽车票价

台北市1991年2月5日调价后的票价如下：

	新台币（元）	合美元（元）
普通公车（一段）		
全票	9	0.33
军警学	6	0.22
老残童	5	0.18
自强公车（一段）		
全票	10	0.37
军警学	8	0.30
老残童	5	0.18

2. 台北市理发价

台北市男士理发价（次）为新台币 190–350 元，约合 7–13 美元。

3. 台北市电影票价

	新台币（元）	合美元（元）
台片：全票	100	3.70
学生票	90	3.30
军警票	80	3.00
西片：全票	120	4.40
学生票	100	3.70
军警票	90	3.30

4. 台北市液化气价格

台北市 1991 年 3 月 1 日调价后的液化气（20 公斤桶装）为新台币 472 元，约合 17 美元。

（五）台北市家庭收支情况

下面是台北市家庭收支情况的调查。

调查单位：台湾省政府主计处

调查时间：1990 年 6 月

调查户数：580 户

平均户内人口：4.2 人

平均就业人数：1.6 人

表十一　　平均每户收支情况

项目	新台币（元）	合美元（元）	消费结构 %
经常性收入	53 809	1 960	
经常性支出	41 300	1 504	
其中：			
1. 消费性支出	37 006	1 348	100.0
食品和饮料	10 542	384	28.5
房租水电	9 744	355	26.3
衣着及服饰	2 158	79	5.8

续表

项目	新台币（元）	合美元（元）	消费结构 %
燃料及灯光	1 227	45	3.3
家具及设备	2 226	81	6.0
家事管理	1 042	38	2.8
医疗保健	1 502	55	4.1
交通运输	2 166	79	5.9
娱乐教养	4 260	155	11.5
杂项消费	2 139	77	5.8
2. 非消费支出	4 294	156	
经常性收支结余	12 509	456	

注：①经常性收入，系指家庭人口包括薪资以外的各种不同来源的所得收入。

②非消费支出，包括赋税、利息、捐赠等。

③从上表可以看出，平均每户消费支出总额中，主要是吃、住和娱乐占的比重居一二三位，三者合计占消费支出总额的66.3%，即2/3的消费用于这三方面。

④房租一般占消费支出总额的1/4–1/5，如按1/5计算，则平均每户支付房租为270美元，按平均每户住房30坪（约100平方米）计算，则每平方米租金为2.70美元。

（六）台北市与亚洲主要城市民生必需品价格比较

据台湾“经济部”物价督导会报1990年5月的调查，台北市与亚洲主要城市重要民生必需品价格比较如表十二。

表十二

	台北	东京	汉城	新加坡	香港
食物类	100	238.6	131.2	102.2	88.3
农工原料	100	126.2	106.9	97.7	80.2
衣着	100	76.8	69.7	67.7	54.3
居住	100	224.1	103.3	128.3	115.1
交通	100	262.0	78.9	86.9	164.2
娱乐	100	180.1	127.0	75.3	90.9

表十二显示：

五大城市比较，衣着类价格台北市高于其他四个城市；居住类台北市低于其他四个城市。

总的来看，当时东京的物价最高，台北与汉城接近，新加坡与香港最低。新加坡主要是居住类较贵，香港主要是交通类较贵。

但对此项调查也有争议，亲身经历者感觉，台北市的物价已经接近东京。

（七）工资增长与物价变动

台湾地区公教人员调整工资与消费物价指数变动情况如下表：

表十三

年份	公教人员工资调资幅度	消费物价指数涨（+）跌（-）%
1981	20%	+16.34
1982	11%	+2.96
1983	未调整	+1.35
1984	未调整	-0.02
1985	8%	-0.17
1986	8%	+0.70
1987	未调整	+0.52
1988	10%	+1.28
1989	8%	+4.41
1990	12%	+4.13

1981年消费物价指数上涨16.34%，主要是正值第二次国际性能源危机时期，石油价格又一次巨幅上涨，使台湾的经济又一次遭受很大的冲击。

台湾的土地改革

台湾自1949年开始实行土地改革（台称农地改革），到1953年夏季基本完成，后来把它称之为第一期农地改革。到了1980年又开始进行第二期农地改革，是在第一期改革的基础上进行的。

一、台湾为何要实行土改

台湾实行土地改革，当时的主要目的，是为了缓和社会不稳定与阶级的紧张关系，图谋政治上的安定，在“中国农村复兴联合委员会”的策划与支持下，被迫接受美国的建议而实行的。当时大陆正在进行轰轰烈烈的土地改革运动，必然会对台湾造成影响，为了防止台湾农民革命的兴起，不致使台湾的政局更加恶化，于是决定实施农地改革。按当时任台湾省主席陈诚的说法：“农村社会的不安，极易对外邪所感染。”如果“不加改善，乱源即由此发生，征诸往事，历历不爽。台湾必须实行农地改革，虽有万难，不能顾及”。可见当时国民党当局十分害怕台湾农民革命的兴起，而被迫采取缓和农村矛盾的措施。

台湾实行土地改革，是在保障地主阶级根本利益的条件下进行的，是一种资产阶级性质的改良主义措施，当局吹嘘为“和平土改”、“不流血的革命”。虽然如此，不管当时的主观用意如何，客观上对台湾以后的经济成长所带来的战略意义很大。一是使地主封建制度解体，提高了农民的生产意愿，促进了农村经济的恢复发展；二是实行耕者有其田，由于是采取赎买政策，使地主资本转换成工业资本，为以后发展民营工业提供了条件。

台湾实行土地改革尽管是资产阶级改良主义性质的，但为什么在大陆时期国民党办不到，撤到台湾以后又支持土改？一是大陆时期国民党政权的社会基础是地主阶级，上下官僚与地主阶级都有千丝万缕的联系，其中的许多人本身就是大地主或者与封建势力关系密切，他们不可能自己革自己的命。二是国民党撤台后，害怕台湾地方势力向自己挑战，而且他们又无土地利害关系，此为基本原因。三是迫于美国人的压力。

二、关于第一期土地改革

台湾在实行土地改革前的土地状况是：全省约有8.1万户地主（亦说10万户），占总农户69万户的11.7%，地主共占有耕地45.7万余公顷，约占全省耕地总数81.6万公顷的56%，其出租之耕地为25.6万公顷，占地主所有耕地的56%。

关于第一期农地改革（1949–1953年）分为三个步骤进行，即三七五减租、公地放领、耕者有其田。

（一）耕地三七五减租

所谓三七五减租，就是限制佃租的最高额不得超过出租土地正产品全年收获总量的 37.5%。据说三七五减租系来自二五减租，过去曾估计，一般佃农所缴的租额，约为收获总量的一半，有的还不止此数。二五减租即从收获总量一半的佃租中，减去该项佃租的 25%，这样减租后的租额，只有收获总量的 37.5%，因此三七五减租，实际上就是二五减租。据说在民国十五年（1926 年）时，国民党政府曾将二五减租列为政纲之一，但一直未能得到实行。

三七五减租在一定程度上缓和了租佃关系的紧张程度，但是没有满足农民对土地的要求，而地主也并不甘心。陈诚说，地主因减租而撤佃升租的事件层出不穷，事态相当严重。

（二）实行公地放领

所谓公地放领，就是当局将原已出租给农民的公有耕地，由承租佃农承购后分期摊还。

在实施公地放领前，台湾共有土地 17.6 万公顷，约占全省耕地面积的 21.6%。这些公地，在日据时期除一部分为日本财阀所直接经营外，其余系因“地头”如地主土豪所包租，然后再转租给农民耕作，或由地主土豪组织合作农场。对所包租的租额，前者约为全年收获总量的 30%，后者农民缴纳给包租人的佃租高达 55%。

抗战胜利国民党政府接管台湾以后，除将日本财阀所经营的耕地转为公营事业如台糖公司等，对其余的公有耕地，一律放租给农民，其租额为耕地主要作物正产品全年收获总量的 25%，此为“政府”于放领公地前所采行的公地放租政策。

1949 年实施三七五减租后，决定将公地放租改为放领。1951 年，台湾省政府制定了“台湾省放领公有耕地扶植自耕农实施办法”，规定：以现有的公有耕地面积由现耕农民承领，放领地价按耕地主要作物正产品全年收获总量的 2.5 倍，以实物计算，由承领农民在 10 年内分 20 期摊还。这项工作一直延续到 1976 年，共放领公地 13.9 万公顷，约占全部公有耕地的 76%。

（三）实施“耕者有其田”

所谓“耕者有其田”，是将征购地主土地，再转卖给农民，扶植佃农或雇农使其成为自耕农，实现孙中山先生“平均地权”的口号。

所谓实施“耕者有其田”的三准则是：安定农村社会；考虑到佃农与地主双方的利益；和平渐进。按陈诚的说法，台湾实施“耕者有其田”，应“顾及地主的利益，不能使地主蒙受重大之损失。余极了解地主在法律许可之下获得土地，非由掠夺而来，自无予以没收之理由”。并提出：“吾人对于地主，采取以下措施：补偿合法地价以征收其土地；准许地主保留合理面积耕地，以保障其生活。”

实施“耕者有其田”的方法，一是由当局向地主征购其土地转卖给农民；一是由当局贷放长期低利资金给佃农，协助其向地主购买土地。据认为前者收效较大，后者由于佃农与地主双方协议困难，收效甚微。

至于每户地主可以保留之耕地，按“实施耕者有其田条例”中规定，不得超过中等水田三甲（一甲相当于0.9699公顷），旱地加倍保留，超过部分均应征收。

所征收耕地偿付地主之地价，按耕地主要作物正产品全年收获总量的2.5倍，以实物计算，用实物土地债券7成，公营事业股票3成，搭发补偿给地主。所征收的耕地，一律放领给现耕佃农或雇农，放领低价与征收地价相同，加算年息4%，由承领农民于10年内分20期均等缴清。农民每年应缴之地价加上各项赋税，与以前佃农应交三七五佃租相仿，但10年之后，土地就全归农民所有。而地主被征收保留限度以上的土地，有低价补偿，使其有参加工业生产之机会。

耕地的征收和放领，其间通过三个条例，即在通过“实施耕者有其田条例”时，同时通过“台湾省实物土地债券条例”、“公营事业转移民营事业条例”。

根据后两个条例，由台湾当局委托台湾土地银行发行实物土地债券，分稻谷与甘薯两种，专为补偿征收土地七成地价之用。同时将台湾水泥公司、纸业公司、农林公司、石矿公司四家公营事业开放民营，以其股票三成，搭配实物土地债券七成，偿付地主。这样，约有10万户地主就成为四公司的股东。许多大地主从该四公司获得大量的股票后，他们一变而成为新暴发的工商业大资本家，有的现在已发展成为垄断集团企业，成为台湾地方财团的实力派，如辜振甫的台湾水泥企业集团就是其中之一。

实施耕者有其田的成效，改变了土地所有者的结构。从1953年的5月开始到年底止，总共从10.6万户地主征购土地约13.9万公顷，约占地主原有耕地的30%，承领农户约19.5万户。地主尚保有70%的土地，其中大部分是出租地，通过继续办理，直到1978年年底，地主尚保有4.7万公顷出租地，可见进展之慢。

由于许多地主将土改中保留的耕地转为自耕或自营，加之许多半自耕农和佃农因购得土地而转为自耕农，自耕农的户数在土改后迅速增加，到1953年，自耕农的户数由土改前占总农户的26.2%上升为51.8%，到1979年年底进一步上升为84.7%。

三、关于第二期土地改革

第二期土地改革是在1980年正式提出的，原因是，在第一期土地改革完成之后，又发生了农地利用的问题，阻碍了农业现代化的推进。

从60年代开始，台湾大量引进外资发展纺织、电子等加工出口工业以后，工业发展的速度很快，而在农业上，落后的分散的小农经营，越来越不适应经济发展的需要。还由于农户经营规模过小，阻碍了农业机械化的发展，影响了农业经营的效率和农民所得，纷纷弃农从工，农民大量流入城市，工农矛盾十分突出。1979年12月，蒋经国在国民党十一届四中全会上提出："推动第二阶段的农地改革，更进一步实现地尽其利、地利共享的目的。"

第二期土地改革的主要内容，包括加速农地重划、辅导小农转业（转入共同经营）、鼓励共同经营、推行农业机械化等。实际上有些内容在1980年以前就已开始办理。

（一） 关于农地重划

所谓农地重划，系一种综合性的土地改良措施，在不变更土地所有权的原则下，将土地细碎分散、形式不整、水利不良、交通不便、公共设施欠佳以至不合经济使用之一定区域内的全部土地，重加调整，重新划分为合乎经济使用之地段后，仍依原有位序之原则，分配给原土地所有权人。这项工作于1958、1959年开始试办，到1980年，台湾地区总计完成农地重划面积约28万公顷，尚有约16万公顷的耕地有待继续办理。

在试办农地重划的同时，还进行了市地重划。所谓市地重划，系重划市区内的土地，重新调整地界，安置道路、桥梁、公园、绿地、学校、沟渠、建筑基地等空间位置，并进行兴建道路、桥梁及各种公共设施。工程完成后，尽可能以原有的土地位序仍分配原土地所有权人。这项工作首先由高雄市于1958年开始，其他各县市也逐渐进行，唯台北市由于环境限制，开展不易，迟迟未能进行。

（二）鼓励共同经营

长时期以来，台湾的农场并未得到很快地发展，据1975年的普查资料，全省各种官营、民营农场共有1 263个，其中大部分是从日本统治者手中接收过来的，少部分系由官方"退除役官兵辅导会"及一些民营企业兴办的，耕地面积为6.1万公顷，其中官营的"台湾糖业股份有限公司"即占4.6万公顷，其余多为

20公顷以下的小型综合性农场、畜牧场和凤梨、茶叶、蚕桑等专业性农场。此外，在第一期土改将公地放租给农民时，曾分别组成170多个“合作农场”，大部分种植水稻或其他经济作物，由于规模小，经营不善，现已减为140多个，参加者约1.5万农户，耕地面积约为1.5万公顷。有鉴于此，当局决定，自1980年度起，由“国库”拨款15亿新台币，作为“扩大农场经营规模购地贷款基金”，配合农业行库提供21亿元，合计36亿元，以年6%的低利，20年的长期限，贷给农民作为购地之用。

台湾当局为改变分散的小农经营的状况，从60年代中期，就开始试行不改变土地所有制的各种合作经营的方式，主要有以下几种形式。

一是“共同经营”。即由20–30农户自愿结合组成一个共同经营的班、组等单位。又有所谓“合耕分营”和“合营分耕”两者形式，前者即生产过程共同进行，流通过程分别经营；后者的做法则相反。后来又发展为“合耕合营”。这类作法进展缓慢，到60年代末，参加各种不同形式的农户，仅约占总农户的5%。

二是“专业经营”。即发展农业生产的“专业区”，从1973年开始推行。所谓“专业区”，就是按农业生产的类别划定专业，并建立产、制、储、销体系，把若干小型“共同经营”体组织联成一个更大规模的“共同经营”组织，每个专业区只生产一种特定的农产品，为加工出口工业提供原料。到1978年6月底，全省专业区共有380个，参加农户26万余户，耕地面积14.8万余公顷，计有杂粮生产专业区，特用作物专业区（水果、熟菜、芦笋、鲜花等）、畜牧业专业区、林业专业区等12大类。

三是“委托经营”。这在当时农村很盛行的一种形式。主要是劳力不足的农户，将其生产过程的部分或全部委托农业服务组织或另一家农户经营。又可分为“代耕”、“代营”两种，农户将生产过程部分委托的，称为“代耕”，全部委托的称为“代营”。

台湾推行亚太营运中心计划

1995年台湾地区开始推行“亚太营运中心计划”，意图利用台湾居亚太地区及两岸之枢纽地位，导引跨国企业及本地区企业在台湾设置区域中心据点或总部，作为营运场地，从事亚太地区的市场经营，推动台湾经济的自由化、国际化和现代化。这个所谓跨世纪的蓝图，声势很大，口号响亮，但执行进展缓慢。

一、亚太营运中心计划的形成

1993年，“行政院”鉴于民间投资意愿低落，产业纷纷外移的不利形势，于7月开始实施振兴经济方案，试图用3年的时间，全面促进民间投资，并以加速产业升级，发展台湾成为“亚太营运中心”为中长期政策目标。

“亚太营运中心计划”的形成，经过了长时期的规划过程，由“行政院经济建设委员会”委托美国麦肯锡顾问公司提出方案。1994年8月，麦肯锡顾问公司提出初步报告，规划“亚太营运中心”为制造、海运、空运、金融、电信、媒体六大功能中心，并强烈建议都必须和中国大陆建立直接关系。

1995年1月5日，“行政院”通过了“发展亚太营运中心计划，其内容包括两大部分：一是进行总体经济的调适，将台湾建设成为一个高度自由开放的经济体，塑造出发展亚太营运中心的大环境。二是根据台湾不同的经济条件，发展特定功能的专业营运中心，涵盖生产制造、货物及旅客转运，以及专业服务三大类营运活动，并区分为制造中心、海运中心、空运中心、金融中心、电信中心、媒体中心六种特定功能的专业营运中心。

连战表示，此计划是跨世纪的大行动，从此时起到1997年的关键时刻，各单位应全力以赴，排除障碍，务必把“亚太营运中心”的气势营造出来。并指出，这项计划与两岸经贸关系十分重要，应以前瞻务实的态度做好整体规划，初期可先以高雄为境外航运中心。

会议并做出相关决议：

一，“行政院”成立常设性的“亚太营运中心计划推动小组”，由连战任召集人，“副院长”徐立德任副召集人，“行政院经建会”为幕僚作业，负责重大政策的研拟、审议及沟通协调。

二，“亚太营运中心计划”涉及软体制度建设较多，初步统计，需要增修40余项法规及130余项行政命令，由“行政院经建会”统筹负责。

三，对总体经济的调整由“行政院经建会”统筹，专业营运中心分别为：制造中心由“经济部”统筹，海运、空运、电信中心由“交通部”统筹，金融中心由“中央银行”统筹，媒体中心由“新闻局”统筹。

二、亚太营运中心规划的蓝图

亚太营运中心的规划，分为总体经济调整方案和专业营运中心发展计划两大部分。

（一）总体经济调整方案

总体经济调整的重点，在增进货品、劳务、人员、资金及资讯流通之便利，全面调整企业经营环境，促进岛内外企业设立据点，从事投资并开放经营亚太地区市场。其策略原则：（1）尊重市场机能；（2）去除不必要的市场干预；（3）建立开放公平的竞争环境；（4）行政措施透明化。

1. 明订自由化、国际化基本原则

重点是:（1）以竞争政策为主，产业政策为辅;（2）以兴利为主，防弊为辅;（3）调整“政府”职能，由同时兼具经营者与管理者的双重角色，转变为单纯的管理者，并鼓励民间参与；（4）提高行政效率，以核备制取代审核制，并提供客户为导向的全方位服务；（5）政策透明化，明示“政府”责任范围。

2. 促进贸易及投资自由化

——在商品贸易方面，配合加入关贸总协定，继续降低关税并减少非关税障碍。

——在服务业贸易方面，扩大开放金融、保险、电信、运输以及律师、会计师等之专业服务，减少外国人来台设置据点或提供服务之限制。

——在华侨和外国人投资方面，统一事权，修改负面表列规定，简化审核程序，以加强吸引侨外投资。

——在对外投资方面，健全对外投资法令，检讨修正有关赋税规定，将对外投资导入正轨。

——调整投资行政体系，合并“经济部”投资业务处及投资审议委员会，成立投资局，简化岛内外投资审核流程，加强服务。

——循序放宽对大陆间接贸易及间接投资之限制。

3. 减少人员进出口障碍

依国际惯例，全盘检讨现行外国人入境及工作许可制度，减少不必要的限制。

在外国人短期停留方面，简化签证审核程序，明订审核标准，并扩大免签证或落地签证之国家。

在外国人工作许可方面，建立一套明确、有效率的审查制度，包括准许跨国企业人员来台，岛内企业聘雇外国专业技术人员，以及工作年限延长等。

4. 放宽资金进出的限制

——根据“原则自由，例外许可”之精神，全盘修正外汇管理条例，并建立有效的申报制度，赋予主管机关紧急处分权，以进一步推动外汇自由化。

——循序开放岛内企业海外筹资汇回资金之限制。

——循序放宽居民个人及公司资金汇出入之上限。

5. 建立资讯化所需之法制环境

（1）推动电信自由化；（2）扩大开放传播媒体之竞争；（3）建立便利资讯流通之法制规范；（4）建立智慧财产权保护制度；（5）健全保障个人隐私之法制规范。

（二）专业营运中心发展计划

在上述总体经济调整方案的目标下，规划发展专业营运中心，包括制造、转运及专业服务三大类活动，并区分为制造中心、海运中心、空运中心、金融中心、电信中心、媒体中心 6 大专业营运中心。

1. 制造中心

制造中心的目标，在既有的基础上进一步改善投资发展环境，加速建立新的竞争优势，推动高科技、高附加价值产业成为世界制造中心，吸引跨国企业来台设置据点，并鼓励本地企业与外国企业合作，共同投资经营此地区之市场。

——塑造发展制造中心的大环境；落实贸易及投资的自由化政策，进一步放宽侨外投资的限制；简化对外投资审核程序；对大陆间接贸易及投资采取核准及登记并行制。

——规划设置新形态的智慧型工业园区，发展科技岛。

——规划兴建机场、港口关联产业工业园区；推动加工出口区转型，发展转运、仓储及其他港埠关联产业。

——推动中山科学研究院改制为财团法人组织，促进转型为民营，协助产业技术的发展。

2. 海运转运中心

将台湾发展成为东亚地区货柜转口及相关附加价值的集中地点，畅通台湾与东亚地区的物货运输，增强台湾作为亚太地区商业中心的功能，并发挥支援制造中心发展的作用。

——发展境外航运中心，准许境外航运中心从事大陆地区与第三地区间货柜之转运业务。

——发展加工型转运，进一步开放境外航运中心从事散杂货、大宗货转运及加工再出口作业。

——发展港际整合环岛航运。

——发展海运资讯通信系统。

——改革航港体制。

3. 航空转运中心

以台湾作为东亚地区航空旅客接驳及货运转运的地点，建立并扩充与东亚及北美地区人员与货物快速接驳运输网络，以利在台湾发展区域性商业活动；同时借建设空运中心带动机场周边地区的整体发展。

——短期内发展快递货物转运中心为重点，并逐步扩大货物转运之规模及业务范围。

——中长期发展航空旅客转运中心，建立台湾空运中心的地位。

——配合货物及旅客转运中心的发展，结合机场建设与都市计划，将中正机场及周边地区发展成为航空城。

4. 金融中心

发展金融中心系以台湾作为本地及外国金融机构，在东亚地区从事跨国金融业务的据点之一，同时加速发展台湾本身的金融服务业，满足台湾跨国金融服务的需要。

（1）改善发展金融中心之一般条件：①放宽人员、资金及资讯进出之限制；②放宽外国银行来台设置据点及营运之限制；③建立符合国际惯例之金融税法；④加速推动公营银行民营化，制定“公营金融机构管理条例”；⑤检讨两岸金融交流之措施，放宽两岸金融业务往来；⑥加强培训及引进金融人才；⑦改善硬体设施。

（2）推动建立区域性拆款中心：①扩大外汇市场、境外金融市场及外币拆款市场之深度及广度；②修正“中央银行法”，以提存准备金之管理方式代替现行银行国外负债之限制，并逐步放宽外汇买卖超额度的限制；③增拨台北外币拆款市场种子资金，扩大外币拆款市场规模；④研究“国际金融业务条例”修正案；⑤引进国际金融经纪商。

（3）渐进发展资本市场之国际业务：①改善资本市场国际化条件；②健全股票市场，推动股市国际化；③扩大债券市场规模，逐步推动债券市场国际化；④鼓励厂商至海外发行有价证券。

（4）循序发展衍生性金融商品市场：发展不涉及新台币转换之外币间衍生性金融商品市场；评估成立台北国际货币交易所之可行性。

（5）发展黄金市场。

（6）发展保险市场。

（7）发展期货市场。

5. 电信中心

以台湾作为提供区域性电信服务之据点。

——循序推动电信自由化，提供高品质电信网络之服务。

——发展话务转接及客户服务业务，以因应东亚地区尤其是大陆地区日增之通信需求。

——配合电信自由化，全面调整电信管理架构，发展国际级电信事业。

6. 媒体中心

媒体中心的目标有三：（1）塑造台湾自由化、国际化的媒体事业新环境；（2）发展台湾成为全球华语影视节目制作中心；（3）建构平面与立体结合的完整传播体系。

据认为，整体而言，亚太营运中心计划，是台湾经济突破的瓶颈，开创经济新格局的前瞻计划，也是台湾跨世纪经济发展成败的关键。

三、亚太金融中心执行之进展

“发展台湾成为亚太金融中心计划”，为“发展台湾成为亚太营运中心计划”内六种专业营运中心之一，由“中央银行”统筹推动。自 1995 年 1 月“行政院”核定该计划后，截至 2000 年 1 月，“中央银行”成立的“推动发展金融中心工作小组”，已召开了 34 次由相关部门参加的会议，进行意见沟通，并追踪进度，解决相关议题。

“亚太营运中心计划”分为三个阶段，现在执行的是第二阶段计划（1997–2000 年），第三阶段期间是 2001–2005 年。

截至 2000 年，“金融中心计划”主要具体措施及执行成果如下：

（一）修订基本法规方面

已完成修订“管理外汇条例”、“营业税法”、“信托业法”、“中央银行法”及“国际金融业务条例”等7项法案，并修订完成“票券商管理办法”等64项行政命令及行政措施。

（二）改善金融基础业务及设施方面

1. 循序放宽资金进出的限制：公司、行号每年自由结汇额度已调高至5000万美元，个人为500万美元。此外，“本国”自然人申请以其持有之上市、上柜公司股票发行海外存托凭证（GDR）汇回资金兑换为新台币时，有关资金用途之限制规定也已取消。

2. 建立符合国际惯例之金融税法：已免征衍生性金融商品、公司债、金融债券、拆款等之营业税。金融业之营业税由5%调降为2%。研拟取消公司债、金融债券之证券交易税。

3. 推动公营金融机构民营化：已完成第一商业银行、华南商业银行、彰化商业银行、台湾中小企业银行、交通银行、中国农民银行、台北银行、高雄银行、台湾产物保险公司、台湾人寿保险公司及台湾土地开发信托投资公司等11家金融机构民营化，并已订定中央再保险公司民营化之时间表。

4. 建立信用评等制度：与美国标准普尔信用评等公司（Standard & Poor's）合资的中华信用评等公司已正式营业。截至2000年年底，接受该公司评等的企业和金融机构计107家。此外，银行及票券公司担任本票保证人，以及公开发行公司发行无担保公司债，均应取得信用评等。

5. 加强金融监督管理方面：继续加强金融机构的内部控管、改进金融检查制度、健全基层金融管理以及督促并协助金融机构提升资产品质，相关内容包括：

——敦促金融机构核实提列呆账准备。

——降低存款准备率，强化金融机构去除呆账能力。

——研拟修正“所得税法”，将金融业备抵呆账提列比率由1%提高为2%。

——推动建立“全省金融、证券、保险授信资料总归户制度”。

6. 加强培育金融人才方面：继续推动“跨世纪金融人才培训计划”，每年选派优秀金融人才赴国外受训。此外，台湾金融研训院继续举办国际金融、外汇交易、国际债券、衍生性金融商品等研习班，2000年共计开设33班次，参加人数达1 081人。

7. 改善硬体设施方面：台北国际金融大楼已于 1998 年 1 月动土，预定 2002 年兴建完成启用。

（三）发展外汇市场、境外金融市场方面

1. 取消指定外汇银行国外负债限额之规定。

2. 弹性管理指定银行外汇买卖超部位。

3. 全面开放办理远期外汇交易项目。

4. 成立“外汇市场发展委员会”，负责订定交易准则、协助培训人才、协调纷争及作为主管机关与业者间的沟通桥梁。

5. 修正“国际金融业务条例”，增加国际金融业务分行的营业项目及市场参与者，并开放境内个人及法人在国际金融业务分行开设外币存款账户，促进境外金融市场发展。

（四）发展货币市场方面

1. 开放新票券商设立、开放银行全面办理票券业务。

2. 开放票券发行融资工具（NIF）、新台币远期利率协议、新台币利率交换及新台币利率选择权等新种金融商品。

3. 建立新台币拆款市场双向报价制度。

4. 修正“票券商管理办法”，并研拟制定“票券金融管理法”，有效管理货币市场。

（五）发展衍生性金融商品市场方面

1. 开放指定银行办理“新台币汇率选择权”等 22 种衍生性金融商品。

2. 开放指定银行得以报备方式开办纯外币衍生性金融商品。

3. “台湾期货交易所”于 1998 年 7 月正式运作，已陆续推出台湾证券交易所股价指数期货、电子类股价指数期货及金融保险类股价指数期货等期货合约。

（六）发展保险市场方面

1. 放宽外国保险业设立营业据点的条件限制，及申请设立分公司的时间限制，加强引进合格的外国保险业。

2. 加强保险业资金运用，放宽保险业的投资为保险业提供服务的相关事业，及放宽保险业国外投资的项目、条件及投资总额比例限制。开放保险业参加金融机构的联贷业务，并得投资国外保险公司的控股公司、养老育幼医疗事业、证券

投资信托事业及证券投资顾问事业等。

3. 保险费率自由化、弹性化。在人寿保险方面，1996 年开放团体人寿保险率自由化；1997 年增订传统型年金保险费率；1998 年放宽伤害保险及旅行平安险费率调降的空间。在产物保险方面，现阶段除渔船保险、火险、车险及强制汽车责任保险采行规章费率（使用同业统一费率结构）之外，其余险种由各产险公司依实际承保理赔经验及经营效率自行订定费率结构。

4. 保险商品多样化。将保险商品审核改为“备查制”、“核备制”及“核准制”3 类，以期加速保险商品的审查制度，并利于保险新种商品的推出。申请开办新保险商品，采备查制者（如生存险、死亡险、伤害险），应于签单后 15 日内检附相关资料送“财政部”备查；采核备制者（如生死合险、附加条款及传统型之年金保险），“财政部”如有异议应于 15 个工作日内提出：采核准制者（如个人财产保险），“财政部”应于 90 个工作日内核复意见。

（七）发展资本市场方面

1. 取消全体外资投资任一发行公司股票的比例限制。调高单一外国专业投资机构投资岛内股市额度为 20 亿美元。

2. 修正“银行法”，准许商业银行发行金融债券。

3. 开放外国企业来台发行债券、外国企业股票来台上市及允许台湾企业股票在海外市场上市。自 1995 年金融中心计划开始实施以来，计有亚洲开发银行、中美洲银行、美洲开发银行、欧洲复兴开发银行、北欧投资银行、欧洲投资银行、欧洲理事会开发银行等国际金融组织，在台发行新台币债券共计 1 131 亿元。

4.“财政部”和“中央银行”共同邀集相关单位代表、学者、业者等组成“发展债券市场推动小组”，推动债券市场之发展。

（八）发展金融资产管理业务方面

1. 2000 年 7 月制定“信托业法”，推动信托业务发展，及修正“债券交易法”，开放证券投资顾问事业、债券投资信托事业接受客户全权委托投资业务，促进金融资产管理业务发展。

2. 推动部分退休基金由民间专业资产经理公司经理其投资操作管理。

3. 为发展台湾成为资产管理中心，“金融中心分工协调会议”决议由“财政部”、“中央银行”、“行政院经建会”等相关单位组成“发展资产管理中心工作小组”，推动本项工作。

2000-2001 年台湾政局和经济状况

一、政局概述

2000 年台湾的政局，由于“总统”变天之选，出现了大动荡、大分化、大改组的复杂变化，为历史上所仅见，已经影响台湾政经的稳定。

（一）“总统”变天之选

2000 年 3 月 18 日，台湾举行了第二届“总统”直接民选，民主进步党提名的陈水扁得票率为 39.3%，独立参选人宋楚瑜得票率为 36.3%，国民党提名的连战得票率为 23.1%。陈水扁以微弱多数当选为台湾第 10 任“总统”，所谓“百年老店”的国民党惨败，大大出乎人们意料之外。

形成这种结局，是由于国民党的分裂，李登辉“打宋弃连保扁”的暗中运作，使鹬蚌相争，渔人得利。国民党首次失去政权，使国民党人和拥护者悲愤交加，包围国民党主席官邸和中央党部，在声讨和叫骂声中，在鸡蛋横飞的场景中，迫使李登辉不得不于 3 月 24 日提前辞去国民党主席职务。

（二）政党势力重组

台湾出现政党轮替后，随之也出现了政党势力重新洗牌。

陈水扁 5 月 20 日正式就职后，做了一些姿态，说了一些危言耸听的话，扬言他是“全民总统”，要组成“全民政府”。原本力促在选举最后关键时刻挺扁的“中央研究院”院长李远哲筹组新的“内阁”，未能如愿后，转而向国民党借将，由具有军方背景、反“台独”而又非本省籍人士的唐飞组成新的“内阁”，借以稳定政局，稳定军方，稳定两岸，融合族群。岛内人民对新当局也曾寄予期望，认为换个班子也许会好一些。

然而岛内有识之士，一眼看出唐飞只不过是一过渡性人物，“府院”矛盾冲突不可避免。人们未预计到问题来得如此之快。到了 10 月 3 日，由于陈水扁坚持停建正在施工中的第四核电厂，唐飞立场与之相左而被迫辞去“行政院长”职务，扁唐体制仅运行了 137 天终告破局，陈水扁的这块挡箭牌和所谓的“全民政府”也终于暴露无遗。从而引发了朝野对是否应该停建核四展开了一场恶斗的混乱局面，时间长达 3 个月之久。

唐飞辞职后，扁系亲信、“行政院副院长”张俊雄继任“行政院长”，形成了一条鞭的绿色执政的新架构。“一朝天子一朝臣”，过渡“内阁”换血，台湾的重要政治资源和经济资源的卡位，也随之在绿化和正在绿化之中。

（三）政坛朝小野大

台湾的政党轮替，连带影响“立法院”与党政生态的复杂化。

朝野易位后，原来在野的成为在朝，在朝的成为在野，形成了朝小野大的局面。曾经长期执政的国民党，不再能主宰台湾的命运，但又没有做反对党的经验；而他们在“立法院”又占有过半数117席的优势，把持着预算案及法案的大关。另一面，昔日长期习惯于充当反对党角色、尚存在着草莽习性的民进党，没有全面执政的经验和人才，尤其是懂财经的专业人才，又不善于沟通协调，有的只是“台独”意识形态挂帅；而他们在“立法院”只占有71席（占31%）的少数席位，但又掌握了行政大权。

这种朝小野大的局面，由于理念的不同，加之各自的私利，必然要增加行政与立法之间的不协调，权力互动的冲突与矛盾不可避免，议事的殿堂“立法院”就成为政争的战场和内耗的场所，从而进入了错综复杂的“战国时代”。

（四）政经一片混乱

政治干扰经济。民进党执政一年来，政局一直动荡不安，内耗不止，必然会影响到经济的正常发展，甚至起到破坏作用。由于岛内政经混乱，加之国际经济不景气，使台湾的经济很快出现了一片萧条景象。

从2000年第四季度起，台湾的经济就亮起了红灯，到2001年上半年，已是百业萧条，各项经济指标一片惨绿，衰退速度之快，出乎人们的意料。岛内人民感到前途渺茫，彷徨不安，信心尽失，不知道“新政府”要把人们带向何处，怨声载道，一片悲观景象。

新执政当局面对经济严重衰退，提不出有力的措施，只是推诿过失，怪罪世界经济不景气，埋怨在野党不合作配合，甚至指责是由于台商对大陆投资太多的影响。所谓治“国”口号满天飞，争功诿过一大堆，毫无自我反省勇于承担责任的表示，岛内人民感到悲观失望。

综观2001年下半年，台湾经济并无好转的迹象，还继续恶化。

二、经济成长

2000年以来，由于美国经济景气由强劲到逆转，尤其是台湾岛内政局动荡不安的影响，台湾经济的成长表现为大起大落的走势，越往后，可以说是每况愈下，到了2001年上半年，经济成长已下滑到历年最低纪录，而前景仍然暗淡。

（一）2000年经济成长

总体观之，2000年台湾的对外贸易维持两位数的增长，工业生产仍有较大的增幅，投资、消费都表现不错，九项经济金融指标组成的景气对策信号，大部分月份都表示“稳定”的“绿灯”。以上多表现在第三季度以前，但是到了第四季度则明显出现逆转，11月份景气对策信号出现了表示“景气不佳”的“黄蓝灯”，到了12月份更出现了表示“景气衰退”的“蓝灯”。

据“行政院主计处”的统计，2000年台湾地区实现GNP按当年价格计算，为新台币96 981亿元，约合3 144亿美元，人均GNP为14 216美元，比上年的13 235美元增加981美元。

如按岛内生产总值（GDP）以固定价格计算，则全年实现岛内生产总值为新台币95 588亿元，实质年增率为5.9%，高于上年的5.4%。如果分季度来看，则2000年第一季度年增率为7.8%，第二季度为5.4%。第三季度为6.5%，第四季度为4.1%，说明第三季度以前经济运转尚属正常。第四季度经济运转开始大幅下降的原因主要是：新的领导人坚持停建正在施工中的“核四”，引起朝野严重对立，政争不断；股市持续下挫，失业率升高；国际经济开始逆转，必然要影响经济的稳定和增长。越往后问题越严重。

（二）2000年各业生产变化

1. 农业（包括农林畜牧业）

2000年实质增长率由上年的2.7%降为负增长1.3%。主要是受豪雨和台风的影响，稻米、蔬菜及园艺作物减产。

2. 工业（包括矿业及土石采取业、制造业、水电燃气业及营造业）

2000年实质增长率由上年的4.7%升至6.3%，其中的制造业增幅较大，由上年的6.7%升至7.5%，主要是精密器械、电力及电子机械器材、机械设备等增幅都在两位数以上。

3. 服务业（包括商业、运输仓储及通信业、金融保险及不动产业、工商服务业、社会服务及个人服务业）

2000年实质增长率为6.3%，略高于上年的6%，各业都有不同程度的增长，金融保险及不动产业增长4.4%，而第四季度仅增长2.3%，呈下滑趋势。

（三）三类产业之贡献和结构变化

关于三类产业对经济增长 5.9% 之贡献来观察，2000 年农业增长率由正转负，其贡献由上年的 0.07 个百分点转为 -0.03 个百分点。工业的贡献，受制造业大幅提升的影响，由上年的 1.63 个百分点上升为 2.06 个百分点。服务业的贡献最大，由上年的 3.72 个百分点上升为 3.93 个百分点，其中以商业贡献 1.14 个百分点为最大。

关于三类产业的结构，以三类产业占岛内生产总值（GDP）的比重来观察，2000 年农业产值所占比重由上年之 2.56%，降为 2.06%；工业产值由上年的 33.19% 降为 32.37%；服务业产值续呈上升，由上年之 64.25% 上升为 65.57%。

（1991–2000 年）台湾 GDP 年增率及人均 GDP 如下表：

年份	GDP（亿台币）	年增 %	人均 GDP（美元）
1991	48 107	7.6	8 769
1992	51 360	6.8	10 274
1993	54 605	6.3	10 757
1994	58 174	6.5	11 613
1995	72 365	6.4	12 488
1996	76 781	6.1	13 073
1997	81 908	6.7	13 449
1998	85 651	4.6	12 268
1999	90 297	5.4	13 114
2000	95 588	5.9	13 985

注：①资料来源：台湾“中央银行”年报，台湾“行政院主计处”国民经济动向统计季报。

② GDP 从 1995 年起按 1996 年价格计算；之前按 1991 年价格计算。

2000年亚洲主要国家和地区实质经济增长率如下表：

	1999年GDP年增率（%）	2000年GDP年增率（%）	2000年GDP（亿美元）	2000人均GDP（美元）
全球	3.4	4.7		
台湾	5.4	5.9	2 986	13 985
韩国	10.9	8.8	4 567	9 660
新加坡	5.9	9.9	755	23 126
香港	3.1	10.5	1 147	16 879
中国大陆	7.1	8.0	9 977	780
马来西亚	5.6	8.3	860	3 696
泰国	4.2	4.3	1 308	2 098
菲律宾	3.2	3.9	586	749
印尼	0.2	4.8	1 695	806

注：资料来源：台湾中华经济研究院《国际经济动态指标》，台湾“中央银行”年报。

（四）2001年上半年经济继续恶化

1. 上半年经济大幅下滑

美国经济逆转之快出乎意外，台湾的出口对美国的依赖很深，自然会受到一定的影响。与其他国家和地区不同的是，台湾还受到岛内非经济因素的影响。岛内朝野内耗不已，执政党热衷于权谋和“台独”意识理念，面对日益恶化的经济困境，既没有明确具体的财经政策和两岸政策，更谈不上采取有力的措施。到2001年6月底止，高层虽然召开了5次经济性的会议，提出动听的口号一大套，就是行动不对号，即所谓“会后大拜拜”。很明显，执政者口头上说要“拼经济”，实际上是在拼政治。

由于政治干扰经济，2000年第四季度以来，台湾的经济每况愈下，上半年传来的都是坏消息，主要经济指标大幅下滑：

——第一季度经济增长率为1.1%

——第二季度经济增长率为-2.4%

——工业生产年增率为-11.3%

——制造业生产年增率为-11.8%

——出口金额年增率为 – 10.8%

——进口金额年增率为 – 16.9%

——外销订单年增率为 –7.2%

——侨外来台投资金额年增率为 – 22.1%

——台湾对外投资金额年增率为 33.3%

（不包括对大陆投资）

——加权股价指数大幅下挫

——失业率继续攀升

——景气对待策信号自 2000 年 12 月到 2001 年 6 月止，连续 7 个月出现表示“衰退”的“蓝灯”。

以上主要经济指标，除对外投资外，大都是负数；对外投资增幅较大，说明产业在岛内生存不易，只好外移。

2. 各界对经济下滑多有微言

陈水扁自 2000 年 5 月 20 日上台一年多以来，在经济方面几无政绩可言，各界强烈不满。

据 2001 年 4 月底一项民意调查，对扁当局在经济方面的满意度仅占 19.3%，不满意的高达 66.2%。各界多有微辞：

——台塑企业集团董事长王永庆曾指出：“最近台湾的经济很辛苦，大家面临巨大的危机，大家对政府都很生气。”他强调说：“政府效率不好，可能搞垮台湾的经济，但我们不能放任政府这样，这是大家的责任，更是政府的责任。”

——统一企业集团总裁高清愿指出：“新政府目前最大的危机是政策摇摆不定，光说不练，企业与民众对政府失去信心。”他强调说：“新政府应该想尽办法改善目前的经济状况，以前国民党政府时代，经济还没有这么坏，新政府上台后，经济变得很糟糕。”

——“中央研究院”院长李远哲指出：“台湾近一年来，经济情势从股票大跌到失业问题严重，都跟全球经济萧条有关，但新政府未能稳定岛内政局与两岸关系，也不能推卸责任。”

——“中国经济企业研究所”所长于宗先指出：“目前台湾的社会环境中，有太多的政治斗争，太少的经济求新；太多意识形态的争吵，太少理性的建言，无疑地，我们是在不断地内耗。如果执政当局无此认知，又不知反省，台湾未来的命运，恐怕不及今天的菲律宾。”

3. 下半年经济形势不容乐观

问题在于，人为的因素很难在短时期内平静下来，内耗会持续下去，下半年的经济情势会继续恶化，难有好转的可能。

面对日益恶化的经济，有关当局只会在数字上做文章，玩“文字游戏”，不断向下修正2001年经济增长的预测数字，由2000年提出的“保6”，到2001年的“保5”、“保4”、“保3”、“保2”，看来“保2”也可能保不住了，很有可能出现负增长。

三、对外贸易

（一）2000年外贸大幅增长

1. 全球贸易状况

2000年全球贸易总额创下13万亿美元的新高纪录，排名前六大贸易国的美国、德国、日本、英国、法国及加拿大，其贸易总额占全球的四成以上，中国大陆晋升为第7名，香港为第9名，台湾为第14名。

在全球贸易总额排名前20名的经济体中，亚洲地区的中国大陆、韩国、中国台湾、新加坡及马来西亚，增长的幅度都在两位数以上。

2. 台湾的对外贸易总额

2000年台湾的出进口贸易总额为2 883亿美元，比上年的2 323亿美元增长24.1%。其中出口总额为1 483亿美元，比上年的1 216亿美元增长22%，进口总额为1 400亿美元，比上年的1 107亿美元增长26. 5%，出进口相抵，计出超83亿美元，比上年的109亿美元减少26亿美元。出超减少，主要是由于进口的增幅大于出口，对日入超大幅增加所致。

台湾对外贸易状况统计表（1991-2000年）

单位：亿美元、%

年份	总额	年增率	出口	年增率	进口	年增率	出超
1991	1 391	19.1	762	13.4	629	15.0	133
1992	1 535	10.4	815	7.0	720	14.5	95
1993	1 622	5.7	851	4.4	771	7.1	80
1994	1 783	10.0	930	9.3	853	10.6	77
1995	2 153	20.8	1 117	20.1	1 036	21.5	81
1996	2 183	1.4	1 159	3.8	1 024	-1.2	135

续表

年份	总额	年增率	出口	年增率	进口	年增率	出超
1997	2 365	8.3	1 221	5.3	1 144	11.7	77
1998	2 253	-4.7	1 106	-9.4	1 047	-8.5	59
1999	2 323	3.1	1 216	9.9	1 107	5.7	1.09
2000	2 883	24.1	1 483	22.0	1 400	26.5	83
合计	20 491		10 660		9 731		929

资料来源：台湾“中华民国统计月报”。

近10年来，2000年与1991年比较，出进口贸易总额增长107.3%，其中出口增长94.6%，进口增长122.6%，累计出超929亿美元。

3. 对外贸易地区

2000年台湾的贸易地区仍集中在中国香港、美国、日本、欧洲、东盟六国等地。

对美国。2000年台湾对美国的出口值为348亿美元，较上年增加12.7%，但唯到第四季度，由于美国景气趋缓，台对美出口仅增加7.4%。对美进口值为251亿美元，较上年增加27.6%，由于出口增幅小于进口增幅，对美出超由上年的112亿美元减为97亿美元，仍为台湾第二大出超来源。

台湾对美国贸易统计表（1991-2000年）

单位：亿美元

年份	对美出口	自美进口	出超
1991	223	141	82
1992	236	158	78
1993	236	167	69
1994	243	180	63
1995	264	208	56
1996	269	200	69
1997	295	232	63
1998	294	197	97
1999	309	197	112
2000	348	251	97
合计	2 717	1 931	786

资料来源：同上。

对日本。2000年台湾对日出口值为166亿美元，较上年大幅增加39.6%，是台湾本年度出口市场增长表现最佳者，主要是机械用具及电机设备出口大幅增长。自日进口386亿美元，仍为台湾最大进口来源国。由于自日进口增幅大于出口增幅，对日入超由上年之187亿美元增至220亿美元，创历史新高。

台湾对日本贸易统计表（1991-2000年）

单位：亿美元

月份	对日出口	自日进口	入超
1991	92	189	97
1992	89	218	129
1993	90	232	142
1994	102	248	146
1995	132	303	171
1996	137	275	138
1997	117	290	173
1998	93	270	177
1999	119	306	187
2000	116	386	220
合计	1 137	2 717	1 580

资料来源：同上。

对香港（含对大陆转口贸易）。2000年台湾对香港的出口值为314亿美元，较上年增加20.5%，进口值为22亿美元，较上年增加4.5%，出超为292亿美元，较上年的239亿美元增加53亿美元，是台湾最大的出超来源地。

台湾对香港贸易统计表（1991-2000年）

单位：亿美元

年份	对港出口	自港进口	出超
1991	124	19	105
1992	154	18	136
1993	184	17	167
1994	213	15	198
1995	261	18	243
1996	268	17	251

续表

年份	对港出口	自港进口	出超
1997	287	20	267
1998	248	20	228
1999	260	21	239
2000	314	22	292
合计	2 313	187	2 126

资料来源：同上。

欧洲方面，2000 年台湾对欧洲出口值为 237 亿美元，较上年增加 16.7%，其中对前三大市场——荷兰、德国及英国的出口增幅都在一成以上。进口值为 190 亿美元，较上年增加 8.1%，其中前二大进口来源国——德国及荷兰分别增长 4.3% 及 22. 4%。对欧贸易出超由上年之 27 亿美元增至 47 亿美元。

对东盟六国。2000 年对东盟六国（马来西亚、新加坡、泰国、菲律宾、印尼、越南），由于该地区经济复苏，对台产品需求增加，出口值为 181 亿美元，较上年大幅增加 28.9%，进口值为 202 亿美元，较上年增加 39. 9%，由于进口增幅大于出口，对东盟六国的贸易入超由上年的 4 亿美元增至 21 亿美元。

2000 年台湾对以上五大贸易地区的贸易额占台湾对外贸易总额的比重如下表:

单位：亿美元、%

	出口额	占台出口总额	进口额	占台进口总额	出超或入超
对美国	348	23. 5	251	17. 9	97
对香港地区	314	21. 2	22	1. 6	292
对欧洲	237	16. 0	190	13. 6	47
对东盟六国	181	12. 2	202	14. 4	-21
对日本	166	11. 2	386	27. 5	-220
合计	1 246	84. 0	1 051	75. 1	195

资料来源：同上。

台湾对以上五大贸易地区的出口额合计为 1 246 亿美元，占台湾出口总额 1 483 亿美元的 84%，以对美国、中国香港地区的出口占的比重最大。台湾对以上五大贸易地区的进口额合计为 1 051 亿美元，占台湾进口总额 1 400 亿美元的 75.1%，以对日本进口所占比重最大。对五大贸易地区出进口额相抵，净出超

195 亿美元，以对香港出超最大，其次是美国；以对日本入超为最大。

4. 对外贸易结构

出口产品结构。2000 年出口产品结构如下表：

	出口金额（亿美元）	比上年(+)(-)（%）	占出口总额比重（%）
农产品	3.6	-5.3	0.2
农产加工品	17.5	11.5	1.2
工业产品	1 462.2	22.2	98.6
（重化工业）	（1 059.4）	（29.1）	（71.4）
（非重化工业）	（402.8）	（7.3）	（27.2）

资料来源：同上。

2000 年工业产品出口额比上年增长 22.2%，占台湾出口总额的 98.6%。工业产品中的重化工业的出口额比上年增长 29.1%，是台湾 2000 年出口增长的主要推动力，其占出口总额的比重达 71.4%，重化工业产品中的电子产品及资讯与通信产品分居台湾第一及第二大出口产品。由于台湾的产业正在由传统产业向技术产业转型，重化工业产品的出口占工业产品出口的比重逐年上升，非重化工业产品出口占工业产品出口的比重逐年下降。

1991-1998 年台湾工业产品出口结构变化如下表：

单位：亿美元、%

年份	工业产品出口额	重化工业产品出口额	重化工业占比重	非重化工业产品出口额	非重化工业占比重
1991	726	350	48.2	376	51.8
1992	780	393	50.4	387	49.6
1993	816	443	54.3	373	45.7
1994	892	503	56.4	389	43.6
1995	1 074	654	60.9	420	39.1
1996	1 118	701	62.7	417	37.3
1997	1 195	767	64.2	428	35.8
1998	1 086	711	65.5	375	34.5
1999	1 196	821	68.6	375	31.4
2000	1 462	1 059	72.4	403	27.6
合计	10 345	6 402	61.9	3 943	38.1

资料来源：同上。

2000年台湾进口产品结构如下表：

	进口金额（亿美元）	比上年增长(%)	占进口总额(%)
资本设备	392	34.2	28.0
农工原料	898	26.5	64.1
消费品	110	4.8	7.8

资料来源：同上。

2000年资本设备进口的增幅达34.2%。主要是1-3季度岛内投资热络。进口资本设备中，以精密仪器增长52.8%为最大，机械、资讯与通信产品、电机、电子产品增长幅度均在两位数以上。农工原料进口增长26.5%，占进口总额的64.1%，反映国际原料价格上扬及出口扩张引申需求增加。

（二）2001年上半年外贸大幅衰退

今年以来，美国经济快速下滑，挫低全球景气，日本景气停滞，转趋悲观，欧盟经济增长趋缓，亚太经济亦同步下滑，影响所及，全球贸易上半年均呈衰退之势，大大不如去年。

台湾的出进口贸易，去年12月就露出警讯，增长趋缓，今年上半年更是双双大幅衰退，对美、港、日、欧及东盟等地主要贸易地区的出进口额都大幅减少，负增长创新低，第二季度更为严重。据台湾有关资料，如下表：

单位：亿美元、%

2001年	出口值	年增率	进口值	年增率	出超
第一季度	316	-4.0	284	-13.7	32
第二季度	312	-17.2	280	-23.1	32
上半年	628	-11.3	564	-17.1	64

资料来源：同上。

由于进口衰退的幅度大于出口，表现在上半年的贸易差额为出超64亿美元，比去年同期的28亿美元增加36亿美元。

上半年出进口贸易双双巨幅衰退，不但直接影响对台湾经济增长的贡献，也会使相关的生产、消费都受到波及，更影响到台湾今年的经济增长率下降。展望下半年，外贸形势不容乐观，尚看不出有好转的迹象。

四、“核四”风波

（一）台湾核能发电简况

台湾是一个先天不足的能源短缺地区，97% 的能源依赖进口。而能源又是一切经济发展和生活需要的动力来源。早期台湾决定兴建核电厂，是由于经历了第一、第二次能源危机的惨痛教训而采取的“能源多元化”政策的结果。

台湾兴建核电厂是从 20 世纪 70 年代开始的，现在已有核一、核二、核三先后完成商业运转。核四厂正在建设中。

1974 年台湾全面推行 10 项建设计划，第一座核电厂是其中之一，第一部机组和第二部机组分别于 1977 年和 1979 年完成商业运转。

1978 年台湾又推行 12 项建设计划，续建核电二厂和核电三厂是其中的重要项目，分别于 1982 年和 1985 年完成商业运转。

12 项建设基本结束，1984 年 9 月，台湾又决定推出 14 项建设计划，第四核电厂就是在这个时期提出来的，其进程远不如前三座核电厂顺利。

（二）建“核四”的风风雨雨

第四核电厂经历了“冻结、恢复、废核、复议、恢复”等诸程序，方成定案，时间长达 20 年之久。主要是受反核因素的影响，民进党一直持反核立场。

一个以微弱多数票获得政权的扁当局上任才 3 个月，就迫不及待地向正在施工中的核四发难，由停建到复工，喧闹了 3 个多月，弄得天怒人怨。

1. 从陈水扁的表态看唐飞辞职

2000 年 9 月，“经济部长”林信义向“行政院”提出“核四计划再评估结论建议书”，建议停建核四。陈水扁随即在一次记者会上表示：反对核四兴建，是民进党的党纲，也是他个人的政见。

时任“行政院长”唐飞表明了他的态度，唐飞称：“他看过 13 次核四再评估小组的审查报告，撇开经济面不谈，单就核四安全考虑，核四的安全面远较核一高出 10 倍。”对于反核人士质疑的核废料处理问题，唐飞说：“不做核四，还有核一、核二、核三厂的核废料要解决，只是量多而已。”他个人意见，支持兴建核四，否则只有辞职。

因为一个核四，挤走了唐飞，反核四老手张俊雄继任“行政院长”后，就赤膊上阵了。

2. 民进党的两张神主牌

“台独”和反核四是民进党的两张神主牌。好不容易媳妇熬成婆，总要有点婆威，在施政上有所表现，于是祭出神主牌来突出政党轮替的意义。由于“台独”这张神主牌太危险，只有反核四这张神主牌可用。

在片面停建核四后，完全出乎决策者的预料，政经一片混乱，产、学界一致反对，民意不予支持。民进党又恐内伤严重，不好向支持者交代，又有面子问题，怕说是向支持核四者投降。由于内外压力太大，张俊雄经过一番强词夺理后，只好同意核四复工，说是“痛苦的抉择”。

反核四混乱期间，民意调查结果如下：

	发布时间	支持停建核四 %	不支持停建核四 %
全省工业总会	2000. 8	16	81
民进党民调中心	2000. 10	33	48
《中国时报》	2001. 1	28	43
《联合报》	2001. 1	33	45

3. 反核四是民进党选举的诉求

反核四，不仅写入民进党的党纲，也是选举诉求的神主牌。2000 年“总统”选举，民进党就是打的这张牌。

这一次反核四，“行政院”又宣布核四复工，使民进党内出现一片反党的情绪，认为这又会让民进党失去既有的支持者，甚至有反核支持者怒骂民进党是骗票集团，批评陈水扁变来变去让人不知所措，有的痛斥陈水扁当了“总统”还不能落实反核理念，违背当初选举的承诺。

（三）专家们谈核能发电

台湾的“行政院”片面宣布停建核四，就所提出有关核四的问题，台湾的专家学者发表了他们的看法，一一进行了驳斥和说明，下面是其中的几个主要问题。

1. 关于核四不安全的问题

“行政院”怀疑核四厂机型性能不够安全，且认为无法保证不发生（切尔诺贝利）核电厂事故。

台湾清华大学 29 位专家指出，全世界 32 个国家和地区运转中的核电厂共有 431 座，正在兴建中的有 36 座，规划中的有 36 座，并非台湾地区才有核电厂。

上述这些国家和地区仍然在继续使用核能发电，并未发生不安全问题而废核电，就是俄罗斯经历切尔诺贝利事故，仍然在兴建和规划核电厂。核电厂一向重视安全措施，任一核电厂都有抗震、抗撞、极为坚固的“围阻体”（俄罗斯切尔诺贝利缺乏），其安全程度殆可信赖。台湾的核电厂，亦考虑到地震、台风等自然因素。

主要国家和地区核能发电情形表

国别／地区	运转中机组数（1999）	核电占总发电量%（1998）	国别／地区	运转中机组数（1999）	核电占总发电量%（1998）
美国	104	19	俄罗斯	29	13
法国	58	76	加拿大	14	12
比利时	7	55	立陶宛	2	77
瑞典	12	46	斯洛伐克	13	45
日本	52	36	乌克兰	4	44
韩国	16	41	保加利亚	7	42
瑞士	5	42	斯洛维尼亚	1	38
西班牙	9	32	台湾地区	6	25
德国	19	28	中国大陆	3	1
英国	35	27	其他	31	
芬兰	4	28	共计	431	

资料来源：台湾《中央日报》据能源会／台电公司资料。

台湾现有核能机组属美国设计的轻水式机型，核一、核二、核三营运多年来，未曾有过死亡案例。

切尔诺贝利电厂及反应炉的设计不良（俗称没有煞车系统的卡车），机组外层又缺乏围堵辐射的围阻体，致酿成一场灾难。

2. 关于核废料的处理问题

“行政院”称：“核废料是万年无解的难题。”

清大 29 位专家澄清，核废料可按国际公认的标准技术进行最终处理。据国际原子能总署最新统计，全世界已有 34 个国家 75 处最终处置场在运转，在技术与实务上均无问题。

核四的废料只有核一、核二、核三每一电厂的 1/4，没有核四，也存在核一、核二、核三的废料处理问题，只是数量增加一些。

3. 关于“非核家园”的问题

所谓建造台湾为“非核家园”，一直是民进党的坚定主张，反核四就是打的这个旗号。

专家们指出，反核运动，本来专指反核武而言，根本与核电无关。有人误导核电与核武一样可怕。有所谓非核国家，并无非核家园之说，反核者移花接木用来表示不用核电，使家园不受辐射感染，并危言耸听，说核废料中的有害元素会贻祸万年。

反核者还认为打造非核家园，就必须废了核四，改用火电。殊不知火力发电，既会产生二氧化碳，引起全球性气候变化，又会烟灰飘扬，污染大地，比核电要严重得多。核能成本最低，又不会排放二氧化碳，造成温室效应。

专家们进一步指出，地球上哪有非核家园？世界上那么多使用核电的国家，是不是都要脱离地球去寻求世外桃源？为政者提出虚幻的政治口号，是在愚弄天下众生。

（四）影响很坏后果严重

核四案的发展，从 2000 年 10 月到 2001 年 2 月，台湾社会有如一阵风暴，影响之大，破坏力之强，数倍于台风。就是不废核四，所造成的伤害已经形成。

一是，股市大幅重挫，二是国际信誉受损，三是损失代价太大，四是内外影响很坏。

五、就业失业

（一） 台湾地区劳动力状况

2000 年台湾地区 15 岁以上民间人口为 1 696 万人，较上年增加 1.7%。其中劳动力人口为 978 万人，非劳动力人口为 718 万人。劳动力人口中就业人口 949 万人，占劳动力人口的比率为 97.0%，占 15 岁以上民间人口的比率为 56.0%，占台湾总人口之比率为 42.9%。

本年度劳动参与率降为 57.7%，比上年的 57.9% 下降 0.2 个百分点，为历年来的最低水准。劳动力参与率持续下降，主要系青少年求学年限延长、退休年龄提前以及因找不到工作而退出劳动市场。

本年度就业人数的行业别，服务业部门占总就业人数的 55%. 年增率为 2%；

工业部门占总就业人数的37.2%，年增率为1.2%；农林渔牧业部门占总就业人数的比重降至7.8%，比上年减少4.6%。

台湾各业别就业人数占全体就业人数比重表（1991-2000年）

年份	就业人数(万人)	农林渔牧业占%	工业占%	服务业占%
1991	844	14.0	39.9	47.1
1992	863	12.3	39.6	48.1
1993	875	11.5	39.1	49.4
1994	894	10.9	39.2	49.9
1995	905	10.6	38.7	50.7
1996	907	10.1	37.5	52.4
1997	918	9.6	38.2	52.3
1998	929	8.9	37.9	53.2
1999	939	8.3	37.2	54.5
2000	949	7.8	37.2	55.0

资料来源：台湾“中华民国”统计月报。

（二）失业率创历史新高

台湾地区以往曾以低失业率或充分就业自居。历史上失业率一般都在1.5%左右，很少超过2%，只是在1985年因全球经济不景气和岛内“十信事件”的冲击，失业率曾一度升至4%的历史高峰，但很快就明显回降。然而自2000年下半年起，由于岛内政经混乱，景气不佳，失业情况不断恶化，失业率累创新高。

据“行政院主计处”统计，2000年全年平均失业率达3%，而从2000年7月到2001年6月底，连续12个月失业率都没有低过3%，而是逐月攀高，从2000年7月的3%一直攀升到2001年6月的4.5%。这仅是官方公布的数字，即所谓狭义的失业率，实际情况远不止此；就是官方公布的数字，并不包括隐性失业人数在内（隐性失业，即想找到工作而未找到工作者），如果加上隐性失业人数，则失业率更高。

以上“行政院主计处”统计的狭义失业率，是指在调查标准周内没有工作、随时可以工作、目前正在找工作的15岁以上人口；广义的失业率则加计想工作而未找到工作的潜在劳动力。文中凡未注明广义失业率的，均为狭义失业率。

失业人数及失业率统计表（1991-2000年）

年份	就业人数占劳动力（%）	失业人数（万人）	失业率（%）
1991	98.5	13	1.5
1992	98.5	13	1.5
1993	98.6	13	1.5
1994	98.4	14	1.6
1995	98.2	17	1.8
1996	97.4	24	2.6
1997	97.3	26	2.7
1998	97.3	26	2.7
1999	97.1	28	2.9
2000	97.0	29	3.0

资料来源：同上。

失业人数及失业率统计表（2000.7-2001.6）

2000年	失业人数（万人）	失业率（%）	2001年	失业人数（万人）	失业率（%）
7月	30	3.1	1月	33	3.4
8月	31	3.2	2月	36	3.7
9月	30	3.1	3月	38	3.9
10月	31	3.2	4月	39	4.0
11月	32	3.2	5月	41	4.2
12月	32	3.3	6月	44	4.5

资料来源：同上。

（三）失业率攀升的原因

2000年下半年以来，失业率累创新高的原因，有关分析资料认为内部外部因素都有，而更多的是内部因素。

“经济部”认为，关厂歇业家数增加，部分厂商因减产、结束部分生产线、裁员等，是失业率升高的原因之一。

据人力网站2001年3月23日公布调查结果，对失业攀升的原因，66%的受访者认为导因于岛内政局不稳，65%的民众归咎于产业外移，58%的民众认为“政府”无能，58% 的民众认为受全球经济不景气的影响。

2001 年 4 月下旬“劳工痛苦指数民意调查”显示：造成失业问题严重的因素，受访者归罪于产业出走占 25.2%，受国际经济不景气的影响占 24.4%，持续引进外劳占 13.6%，缺乏明确的财经政策占 12.3%。

关于关厂、歇业的情况，据“经济部”的统计，2000 年台湾地区工厂歇业的家数为 4 995 家，比上年的 3 982 家增加 25.4%，2001 年 1–4 月，工厂歇业家数为 2 662 家，比去年同期 1 407 家增加 89.2%。

一位亲民党“立法委员”在 2001 年 4 月 26 日召开的一次记者会上指出，依照“经建会”高层指示不准公布的资料显示，去年一整年，营利事业撤销或解散的家数每个月都有四五千家，全年共计 5.6 万多家。

（四）失业率攀升与社会沉沦

靠工资收入为生的，一人失业，全家经济生活顿即陷于困境。随着关厂歇业日增，失业率攀升，人们面临生死关头的压力，各种社会问题丛生，甚至使人触目惊心。

问题之一：劳资纠纷增多。由于关厂歇业，引发的劳资争议案件大幅增加。据统计，2000 年全年共发生劳资争议案件达 8 026 件，创历史新高，比上年的 5 860 件增加 37%。争议的类别其中因为工作权引发的劳动契约争议占第一位，其次是积欠工资或资遣费的争议。

问题之二：社会治安恶化。此次失业潮，使街头游荡闲人增多，偷盗、抢劫、暴力犯罪案件增加。据统计，2000 年发生的一般盗窃、汽车盗窃、暴力犯罪等案件共 437 390 件，较上年增加 13%。台湾治安恶化，主要是在 2000 年下半年以后，各地所发生的金融机构抢案、劫财、盗窃案件与家庭暴力层出不穷。

问题之三：自杀事件频传。失业潮也引发了另一波自杀潮。据统计，2000 年全年自杀身亡的人数共有 2 360 人，平均每天有 6.4 人自杀身亡，每 10 万人就有 10. 64 人自杀身亡。男性自杀身亡的有 58% 的人没有工作，女性有 12% 的人没有工作。上述自杀事件多发生在下半年。

到了 2001 年年初，翻开报纸，更是坏消息频传，自杀事件有增无已，一时成为社会关注的焦点。据报道：寻短见者，有跳楼的，有上吊的，有跳海的，有喝硫酸的，有喝农药的，有自焚的，有在汽车内排放废气的，有连带子女全家自尽的，等等。这些报道的自杀事件，均与失业有关。人不到实在煎熬不下去，是不会轻易轻生的。

经济不景气，失业率攀升，是这股自杀潮的引爆点，是许多家庭悲剧的导火线，还使青少年和幼童容易成为牺牲者。自杀事件是轻生者对执政当局的抗议。

问题之四：殃及中小学生。据“行政院经建会”指出，受失业的影响，许多家庭在子女教育费负担上出现困难，省内约有12万户家庭付不起学费。有的中小学生休学后，协助家庭摆地摊赚钱补贴家用。2001年3月间，由于失业恶化，有71 000名中小学生没有钱吃午餐，引起了有关部门的重视，紧急通过25个县市政府全面清查全省2 150所小学、577所中学，结果发现共有71 749人缴不起午餐费。出现这种现象，与经济低迷、家长失业有直接关联。

问题之五：官民关系紧张。失业，关系到人们的生计，也威胁着人们的生存，尤其是失业率不断攀升，给人们的经济压力太大，对当政者发泄不满是很自然的。

人们对当政者把失业问题推给是受全球经济不景气的影响，感到十分不满。认为台湾并不等于“全球”，何况全球经济不景气又不是第一次，亚洲金融风暴时期台湾不是安然度过了，指责当局不能推卸责任。

人们对当政者停建“核四”又恢复复工，还要准备公投，认为是穷折腾。兴建“核四”本来可以带动经济的发展，创造就业机会，当政者偏要倒行逆施。人们质问：当政者为什么不用反“核四”的劲头来反失业呢？难道废“核四”也是受全球经济不景气的影响？

人们指责民进党当局除了喊口号，丝毫看不出他们有任何解人民于倒悬的行动举措，所提的就业政策一项也没有落实。陈水扁在大选期间承诺创造10万个工作机会，纯属骗取选票。面对严重的失业问题，当政者只是要人们准备过苦日子，对这样无能的“政府”人们很感失望，但又感到无可奈何。

人们指责当政者把台湾的经济搞得这么糟，把社会搞得这么乱，感到痛心和不满。2001年的五一节，成为最悲惨的日子，万名劳工冒着大风大雨走上街头游行，表达劳工最沉痛的心情。如果当政者有廉耻心，就应该感到内疚，主动承担责任，并有具体表示，高官厚禄者，应主动减薪，与民同苦，以表愧疚之意。

（五）关于外劳问题

扁当局上台一年多，由于高失业率不断困扰着台湾社会，以往不被人们关注的在台外籍劳工的问题，也浮上了台面。一面是高失业，一面又引进外劳，人们在权衡其间的矛盾，自然也涉及是否要调整外劳政策。

1. 引进外劳的过程和现状

台湾引进外籍劳工是从 1989 年开始的，当时已有 10 个年头的历史。最早引进外劳主要是基于两方面的原因：一是随着台湾经济的发展，人们生活水平的提高，就业的观念有了改变，不愿意做重体力劳动的活；二是营造业（即建筑业）、制造业等高度劳动密集的行业缺工现象日渐突出。到了 1989 年当局为推动重大公共工程，首度引进外籍劳工，随后在 1991 年开放民间申请，以缓解劳工不足的现象。此后，引进外籍劳工就成为合法的外劳政策。

截至 2000 年年底，在台外劳人数已逾 32 万人，占台湾就业总人数的 3. 4%。外籍劳工从事的行业以制造业为主，占 55. 7%，个人服务业（包括家庭帮佣及监护工）占 32.6%，个人服务业，近年其增幅较其他行业为大，主要是双薪家庭及老人比率增加，对小孩及老人的照护日渐依赖外籍帮佣及监护工。

引进外劳的国籍别，到 2000 年年底，以泰国的 14.3 万人为最多，占 43.7%，其次是菲律宾为 9.8 万人，占 30.1%，第三是印尼为 8.1 万人，占 25.3%，越南籍劳工因自 1999 年才开始引进，只有 7 万多人。

2. 外劳不断增加的原因

引进外劳的人数不断增加，从 1992 年的 1.5 万人，增加到 2000 年的 32.4 万人，除了补充本地劳工的不足，和代替本地劳工不愿干的累活，还由于周边国家劳动成本相当低廉，而岛内的劳动价格又急剧升高，雇主自然会考虑到成本的因素。

关于外劳的待遇，依照台湾劳基法的有关规定：工资之给付得于劳动契约内订明一部分以实物付之。这一规定，雇主为劳工提供伙食与居住空间，就成为实物给付的一部分，亦即形成了雇主在支付外劳基本工资以外，还必须免费提供膳宿，形成了变相的工资。

依台湾“劳基法”的有关规定，只要是在台湾的劳工，其薪资均不得低于规定的基本工资，这就成为外劳普遍计酬的方式。

台湾当时规定的最低基本工资为每月新台币 15 840 元，外劳再加上每月约 4 000 元的膳宿费，则外劳实得酬劳每月约为新台币 20 000 元，为其本国薪资的十余倍。这不仅使周边国家争夺来台工作的机会，也是外劳中介费居高不下的根本原因。

但从台湾的雇主来说，与聘雇外劳的成本相比较，则本地的劳工成本要高得多，如 2000 年台湾受雇人员月平均工资为 41 874 元，比外劳的月工资 20 000 元高出 50% 以上。一是外劳在台工资高于其本国的 10 余倍，一是台湾当地劳工的工资又高于外劳一半以上，因此雇佣外劳，这在两方面都具有很大的吸引力。

3. 引发的问题和外劳政策的调整

在失业潮中，社会上对引进外劳的问题争论不休，其焦点集中在大量引进外劳排挤了本地劳工就业的机会。从有关统计资料来观察，到 2000 年年底，台湾的失业人数为 29 万人，而引进外劳的人数为 32.4 万人，外劳的人数还超过了失业的人数，如果减少外劳的引进，则可解决本地部分劳工失业的问题。为避免外劳人数增长，排挤本地劳工就业机会，“行政院劳委会”从 2000 年 9 月起，对重大投资的制造业、当局重大公共工程、家庭外籍监护工等雇佣外劳的条件大幅提高申请门槛。

“行政院劳委会”又重申，自 2001 年 5 月 16 日起，所有重大工程停止使用外劳。对此，社会反响很大，认为一旦大工程禁用外劳，则岛内的营造业将面临招募不到人手的窘境，对经营已经相当困难的营造业，更是雪上加霜。

问题不仅如此，目前还有比较辛苦以及需轮值大夜班的工作，缺 4 万个劳动力找不到人来做怎么办?

“行政院”的一位官员表示，所谓本地劳工优先并未强制一定都是本地劳工，如果部分工程本地劳工不做，仍会让外劳来做。至于是否订定停止引进外劳的落日条款，劳委会则需要再进行评估。

在台外籍劳工人数统计表（1992-2000 年）

年份	外劳人数（万人）	外劳占台湾就业人数的（%）	外劳占台湾失业人数的（%）
1992	1.5	0.2	11.5
1993	9.7	1.1	74.6
1994	15.0	1.6	107.1
1995	18.9	2.1	111.2
1996	23.6	2.6	98.3
1997	24.8	2.7	95.4
1998	27.0	2.9	103.8
1999	29.4	3.1	105.0
2000	32.4	3.4	111.7

资料来源：台湾“劳委会”。

六、薪资物价

（一）关于薪资

1. 受雇人员薪资

台湾九类受雇人员薪资分为工业和服务业两大类：工业包括矿业及土石采取业、制造业、水电燃气业、营造业四类；服务业包括批发零售及餐饮业、运输仓储及通信业、金融保险及不动产业、商业服务业、社会服务及个人服务业五类。

受雇人员的薪资分为平均薪资、经常性薪资和实质薪资，所谓平均薪资，是指经常性薪资及加班费、年终奖金、非按月发放的绩效奖金等。所谓经常性薪资，是指本薪及按月给付的固定津贴及奖金。所谓实质薪资，是指名目薪资剔除物价上涨因素。

2000 年，工业和服务业九类受雇人员每人每月平均薪资为新台币 41 874 元，比上年的 40 870 元增加 2. 45 %，如剔除物价上涨 1. 26%，则实质平均薪资为新台币 40 236 元，较上年增加 1.18%。其中工业部门每人每月平均薪资为新台币 39 447 元，较上年的 38 409 元增加 2. 70%，剔除物价上涨因素，则实质平均薪资为 37 904 元，较上年增加 1.42%。服务业部门每人每月平均薪资为新台币 44 379 元，较上年的 43 415 元增加 2.22%. 剔除物价上涨因素，则实质平均薪资为 42 643 元，较上年增加 0.95%。无论是平均薪资与实质平均薪资，都是近 10 年来增幅最低的。

2000 年九类受雇人员月平均薪资中，工业以水电燃气业为最高，每人每月平均薪资为新台币 89 591 元，以制造业为最低，每人每月平均薪资为新台币 38 792 元。服务业以金融保险及不动产业为最高，每人每月平均薪资为 57 596 元，以批发零售及餐饮业为最低，每人每月平均薪资为 37 806 元。

2001 年上半年受雇人员平均薪资，首见衰退。

由于台湾的政局一直动荡不安，景气持续低迷，失业率攀升，员工加班及奖金减少，2001 年 1–6 月受雇员工每人每月平均薪资为 44 882 元，比上年同期 45 057 元减少 0.39%，为历年同期首见负成长。

2001 年 1–6 月平均受雇员工为 567 万人，比上年同期 582 万人减少 2.65%，是 1981 年以来的最大减幅，其中工业部门减少 3. 37%，服务部门减少 1.9%。

1991-2000 年各业受雇员工每人每月平均薪资

金额单位：新台币元

年份	工业及服务业	年增％	工业	年增％	服务业	年增％
1991	26 965	10.76	25 422	11.82	29 073	8.63
1992	29 485	9.35	28 001	10.14	31 482	8.29
1993	31 745	7.66	30 111	7.54	33 794	7.34
1994	33 709	6.19	31 896	5.93	35 889	6.20
1995	35 449	5.19	33 508	5.05	37 558	4.65
1996	36 769	3.72	34 778	3.79	38 868	3.49
1997	38 562	4.88	36 256	4.25	40 982	5.44
1998	39 736	3.04	37 277	2.82	42 291	1.68
1999	40 870	2.85	38 409	3.04	43 415	2.66
2000	41 874	2.46	39 447	2.70	44 379	2.22

资料来源：台湾“中华民国”统计月报。

2. 各县市的平均薪资

据 2001 年 5 月号“CHEERS 杂志”一项调查资料，全台湾 25 个县市的月平均薪资，由于各地经济状况不一样，存在着较大的差异，以台北市为最高，宜兰县为最低。

该杂志统计，台北市月平均薪资为新台币 40 879 元，是所有县市中，唯一平均薪资超过 4 万元的县市。占第二位的是澎湖县，月平均薪资为 38 194 元。高雄市 35 342 元，居第三位。平均薪资最低的不到 3 万元的县市，有苗栗县为 29 519 元，宜兰县为 29 112 元。其他县市在 3.4 万元至 3 万元的依序是新竹县、桃园县、嘉义市、台中市、台北县、基隆市、新竹市、嘉义县、高雄县、花莲县、屏东县、云林县、彰化县、台东县、台南市、台中县、台南县（原文缺南投县）。

3. 金融业高层主管的薪资

台湾公民营金融机构的薪资结构，长期以来就处于不合理的状态。岛内数一数二的大银行，如台湾银行、台湾省合作金库等的董事长、总经理的薪水比不上民营银行。民营金融机构高层主管的月薪往往多出同级公营银行的一倍，公营金融机构的从业人员普遍表示不满。

金融界人士表示，民营银行董事长的月薪动辄 30–40 万元，除了本俸外，还有特支费多达 10 余万元，加上提供董事长、总经理的官舍、水电费用，银行每月光是支付给董事长的费用就有 40–50 万元。

华侨银行前董事长是号称业者除外商银行以外的薪资最高者，月薪为 48 万元，比起三商银（第一、华南、彰化）的董事长约高出 15 万元；总经理及副总经理分别在 28 万元及 20 万元左右，也比三商银高。

华南、第一、彰化三商银主管说，三商银董事长每月薪资不超过 30 万元，总经理 20 多万元，副总经理约 15 万元；另外还有职务加给，副总级约 5–6 万元，合计 20 万元左右，董事长则无职务加给。每次召开董事会及常董会另有车马费。（注：三商银虽于 1998 年实行民营，但公股仍占 40% 左右。）

4. 李登辉、陈水扁的待遇

李登辉卸任后，仍维持 45 人的特勤小组编制，继续实施对其本人和家属安全的维护措施。其后逐渐有所改变。

过去在李登辉时期，台湾“总统”的薪水世界排名第二，月薪为新台币 82.2 万元，仅次于新加坡总统月薪 1 507 380 元。2000 年 5 月，李下台后，待遇有所缩减，但仍十分优厚。直到 2001 年 9 月，“内政部”邀集“总统府”等单位审查通过卸任“总统、副总统”礼遇条例实施办法修正草案，决定将卸任“总统”的交通工具由 9 辆缩减为 6 辆，事务人员由 12 人缩减为 8 人，安全护卫由 22 人缩减为 16 人；卸任“总统”的房屋设备租金不得超过其终身俸月支数额。目前李登辉月退俸为 41 万元，其台湾综合研究院和翠山庄的租金高达 70 万元，多出的 29 万元必须自付。

由于李登辉卸任后赴日就医医疗费问题，引起了“立法委员”和民众的关切，新修正的办法也做了明确规范。在医疗补助方面，卸任“正副总统”均可享有健康检查及医疗费用，包括海内外医疗在内，但机票费用则要自付。整体而言，修订后李登辉的待遇将大幅缩水。

陈水扁的薪水一直是外界瞩目的焦点。他上台后，台湾的经济财政“一蹶不振”，股汇市一再下滑，人民的财富大幅缩水，时任“行政院副院长”的张俊雄，召集了一个“总统副总统待遇支给条例”草案审查会，决议将“总统”月薪由新台币 82.2 万元分 4 年减至 50 万元，即每年减薪 10%，并自 2001 年 1 月 1 日起实施。

陈水扁则声称，考虑到“政府”的财政困难，提出把自己的薪水不是分 4 年而是一次调降，即“一步到位”，也就是从 2001 年 1 月 1 日起，“总统”的薪水将调降至44.88万元，降幅达45.4%。对此，有反应说，这的确表现了阿扁“只重江山不重财”的形象。

陈水扁对他所领的薪水也作了以下的说明：他曾特别找出台湾银行的存款簿，发现扣除所得税28万余元后，他实领的薪水是54.5万元，没有领到82.2万元那么多，但他仍认为自己的薪水很高，同意减薪。

“总统”减薪，“副总统”的待遇也将由目前的61.6万元，调降为33.66万元，比现行“院长”待遇30.492万元只多出3万多元。至于部会首长的待遇原打算由目前的17.95万元，调高为26.8万元，由于“总统”减薪，在这4年内都将落空。

台湾的高层官员现行工资如下：

“总统”月薪为新台币44.88万元。

“副总统”月薪为新台币33.66万元。

“行政院院长”月薪为新台币30.49万元。

“部长”级月薪为新台币17.95万元。

5. 关于基本工资

台湾的基本工资制度，始于“劳基法”，自1984年起实施。为保障弱势族群就业，“劳基法”规定有关工资待遇不得低于基本工资，以确保边际劳工能维持基本生活水准。在此之前名为最低工资，并以1983年的5 700元为基本工资调整基础。自1984年起，基本工资经过多次调升，至1997年已涨至15 840元，随后1998年因亚洲金融风暴和1999年“9·21”大地震的影响，为顾及企业营运压力，已连续3年未作调整。

基本工资3年不作调整，历史上未曾有过，自然会引起人们的关注。2001年这个问题被提上议事日程，由于涉及的层面相当复杂，幕僚等单位对于相关问题，经过多次商讨，未能取得共识，看来2001年调整基本工资的变数很大。问题主要集中在以下几个方面：

一是基本工资是否调整的问题；

二是基本工资如何计算的问题；

三是关于基本工资存废的问题。

经过各方意见的交结，截至2001年8月的情况，能有结果的，一是维持基本工资制度不变，二是台湾即将加入WTO，基本工资不应排除外劳适用。至于2001年基本工资是否调整，很可能泡汤了。

台湾基本工资与制造业平均工资统计表（1983-2000年）

年份	基本工资（新台币元）	调幅(%)	制造业工资（新台币元）	基本工资占制造业(%)
1983	5 700	72.72	11 135	51.2
1984	6 150	7.89	12 186	50.5
1985	6 150	未调	12 704	48.4
1986	6 900	12.20	13 987	49.3
1987	6 900	未调	15 374	44.9
1988	8 130	17.83	17 050	47.7
1989	8 820	8.49	19 537	42.1
1990	9 750	10.54	22 179	14.0
1991	11 040	13.23	24 164	44.9
1992	12 365	12.00	27 146	45.5
1993	13 350	7.96	29 004	46.0
1994	14 010	4.94	30 797	45.5
1995	14 880	6.21	32 545	44.5
1996	15 360	3.23	33 900	45.3
1997	15 840	3.13	35 456	44.7
1998	15 840	未调	36 436	43.5
1999	15 840	未调	37 686	42.0
2000	15 840	未调	38 792	40.8

资料来源：台湾“中华民国”统计月报，台湾“经济部”。

（二）关于物价

1. 关于物价的变动 2000年台湾的物价基本平稳，消费者物价总指数比上年上涨1.3%，其中食物类仅上涨0.2%，非食物类上涨1.7%。

关于食物类：粮食价格基本平稳，主要是蔬菜价格受象神台风的影响，上涨幅度较大，为7.1%，其次是鱼类上涨2.7%。但由于家禽及家畜等供应充裕，肉类下跌6. 6%，蛋类下跌10.6%，乳类下跌0.8%，休闲消遣食品下跌6.5%，致使食物类的物价仅上涨0.2%，相当平稳。

关于非食物类：在服务类方面，医疗费用、各级学校学杂费、航空票价及计程车费率等有所调涨。但由于房地产市场景气持续不振，房租涨幅创历年最低，仅为0.2%；以及电信市场竞争激烈，通讯服务持续调低，下跌3.5%等影响，服务类价格年增率为1.9%，尚称温和。至于非食物商品类，家电及家具等售价下跌，成衣行情不振，加上个人电脑等资讯产品与移动电话等通信产品，随着技术创新，成本下降，削价竞争，价格持续下滑，导致非食物商品类价格年增率为1.4%，亦属温和上涨。

以上各类物价总体看上涨幅度不大，还由于台湾政局动荡，经济景气不佳，失业率升高，民间消费不振，消费者物价上涨无力，也是物价相当平稳的重要原因。

到了2001年上半年台湾商业更出现了萧条景象。

2. 关于通货紧缩的问题

2001年上半年消费者物价指数仅微幅上涨0.3%，而在5月份下跌了0.2%，6月份又下跌了0.2%，是连续第二个月出现负增长。物价涨势越来越缓，甚至下跌，因此引发台湾是否出现了通货紧缩的问题。

“行政院主计处”的官员认为，所谓通货紧缩，应是指物价持续下跌半年。并指出，一般而言，物价下跌不外乎因为技术进步，价格下降，或是因景气低迷，引发失业率走高，有效需求不足，物价下跌，后者最为严重。目前台湾失业率增加，内需不振，物价上涨无力，已浮现通货紧缩的隐忧，值得注意。至于“经济部”统计的1–5月份商业营业额出现衰退现象，但这与民众消费意愿有关，是否意味着通货紧缩，还要再观察。

“中央银行”经济研究处的官员则指出，国际上是物价连续6个月下跌才视为通货紧缩，台湾的物价才连续下跌2个月，目前并没有通货紧缩的现象，外界不必过于悲观。“中央银行”会密切注意观察后续发展，并强调，“中央银行”7度降息的宽松货币政策会持续执行。

3. 关于痛苦指数

痛苦指数是衡量一个社会民众对经济情势的感受度，依国际上的定义，痛苦指数为“物价指数上涨率”与“失业率”两者相加之和。失业率与物价指数上涨率的增加，均表示人民的经济生活更加困难。

2000年台湾的消费物价指数上涨1.3%，失业率为3%，痛苦指数为4.3%，比上年的痛苦指数3.1%上升1.2个百分点。其中11月份消费物价指数上涨2.3%，失业率为3.2%，痛苦指数为5.5%，是全年最高的。2001年上半年消费物价指数虽只上涨了0.3%，但失业率却升至4.0%，痛苦指数为4.3%。

以上情况可以看出，由于失业率居高不下，将整个民生痛苦指数升高。一方面痛苦指数升高，另一方面受雇人员之薪资增长下降，如 2000 年受雇人员薪资比上年仅增长 2.5%，低于上年的 2.9%，2001 年上半年受雇员工薪资比上年同期更下降了 0.4%，一升一降，岛内人民自然会感到生活的痛苦在加深。

再来观察 1991–2001 年 6 月痛苦指数的变化：

大体是前 5 年痛苦指数都在 5% 左右，主要是由于物价涨幅较大，但由于失业率低，受雇员工薪资的增幅较高，所以人民不感到生活痛苦的压力。而后 5 年的情况则相反，痛苦指数虽低于 5%，但主要由于失业率不断升高，而受雇员工薪资的增幅下降，尤以 2000 年来的情况最为突出，所以人民感到生活痛苦加深。

台湾痛苦指数变化表（1991-2001.6）

年份	受雇员工薪资年增率（%）	消费物价指数上涨率（%）	失业率（%）	痛苦指数（%）
1991	10.8	3.6	1.5	5.1
1992	9.4	4.5	1.5	5.0
1993	7.7	2.9	1.5	4.4
1994	6.2	4.1	1.6	5.7
1995	5.2	3.7	1.8	5.5
1996	3.7	3.1	2.6	5.7
1997	4.9	0.9	2.7	3.6
1998	3.0	1.7	2.7	4.4
1999	2.9	0.2	2.9	3.1
2000	2.5	1.3	3.0	4.6
2001（1-6）	-0.4	0.3	4.0	4.3

资料来源：台湾“中华民国”统计月报。

注：痛苦指数为消费物价上涨率加失业率。

第二章　台湾财政金融篇

台湾的“中央”财政预算

台湾地区的财政分为“中央”财政与地方财政，下面的内容全是讲的“中央”财政，不含地方财政。台湾的年度预算实行跨年度的7月制，如1992年度，即为1991年7月1日至1992年6月30日，下文凡是有“年度”字样的均为7月制。

台湾自1991年度实施六年建设计划以后，“中央”预算赤字扩大，公债发行额剧增，财政日趋紧张，已成为当局面临的严重课题。

一、六年建设计划需投入巨额资金

1990年台湾制定了六年建设计划，1991年度付诸实施。这个计划的总规模需投资新台币8.2万亿元，约合3 000亿美元。如果以六年平均计算，则每年需投入新台币1.3万余亿元，这样巨额的投入，财源从何而来，当时仓促上马，并没有作细致的规划，当今已成为“中央”财政十分沉重的负担。

二、大量发行公债平衡预算

在1991年度施行六年建没计划之前，台湾的预算，基本上是采取稳健保守的平衡原则；之后，明显改变了预算结构，采行扩张性支出的赤字预算，通过大量发行公债平衡收支差额。1989–1993年来，“中央”财政收支及发行公债情况如下表:

“中央”财政收支状况表（1989-1993年）

单位：新台币亿元

年度	财政收人	财政支出	余绌
1989	5 623	5 492	131
1990	7 071	6 732	339
1991	6 550	8 046	-1 496
1992	7 090	9 812	-2 722
1993	8 039	10 707	-2 668

注：1992、1993年度为预算数；以上统计是否含特别预算，原资料未说明。

从上表可以看出，1989、1990 年度的财政收支略有节余。而 1991 年度以后，支出明显扩张，收支短绌大幅增加。如何弥补预算短绌，主要靠发行公债，其次是赊借——即向银行借款。这 5 年公债发行情况如下表：

"中央政府"发行公债统计表（1989-1993 年）

单位：新台币亿元

年度	公债发行额（含特别预算）	公债未偿余额	未偿余额占预算岁出总额%
1989	690	1 830	31.8
1990	0	1 474	19.9
1991	1 745	2 268	25.2
1992	2 875	4 754	44.8
1993	3 890	7 880	63.7

上表反映了如下几个问题：

1. 从 1990 年度到 1992 年度的情况是，1990 年度未发行公债，1991 年、1992 年两个年度的公债发行合计为新台币 4 100 亿元。由于六年建设工程进度落后，未达原预算发行 4 800 亿元的数额，否则发行额更大（未发行公债的额度，可保留下年度发行。按规定，已编列预算未发行的公债，最多能保留 5 年，5 年内不发行就取消预算）。

2. 据"行政院"指出，从 1949-1989 年度止的 41 个年度中，共有 12 个年度没有发行公债，其余各年度为弥补收支差额，共计发行新台币 2 900 余亿元的公债，而 1991、1992 两个年度的公债发行额比过去 41 个年度的总和还多。

3. 公债未偿余额，到 1992 年年底达到新台币 4 510 亿元，比 1990 年年底 1 274 亿元增加 3 237 亿元，两年的时间增加了 2.5 倍。据预计，从 1983 年 3 月起，到 1994 年度结束时（即到 1994 年 6 月止），还将发行 6 600 余亿元的公债。这时累计未偿余额将突破新台币 1 万亿元。

4. 有鉴于以后还要继续大量发行公债，1991 年 7 月修订了"中央公债发行条例"，由原来规定"中央政府"发行公债总余额，不得超过当年度总预算岁出总额的 40%，修订为不得超过当年度总预算及特别预算岁出总额的 95%。前一比率 1992 年度已经超过了 40%。

从以上可以看出，由于公债发行快速增加，以后还要继续发行，依存度过高，不能不引起有关部门的忧虑。

三、公债依存度过高的问题

从实施六年建设计划以来，大量发行公债是否会拖垮财政，一直是各界争论的问题。但观察“中央”的债务快速累积，和愈来愈高的公债依存度，使财政恶化的现象日益明显，学者及“财政部”的官员都认为，台湾的债务问题已经相当严重。

台湾政治大学财政研究所教授徐伟初认为，分析一国或地区债务负担的轻重，主要有三个指标：一是公债的依存度，即当年度公债发行额占中央政府岁出总额的比率，这是观察中央政府短期债务负担的指标；二是公债未偿余额占国民生产总值的比率，这是观察一国长期债务负担的指标；三是当年度债务支出占中央政府岁出总额的比率，强调的是政府支出的僵硬性。因此，不能只以一个指标就断定一国或地区财政状况的好坏。

1989–1993 年台湾上述三个指标如下表：

年度	公债发行额（亿台币）	公债依存度 %	公债余额占 GNP%	债务支出占岁出总额%
1989	690	12.0	4.9	5.5
1990	0	0	3.6	6.7
1991	1 245	13.9	5.0	6.5
1992	2 875	27.1	9.4	5.7
1993	3 890	31.7	14.4	9.5

注：①公债发行额含特别预算。

②公债依存度为当年度公债发行额占“中央”岁出总额的比率。

徐伟初还列举各国／地区政府债务负担作了比较，如下表：

国家／地区	年份	公债余额占岁出总额%	公债余额占 GDP%
台湾	1991	30.4	5.2
韩国	1989	55.1	9.9
新加坡	1989	417.0	82.0
马来西亚	1990	270.3	81.9
美国	1990	187.2	45.5
德国	1989	75.3	22.2
日本	1989	345.8	58.9

徐伟初指出，台湾的公债依存度，已由1991年度的13.9%，提高到1993年度的31.1%，“中央”支出靠大量发行公债支应，必将危及财政的安全。

还有债务支出占“中央”岁出总额的比率，也正在提高中。1993年度高达9.5%，表示“政府”每花100元钱，约有10元钱是用来偿还债务及利息。

在各方面的意见中，大体还可分为如下三种情况：

一种情况是，大多数反对发行公债，但也有表示赞同的。

——“财政部长”林振国表示：近来“政府”钱不够用，多靠举债度日，未来公债还本付息愈来愈重，又不能再发行公债时，就得加税，那是大家都不愿意的事，故公债发行须慎重。

——“财政部国库署副署长”朱正雄指出，近来公债发行急剧增加，的确令人担心未来的财政状况，如果不及时控制、改善，财政恶化绝不是危言耸听。

——现任“行政院主计处”主计长汪錕指出，“政府”应撙节支出，设法调整六年建设计划项目执行秩序，减少公债发行，不应再修法提高——有的建议将已提高“中央”发行公债总余额不得超过当年度总预算及特别预算岁出总额95%的上限，再提高到120%。

——“审计部”也指出，日本在1979年时公债的依存度也曾达到34.7%，日本政府立即宣布次年为“财政重建年”。因此，台湾目前的财政状况令人忧虑。

——也有人指出，弥补财政赤字，除了发行公债，还可以利用赊借——向银行借款。发行公债还有法定上限，而赊借则没有任何限制规定。并指出，赊借的数额也十分庞大，这类赊借筹款方式，其中也隐藏了财政赤字的危机。

——但也有的“行政院经建会”委员表示赞同发行公债，认为目前台湾还有未经消费、投资、生产利用的超额储蓄，显示社会资源并未有效运用，从总资源运用的角度来看，应运用公债发行政策，从事建设，而且目前发行公债的负担并不高。

另一种情况是，认为既有财政支出扩张，也有财政收入的问题。

——前任“行政院经建会”主任委员郭婉容指出：外界认为六年建设计划导致过度投资公共建设，建议缩小规模，这是一种误解，实际上是由于“中央政府”收入零增长所致。还认为，目前公债发行总余额还不到国民生产总值的15%，并不算严重。

——还有的认为，从1986年以后的4年多，台湾景气高度繁荣，更由于股票与房地产的狂飙，造成台湾的泡沫经济现象，税收随之大幅增长，足以应付“政府”开支的跳跃上升，但自 1990 年后，正好是泡沫经济开始破灭，这两三年来，税收与公营事业收入均无法增长，财政岂能不紧张。

——“行政院主计处”指出，由于财政持续恶化，关税等主要税源收入逐渐减少，1994 年度的财政状况将更趋紧张。“中央”主要四大税源减少的原因是：关税因申请参加关贸总协定除去保护而逐年下降；所得税因采新的物价指数连动法，1994 年度的税收将大幅减少；证券交易税也因股市交易量萎缩而下降；只是货物税可望持平。并指出，“中央”财政紧张，除了“六建”带动公共支出增加外，四大税源减少，也是形成财政压力的原因。“主计处”的官员说：“这种捉襟见肘的情形已经持续了 3 年，实在难为了“财政部长”王建煊，到处找财源，却到处得罪人。”

还有一种情况是提出建议的，主要有：

——调整“六建”规模，排定优先秩序，缩小经建支出。

——将一部分“六建”项目移转民间，鼓励民间投资。

——严查逃税漏税，增加税源。

——节制行政经费，尤其是人事费用太大。

1998 年台湾各级财政收支概况

台湾地区的财政预算实行跨年度的 7 月制，如 1998 年度为 1997 年 7 月 1 日至 1998 年 6 月 30 日，本文凡有“年度”字样或称会计年度的均为 7 月制。

一、近几年来的财政状况

台湾地区在 1991 年施行六年建设计划之前，其财政预算，基本上是采取稳健保守的平衡原则；之后，预算结构有了明显的改变，采行扩张性的赤字预算。由于支出规模巨幅扩大，而实质收入未能同步增长，仰赖发行公债和向金融机构借款以资挹注，因而造成债务负担激增，财政赤字居高不下。

为健全财政收支，自 1996 年度起，明定各级财政预算支出的规模，不得超过上年度所占 GNP 比例的 30.7%。由于大力撙节支出，使支出规模逐渐得到抑制，到 1998 年度，财政支出占 GNP 的比例已降至 25. 5%。在实质收入大幅增长下，实质收支短绌的状况逐步得到改善，由 1995 年最高短差新台币 3 506 亿元，逐年递减至1998年度的42亿元，但仍是1991年度以来连续8年产生财政赤字。

由于缩减支出规模收到成效，实质收支短差虽然缩小，减缓了财政赤字的压力，但累积的债务余额（公债、“国库券”及向金融机构借款未偿还余额）却日益增高，截至1998年度已达20 803亿元，占台湾岛内生产总值的24.5%，显示债务负担未见减轻。

1994-1998年各级财政收支状况表

单位：新台币亿元

年度	收入			支出			实质收支短绌
	合计	实质收入	非实质收入	支出合计	实质支出	非实质支出	
1994	19 244	15 027	4 217	19 137	18 263	874	-3 236
1995	21 027	15 594	5 433	20 794	19 100	1 649	-3 506
1996	20 240	16 042	4 198	20 059	18 438	1 621	-2 396
1997	20 741	17 048	3 693	20 668	18 788	1 880	-1 740
1998	22 593	19 846	2 747	21 670	19 888	1 782	-42

资料来源：1998年台湾“中央银行”年报。

注：①实质收入，包括经常门收入（税课收入、营业盈余及事业收入、规费及罚款收入、其他收入）与资本门收入（财产售价及收回收入）。

②非实质收入，即融资性收入，包括公债收入、赊借收入（即向银行借款）及移用以前年度岁计剩余。

③实质支出，包括经济发展支出、教育科学文化支出、防务支出、一般政务支出、社会福利支出、退休抚恤支出、社会发展及环保支出、其他支出。

④非实质支出，指融资性债务还本支出。

二、1998年度财政收支

（一）总的收支情况

1998年会计年度各级财政收入总额为新台币22 593亿元，较上年度增加8. 9%，其中实质收入为19 846亿元，较上年度增加16. 4%，非实质收入2 747亿元，较上年度减少25. 6%。

1998年会计年度各级财政支出总额为新台币21 670亿元，较上年度增加4.9%，其中实质支出为19 888亿元，较上年度增加5. 9%，非实质支出为1 782亿元，较上年度减少5.2%。

1998年会计年度由于实质收入增加的幅度大大高于实质支出增加的幅度，实质收支短差为42亿元（即财政赤字），比上年度的1 704亿元有了明显的下降，而非实质收入和非实质支出，均比上年度减少，这都显示财政状况在趋向好转。

（二）各级财政收入来源

1998年度各级财政收入来源表现为，实质收入增加，非实质收入减少。

在实质收入方面：1998年度仍以税课收入13 396亿元为最大宗，占财政收入总额的59.3%，比上年度增加10. 4%，主要为证券交易税大幅增加51. 3%和所得税增加12. 9%；居第二位的营业盈余及事业收入2 978亿元，占财政收入总额的13. 2%，比上年度剧增64. 7%，系公营事业缴库股息红利增加，及释出交通银行、三商银行（华南银行、第一银行、彰化银行）和中油公司等官股所致。

1998年度各级财政收入来源结构表

单位：新台币亿元

收入项目	金额	比上年度 (+) (-) %	比重
税课收入	13 396	+10.4	59.3
营业盈余及事业收入	2 978	+64.7	13.2
规费及罚款收入	1 075	+9.1	4.8
财产售价及收回	846	+12.4	3.7
独占及专卖收入	572	−1.7	2.5
公债收入	599	−56.0	2.7
赊借收入	1 911	−4.5	8.5
移用以前年度岁计剩余	237	−28.2	1.0
其他收入	979	+24.4	4.3
合计	22 593	+8.9	100.0

资料来源：同上

在非实质收入方面：公债发行因税课收入、营业盈余及事业收入剧增而减少56%，使公债收入占财政收入之比重，由上年度的6.6%下降至本年度的2.7%，赊借收入（向银行借款）也比上年度下降4. 5%，其占财政收入总额的比重，也由上年度的9. 6%降为本年度的8.5%。

（三）各级财政支出结构

1998年度各级财政支出结构最大的变化，是教育科学文化支出占财政支出总额的比重居首位，以前占首位的经济发展支出退居第二位，这种情况是从1996年度开始出现的。分别各项目来观察：

——教育科学文化支出1998年度为4 211亿，比上年度增加12.1%，占财政支出总额的比重为19.4%，居第一位，这主要是由于经济发展支出占财政支出总额的比重下降所形成的。

——经济发展支出1998年度为3 366亿，比上年度增加14.1%，占财政支出总额的比重为15.5%，居第二位；而在1996年度之前都是占第一位，如1993年度其占财政支出总额的比重还高达29.3%，以后就逐年下滑。这主要是由于经济发展所带来的分配不均，社会福利支出和退休抚恤支出显著增加，排挤其他的支出所致。

——防务支出1998年度为3 123亿，比上年度增加7%，占财政支出总额的比重为14.4%，居第三位。早年这项支出占相当大的比重，到90年代后大幅缩减。1998年度增加7%，主要是重大军品采购交货。

——社会福利及退休抚恤支出1998年度合计为4 755亿，比上年度增加1.7%，占财政支出总额的比重为21.9%，而1994年度仅占14.1%，到1996年度升高为21.3%，1997年度更高达23%。

1998年度各级财政支出结构表

单位：新台币亿元

支出项目	金额	比上年度（+）（-）%	比重
教育科学文化支出	4 211	+12.1	19.4
经济发展支出	3 366	+14.1	15.5
防务支出	3 123	+7.0	14.4
社会福利支出	2 855	-3.1	13.2
一般政务支出	2 531	+3.3	11.7
退休抚恤支出	1 900	+5.7	8.8
社会发展及环境保护	760	+10.8	3.5
债务支出	2 697	-11.2	12.5
其他支出	227	+89.5	1.0
合计	21 670	+4.9	100.0

资料来源：同上。

（四）债务负担及有关问题

债务负担与财政状况密切相关，1998年最近几年来的变化情况从几方面来观察。

1. 财政支出的规模逐渐缩小

以财政支出占国民生产总值的比重来衡量财政支出的规模，1991年施行六年建设计划之后，这个比重1995年度曾高达40%，1996年开始大力增收节支之后，逐步下降至1998年度的25.5%，显示财政支出的规模逐渐在缩小。

2. 赋税依存度有所提高

财政支出主要以赋税收入来支应，赋税依存度即赋税收入占财政支出总额之比重。在20世纪80年代以前，由于实行稳健的财政政策，赋税依存度均在7成以上；之后，由于推动重大建设工程，加以社会福利措施相继实施，支出大幅扩增，90年代至1994年度，上述比重均低于6成，1995年度才开始逐步回升至1998年度的66.8%。

3. 债务依存度逐步下降

以债务收入占财政支出总额之比重来观察财政对债务之依存度。90年代以来，财政支出相当依赖融资性财源挹注，1995年度这个依存度曾高达22.4%，之后逐步下降，1998年度已由上年度16.3%下降至11.6%，其中公债依存度由上年度之6.6%降为2.8%，赊借依存度由上年度之9.7%降为8.8%。

4. 债务负担仍然沉重

财政支出占国民生产总值的比重虽然有所下降，赋税收入占财政支出之比重有所回升，债务收入占财政支出之比重有所降低，财政收支实质短绌大有缩减，但累积之债务金额（包括公债、“国库券”及赊借未偿还余额）却日益增高，如1995年度为16 000亿，1996年度为16 800亿，1997年度为18 600亿，1998年度为20 800亿（1998年度公债余额、赊借余额约各占一半）。

再从债务余额占岛内生产总值（GDP）来观察，1995年度为22.9%，1996年度为23.4%，1997年度为23.9%，1998年度为24.5%，呈逐年上升趋势，显示债务负担仍相当沉重。

1994-1998 年各项财政比率如下表：

单位：新台币亿元

年度	实质收支短差	短差占财政支出％	财政支出占 GNP%	赋税收入占财政支出％	债务收入占财政支出％
1994	3 236	16.9	30.8	59.2	17.7
1995	3 506	16.9	40.0	60.6	22.4
1996	2 396	11.9	27.7	61.5	18.2
1997	1 740	8.4	26.4	63.5	16.3
1998	42	0.2	25.5	66.8	11.6

资料来源：同上。

三、各级财政收支及财源划分

长时期以来，各级财政的财源主要集中在上面，地方的财政收入向来不足以支应支出，财源多依赖上级。由于财源分配不均，“中央财政”与地方财政的划分经常发生矛盾。现况如下：

（一）1998 年度各级财政收支状况

——“中央政府”的收支占财政总收支的比重约为 57% 和 55.1%，差额为收大于支。

——台北市政府的收支占财政总收支的比重均为 7. 9%，收支完全平衡。

——高雄市政府的收支占财政总收支的比重均为 3%，收支基本平衡。

——台湾省政府的收支占财政总收支的比重约为 16.7% 和 15. 9%，差额为收大于支。

——县市政府的收支占财政总收支的比重约为 12.2% 和 13. 9%，差额为支大于收。

——乡镇市公所的收支占财政总收支的比重约为 3% 和 4.2%，差额为支大于收。

以上显示，县市政府以下的财政收入均不足以支应支出，经常叫苦。

（二）各级税收及税目划分

1998 年度各级税收总额为 13 396 亿元，比上年度增加 10. 4%，占财政收入总额的 59. 3%。税收总额中，“国税”为 8 083 亿元，占 60.3%，省及直辖市税

2 931 亿元，占 21.9%，县市税 2 382 亿元，占 17.8%。

各级税收税目结构表

金额单位：新台币亿元

	金额	比重%	占税收总额为%
（1）“国税”收入	8 083	100	（60.3）
所得税	3 984	49.3	29.7
货物税	1 504	18.6	11.2
证交税	1 197	14.8	8.9
关税	1 143	14.2	8.5
遗产及赠与税	255	3.1	1.9
（2）省级直辖市税收入	2 931	100	（21.9）
营业税	2 440	83.2	18.2
使用牌照税	420	14.3	3.1
印花税	71	2.4	0.5
（3）县市税收入	2 382	100	（17.8）
土地税	1 738	73.0	13.0
房屋税	483	20.3	3.6
契税	143	6.0	1.1
娱乐税	18	0.7	0.1

资料来源：《“中华民国”经济年鉴》。

注：土地税包括田赋、地价税及土地增值税。

“中央”税与地方税之税目分配为：

1.“国税”

所得税　100% 归“中央”。

货物税　100% 归“中央”。

关税　100% 归“中央”。

证券交易税　100% 归“中央”。

遗产税　“直辖市”：“中央”和“直辖市”各占 50%。

省：“中央”占 10%，省占 10%，县市占 80%。

2. 省市税

营业税　　　“直辖市”：50% 归市，50% 由“中央”统筹。

　　　　　　省：50% 归省，50% 由省统筹。

印花税　　　分配与营业税相同。

使用牌照税　“直辖市”：100% 归市。

　　　　　　省：省和县市各占 50%。

3. 县市税

契税　　　　100% 归县市。

娱乐税　　　100% 归县市。

房屋税　　　100% 归县市。

土地税　　　60% 归县市，20% 归省，20% 由省统筹。

台湾金融机构的发展变化

一、开放民营银行新设

台湾对银行的控制甚严，长期以来一直是以公营银行为主体，直到 20 世纪 90 年代初才有开放银行民营之举。

（一）开放银行民营的过程

——1984 年提出了经济自由化、国际化的长期发展方针。之后，公营银行移转民营和开放新设民营银行的问题，都在议论之中。

——1989 年 7 月修改“银行法”、增列新设银行的有关条文。

——1990 年 4 月，“行政院”通过了“商业银行设立标准”，一些新银行的发起人开始筹组银行。

——1991 年 6 月下旬，“财政部”对 19 家申请新设银行批准了其中的 15 家。这 15 家银行，从 1991 年年底开始陆续开业。

（二）新设民营银行的意义

——落实贯彻金融自由化的方针，改变过去视银行为特种营业的传统观念。

——打破公营银行长期联合垄断的局面，实行公平竞争，改变公营银行“衙门当铺”作风。

——将地下金融引入地上。据“中央银行”估计，地下金融的资金流量约占地上金融资金流量的30%。多家民营银行设立后，可望逐步改变这种状况。

（三）设立新银行的原则要求

——资本额的限制。规定实收资本额最低为新台币100亿元（约合4亿美元），以符合稳健经营的规则。

——股权分散的原则。同一个（同一自然人或同一法人）持有同一银行的股份，不得超过其已发行股份总数的5%。同一关系人（包括本人及配偶等）持有股份总数不得超过15%。

——高级负责人的条件要求。银行的总经理、副总经理、协理、经理等，都规定有资历学历的限制。作此规定是避免财团股东自任高级主管或重用亲人。

（四）新银行设立后的反映

“财政部长”王建煊（有“小钢炮”之称）一口气批准了15家民营银行新设以后，引起了社会上的震惊和各种反映。

有的认为，台湾现有各类银行的分支机构1 000多家，金融市场的空间“胃纳有限”，再增加15家银行及其分支机构，台湾满街都是银行了。

有的指出，一下子增加这么多的银行，参加瓜分台湾的金融市场，必将带来一场大战，银行业的战国时代即将来临。

反映最激烈的还是两位曾经当过“中央银行总裁”的俞国华和张继正，他们对此举表示忧虑。俞国华要“财政部”严守“银行法”中有关股权分散的规定，不能坐视少数财团以人头方式取得操纵新银行经营命脉。张继正以过去金融管理的经验，断言：如果没有倒闭几家银行，金融纪律出不来。

尽管对新银行在未来金融市场影响看法不一，但多赞同因新银行的设立所带来的市场竞争，新银行新作风的挑战，会使多年来有如一潭死水的银行体系，从底层开始翻动，凡是不能随潮流调整金融管理的，就要面临淘汰的命运。

新银行陆续开业后，在人员挖角，利率升降，金融商品服务品质等方面已经出现了竞争的形势。

以上新设15家银行，还只是“财政部”核准的第一批，下步还有第二批，还有符合条件的信托投资公司和信用社，也将可能被批准改制为银行。

就在“财政部”批准新设15家银行不久，又批准了1家信托投资公司改制为银行。

新设立16家银行如下：

银行名称	资本额(亿台币)	主要发起人
大安商业银行	100	太平洋集团等
万泰商业银行	120	太子集团等
远东国际商业银行	100	远纺企业等
大众商业银行	105	台塑企业等
亚太商业银行	100	台中中小企业等
中兴商业银行	135	华荣集团等
万通商业银行	126	统一集团等
玉山商业银行	100	台火等
联邦商业银行	120	联邦集团等
华信商业银行	100	中央投资公司等
宝岛商业银行	100	养乐多企业等
富邦商业银行	100	富邦集团等
中华商业银行	100	力霸集团等
泛亚商业银行	100	长亿集团等
台新国际商业银行	100	新光人寿等
“中国信托商业银行”	100	信投公司改制

截至1993年2月底，台湾原有的当地一般银行机构，加上15家新设的银行和1家由信托投资公司改制的商业银行，台湾共有当地一般银行32家，其中原有的和新设立的银行各16家，如下表：

银行名称	设立日期	分支机构（家）	公营或民售
交通银行	1960.02.02	25	“财政部”属
“中国农民银行”	1967.05.20	49	“财政部”属
“中国输出入银行”	1979.01.11	2	“财政部”属
“中央”信托局	1947.10	9	“财政部”属
台湾银行	1946.07.20	78	省属
第一商业银行	1947.02.26	120	省属

续表

银行名称	设立日期	分支机构（家）	公营或民售
华南商业银行	1947.02.26	103	省属
彰化商业银行	1963.05.27	115	省属
台湾土地银行	1951.07.03	65	省属
台湾省合作金库	1946.09.30	96	省属
台北银行	1969.04.21	40	市属
高雄市银行	1981.08.24	13	市属
“中国国际商业银行”	1971.12.17	30	（民营）
华侨商业银行	1961.03.01	24	民营
世华联合商业银行	1975.05.20	21	侨资台资合营
上海商业储蓄银行	1965.06.16	22	民营
万通商业银行	1991.12.30	5	民营
大安商业银行	1992.01.01	5	民营
联邦商业银行	1992.01.21	5	民营
中华商业银行	1992.01.25	5	民营
华信商业银行	1992.01.28	5	国民党营
亚太商业银行	1992.02.12	5	民营
玉山商业银行	1992.02.21	5	民营
万泰商业银行	1992.02.12	5	民营
泛亚商业银行	1992.03.04	5	民营
中兴商业银行	1992.03.12	5	民营
合新国际商业银行	1992.03.23	5	民营
远东国际商业银行	1992.04.11	5	民营
富邦商业银行	1992.04.20	5	民营
大众商业银行	1992.04.20	5	民营
宝岛商业银行	1992.04.09	5	民营
“中国信托商业银行”	1992.07.02	5	民营
合计（32家）		892	

以上统计分别说明如下：

1. 当地一般银行是台湾银行业的主体，共有 32 家，分支机构 892 家。

2. 32 家银行中，“财政部”属 4 家（所谓“国营行局”）省属 6 家，市属 2 家，合计 12 家，均属公营。民营银行 20 家。

3. 32 家银行统计表中，上海商业储蓄银行以前的 16 家为原有，万通商业银行以后的 16 家，为 1992 年春所新设。

4. 国民党党营的事业很多，官方解释：党营为民营。

5. “中国国际商业银行”前身为“中国银行”，1971 年台湾退出联合国，为应变将其改名为“中国国际商业银行”，并以民营姿态出现。

6. 交通银行、“中国农民银行”为在台复业日期。

二、台湾在海外的银行机构

为推动金融国际化，台湾从 1988 年开始就鼓励岛内的银行到海外设分支机构。之后，海外银行机构迅速增加，据截至 1993 年 6 月底，已有“中国国际商业银行”、交通银行、“中国农民银行”、“中国输出入银行”、“中央信托局”、台湾银行、第一商业银行、华南商业银行、彰化商业银行、台湾联合银行、台湾中小企业银行、台北银行、世华联合商业银行、“中国信托商业银行”14 家银行，在海外设据点共 69 家，其中大部分是在 1990 年以后所设立。

以上各银行在海外设机构的情况，均不包括“中央银行”。

台湾的“中央银行”在岛内至今没有设分支机构，但在海外迄今已设两家代表办事处。

1993 年 4 月在美国纽约设立的代表办事处是“中央银行”在海外设立的第一个据点。当时“中央银行”指出，在纽约设立代表办事处的主要目的，一是加强与美国联邦准备银行及其在美国主要金融机构的联系；二是就地搜集、分析研判金融市场的讯息，以利于灵活调度外汇存底，确保外汇存底的安全；三是协助辅导台湾银行在美国的分支机构发展业务。

1994 年 2 月，“中央银行”又在伦敦设立代表办事处，为其第二个海外据点。将负担起收集欧洲地区金融市场资讯，以便调度在欧洲地区投资的外汇存底。台湾的金融触角延伸到欧洲地区，意在加快金融国际化的步伐。

据台湾《财政部金融局统计提要》，截至 1993 年 6 月底，台湾在海外的银行机构，共有分行（包括子公司）41 家，代表办事处 22 家，其他 6 家，合计 69

家。这些机构分布在美、欧、亚等地区的各大城市，其中以美国的 24 家（包括分行和代表处）、欧洲的 19 家为最多，如下表：

台湾各银行在海外设机构的情况

中央银行	中国国际商业银行	交通银行	中国农民银行	中国输出入银行	中央信托局
1. 纽约代表处（1993 年 4 月设立） 2. 伦敦代表处（1994 年 2 月设立）	1. 纽约分行 2. 芝加哥分行 3. 洛杉矶分行 4. 巴拿马分行 5. 东京分行 6. 大阪分行 7. 曼谷分行 8. 崮朗自由区分行 9. 巴黎分行 10. 光华国际商业银行 11. 光华国际金融公司（澳大利亚） 12. 中美银行 13. 荷兰阿姆斯特丹分行 14. 欧华国际商业银行（阿姆斯特丹） 15. 休斯敦代表处 16. 沙特阿拉伯代表处 17. 巴林代表处（巴拿马） 18. 菲律宾代表处 19. 越南代表处（加拿大）	1. 新加坡分行 2. 美国圣荷西（矽谷）分行 3. 荷兰阿姆斯特丹子公司（交欧公司） 4. 纽约分行	西雅图分行	1. 印尼办事处 2. 布达佩斯代表处 3. 墨西哥代表处	1. 纽约代表处 2. 旧金山联络办事处 3. 巴拿马代表处 4. 新加坡代表处 5. 德国代表处 6. 纽约中美环球公司 （该局在海外的以上机构均不办银行业务）

省市属行库海外分支机构

台湾银行	第一商业银行	华南商业银行	彰化商业银行	台湾中小企业银行	比利时台湾联合银行	台北银行
1. 纽约分行 2. 洛杉矶分行 3. 阿姆斯特丹分行（阿姆斯特丹子公司） 4. 南非台湾银行 5. 伦敦代表处 6. 法兰克福代表处 7. 香港代表处	1. 关岛分行 2. 新加坡分行 3. 伦敦分行 4. 法兰克福分行 5. 纽约分行 6. 洛杉矶分行 7. 香港代表处 8. 东京代表处	1. 纽约分行 2. 洛杉矶分行 3. 香港分行 4. 伦敦代表处 5. 法兰克福代表处 6. 东京代表处	1. 纽约分行 2. 洛杉矶分行 3. 伦敦分行 4. 东京分行 5. 阿姆斯特丹分行（欧洲子公司） 6. 香港代表处	阿姆斯特丹代表处	由台湾银行、台湾土地银行、台湾中小企业银行、台湾省合作金库联合集资于 1992 年 12 月设立。	1. 纽约分行 2. 洛杉矶分行

民营银行海外分支机构

中国信托商业银行	世华联合商业银行
1. 伦敦代表处 2. 印尼代表处 3. 菲律宾代表处 4. 香港代表处	洛杉矶分行

海外银行获利不易。

台湾在海外的银行机构发展很快，但经营十分艰辛，获利很不容易，尤其是在欧洲地区，大多数银行连年都处于亏损的局面。下面是台湾省属银行 1993 年的盈亏统计。

1993年省属银行海外据点盈亏情况

单位：千美元

地区	省属银行海外分行	盈或亏
美洲	台湾银行纽约分行	262
	第一商银纽约分行	2 407
	彰化商银纽约分行	2 261
	华南商银纽约分行	1 785
	台银洛杉矶分行	-888
	一银洛杉矶分行	5 035
	彰银洛杉矶分行	4 543
	华银洛杉矶分行	3 391
欧洲	台银阿姆斯特丹分行	716
	彰银阿姆斯特丹分行	-108
	一银伦敦分行	1 551
	彰银伦敦分行	-215
	一银法兰克福分行	-742
	比利时台湾联合银行	-306
亚洲	一银关岛分行	2 382
	一银新加坡分行	3 978
	彰银东京分行	-1 117
	华银香港分行	-523
	南非台银子公司	178
合计	盈余	28 489
	亏损	3 899

从上面的统计看，省属银行在海外的19家分行中，有7家银行亏损，亏损面占37%。从地区上看，在美国的机构表现得还不错，只有一家银行亏损。在亚洲地区也不理想。尤其在欧洲地区表现最差，6家分行中就有4家亏损，亏损面占2/3。

省属银行在欧洲地区亏损的多，据认为主要有以下几方面的原因：

（1）省属银行在海外发展的历史不长，仍在积累国际经验阶段，一切从零开始，创业维艰。

（2）部分国家的金融市场有排他的情况，加之国际市场竞争激烈，业务不易拓展。

（3）具有外语能力的国际金融人才不足，对当地相关金融法令缺乏深入了解，对当地语言、民族及民情均不熟悉。

（4）要承受当地高税负的负担，加大了经营成本。

官员们认为，欧洲属国际金融重镇，配合欧洲整合后的商机，未来的远景仍然可期。为改变业务拓展不易的困境，可考虑聘用当地人士担任经营干部或参与金融决策，以解决外国语言、文化不同所产生的隔阂，以利业务的推展。还可考虑并购当地的外国银行或者合资经营，有现行的业务通道，也有熟悉当地市场的人才，可免去在当地创业的艰辛。

三、省属三商银实现民营化

省属三商银即台湾省属第一商业银行、彰化商业银行、华南商业银行，经过多年的酝酿过程，终于在 1998 年 1 月实现了民营化，同时实现民营化的，还有台湾中小企业银行和台湾产物保险公司。

（一）三商银民营化的过程

三商银在 1946 年前国民党政府接收时，其公股都超过 50% 以上。按照台湾对公民营企业的划分，公股占 51% 即为公营，公股占 50% 以下即为民营，所以三商银均为省属公营银行。

早在 20 年前台湾当局就着手推动公营银行民营化，解除其在人事、预算、审计等方面的诸多不合理的限制，使其能进行企业化经营，以适应金融自由化、国际化的发展趋势。对此，一直是台湾总体经济体制改革的重要目标。然而 20 多年来，从提出公营银行民营化到落实三商银实现民营化，过程极为艰巨复杂而且阻力重重，关键的问题，其中牵涉到既得利益者不愿意放弃已有的权利。

（二）阻力来自省议会

三商银民营化最大的阻力是来自台湾省议会。当时，省议会议员挟其质询权及预算的审查权，以监督为名，对公营银行的经营进行无理的干预，以图利己之实。他们常对公营银行特权贷款，人事关说，介入行库购租行舍，插手其工程招标及采购，可说是以权谋私，予取予求。公营行库如果稍有不慎，侍候欠周，就会遭到杯葛其预算，或被指控图利他人，或在议会内外遭到侮辱。尤有甚者，到了1989年，省议会面对三商银民营化的强大呼声，悍然决议：省政府在三商银的持股比重不得低于51%，使得三商银民营化一度显得遥遥无期。

事隔6年之后，1996年年底召开的"国家发展会议"，达到了"冻省"的共识，并提出在5年内完成公营事业民营化。所谓"冻省"，就是决定在1997年年底冻结省议员选举。省议会见大势已去，冻结省议员选举后，不复再有审查公营银行预算的权力，倒不如做个顺水人情，遂于1997年5月废除原来决议省府对三商银持股比重不得低于51%的禁令，因而消除了最大的阻力，使三商银民营化得以启动。

（三）三商银民营化最大的难题

三商银民营化开始启动最大的难题有三个方面：一是如何清除外界对财团化的疑虑（意即财团大量收购三商银股票）；二是员工权益的保障问题；三是如何减少对股市的冲击。对此，省政府财政厅有关部门均事先进行审慎的规划。考虑到正值东南亚金融风暴期间，财团不敢吃进大量的股份，可以放心释股，并采取公开承销释股和限制承购股票的张数；对员工发动的"反贱卖、保权益"的万人大游行，采取员工认股优惠措施，并经过协商解决员工有关权益的保障问题。经过一段时期的启动过程，三商银于1998年1月1日正式宣布实现了民营化。

三商银实现民营化前后官股所占比重如下表：

单位：%

	民营化前官股占比重	民营化后官股占比重
第一商业银行	69.8	42.0
华南商业银行	57.7	41.2
彰化商业银行	51.6	39.8

三商银民营化以后，官股仍占40%左右的比重，仍可主导经营，学者们认为，这种官方所谓的民营化，其实是"化明为暗"的"公有民营化"。省府官员表示：未来3年三商银的官股比率还会逐步降低。

四、基层金融机构的改制

信用合作社和农、渔会信用部，为台湾基层合作金融机构。信用合作社属于城市型，农、渔会信用部属于农村型，台湾省合作金库是这些基层金融机构的“小中央银行”，负责调节其资金余缺，并负有检查辅导之责。

（一）基层金融机构存在的问题

台湾的基层金融机构历史悠久。但是长期以来，这些基层金融机构，在地方派系选举恩怨的恶性循环下，尤其是在 1995 年下半年以来有几十家基层金融机构发生挤兑风波，日益暴露其问题的严重性，有关财金当局一直在寻求解决办法。这些基层金融机构存在的问题主要有以下几方面：

一是，普遍具有地方派系色彩，与特权挂钩，与地方势力相结合，选举恩怨，业务经营，都摆脱不了地方政治势力的影响。为了控制地方金融资源，派系之间，争权夺利，互相倾轧，尤其是农、渔会的总干事，统揽人事、业务大权，是兵家必争之地。

二是，基层金融机构被定为地方性、平民性，业务开展受到很大的限制，营业据点也无法突破区域的束缚。尤其是在 1991 年 15 家民营银行新设以后，分支机构不断增加，基层金融机构根本无法与商业银行竞争；加之基层金融机构的放款对象和营业地区受到限制，以致许多基层金融机构的存款远大于放款，靠转存省合作金库的利差维持生存。

三是，专业能力低，财务管理薄弱，欠缺风险管理意识；尤其是公款私用，放款泛滥，内部控管流于形式，主管机关督导不力，一些基层金融机构衍生出各式各样的经营危机。据 1995 年 8 月至 1997 年 2 月的统计，仅农会信用部发生挤兑的家数就达 42 家，问题十分严重。

以上这些问题，基层金融机构都不同程度地存在着，主管当局一直在寻求解决办法。

（二）信用社改制已有进展

信用合作社为独立的社团法人团体，不像农、渔会信用部与农会的关系那么复杂，改制起来也比较容易。面对存在的问题和现实的压力，迫使一些信用社不得不另找出路。

据 1997 年的情况，信用社改制有两种形式：一是有条件的如其资本额超过新台币20亿元，相关条件较好，可以改制为商业银行；二是自找对象，由商业银行概括承受信用社的资产负债，实际上是由商业银行并购。

计自1997年1月至1998年1月止，信用合作社改制为商业银行共有5家，同一时期，商业银行概括承受的信用社共有8家。

据认为，只有时间成熟了，信用社改制的进展才很快。

（三）农会信用部改制难度大

农会信用部何去何从，一直是各界关注的重大课题。农会信用部改制的难度，主要是有两大问题不易解决。

一是，农会信用部非独立法人。农会下属推广部、供销部、信用部，保险部，由农会总干事统一指挥。由于农会信用部并非独立法人，而农会的推广部、供销部又依赖信用部支持其发展经费，这就构成信用部与农会难以分离的关系；农会总干事自然更愿意控制信用部的金融资源，因而信用部想独立出来就难上加难。

二是，对农会的管理多头马车。农会的隶属主管机关是“内政部”，但其推广与供销的业务辅导又隶属“农委会”，信用部的业务辅导又隶属“财政部”，还涉及省级单位的相关部门。如果要改制信用部，不仅要修改“农会法”，还涉及农会的经费来源怎么办，还有如何改变多头马车的问题，协调起来相当困难。

为解决农会信用部改制的问题，主管机关纷纷邀请学者专家及各界代表研商改革方案，“财政部”的金融革新小组也将农会信用部的改革问题列为重要议题。然而截至1998年年初，各界对于农会信用部未来如何定位，如何解决上述两大难题，仍然缺乏共识，未获结果。从1995年秋开始研讨迄今已两年半过去了，而类似的争议在1960年就曾发生，30多年过去了，问题仍然存在。

五、关于设立工业银行

1997年9月，台湾“财政部”公布“工业银行设立标准”草案，1998年1月，又颁布“工业银行设立及管理办法”，2月初，开始受理有意设立工业银行者的申请。台湾的财金主管部门为什么现在提出设立工业银行，其过程和原因，引发的各种议论，最后结果，综述如下：

（一）不伦不类的银行分类

依据台湾现行“银行法”的规定，本法所称银行，分为4种：①商业银行；②储蓄银行；③专业银行；④信托投资公司。这样的规定，尽管与实际执行有相当的出入，或者说有的名不副实，但历经多次修订“银行法”，都是按照这4种银行设有专章，未曾变更。

先说储蓄银行。

现行“银行法”明确规定，储蓄银行，谓以收受存款及发行金融债券方式吸收国民储蓄，供给中期及长期信用为主要任务之银行。但是多年来或者说自有“银行法”规定以来，台湾从来就没有单独的储蓄银行的设立，现在的上海商业储蓄银行，虽有“储蓄”字样，实际上是商业银行。银行法中一直保有储蓄银行专章是有名无实。这种专业分工的立法，早已和银行经营的实际情况脱节，因此，常有学者质疑储蓄银行的存废问题。没有单独的储蓄银行存在，并不是说没有这项业务，现实存在的是商业银行和专业银行都附设有储蓄部。

再说商业银行。

依现行“银行法”之规定，本法称商业银行，谓以收受支票存款，供给短期信用为主要任务之银行。又据银行法第28条之规定，商业银行及专业银行得设储蓄部和信托部，办理储蓄银行及信托投资公司的相关业务。因此，就商业银行经营的实际状况而言，除了办理商业银行本身原有的业务外，还可以吸收储蓄存款，吸收信托资金，办理中长期放款；可以买卖股票，可以兼办证券经纪、承销或自营等证券业务，商业银行实质上已具有综合银行的功能。

关于专业银行。

依据现行“银行法”之规定，经主管机关许可得设立专业银行或指定现有银行，担任该项信用之供给。专业信用，分为下列各类：①工业信用——供给工业信用之专业银行为工业银行。②农业信用——供给农业信用之专业银行为农业银行。③输出入信用——供给输出入信用之专业银行为输出入银行。④中小企业信用——供给中小企业信用之专业银行为中小企业银行。⑤不动产信用——供给不动产信用之专业银行为不动产信用银行。⑥地方性信用——供给地方性信用之专业银行为国民银行。

“银行法”中规定的6种专业银行，现实的情况是，除中小企业银行外，并没有依照银行法设立的专业银行。现有的交通银行、“中国农民银行”、“中国输出入银行”，分别是依据“交通银行条例”、“中国农民银行条例”、“中国输出入银行条例”设立的，是特许的，并不是“银行法”上的专业银行，只是在管理上适用“银行法”的有关规定。其中除“中国输出入银行”的性质较特殊外，交通银行、“中国农民银行”在业务经营上都包括一般商业银行业务，都设有储蓄部与信托部，与商业银行并无显著差异。就是中小企业银行，虽有某些限制规定，但在经营上也是以商业银行业务为主，也都设有储蓄部与信托部。至于不动产信用银行，虽有一家台湾土地银行，其业务经营实际上也是朝多元化综合性方向发展。银行法上规定的国民银行，实际上并不存在。

综合以上各银行经营的实况来观察，“银行法”中有关银行分类的规定多半形同具文：①台湾至今没有“银行法”上规定的储蓄银行的存在，是有名无实。②商业银行除本身原有的业务外，“银行法”规定可以附设储蓄部和信托部，经营储蓄信托之相关业务，形同综合性银行。③“银行法”中规定的专业银行，有的并不存在，有的专业不专，名不副实，如可以经营商业银行业务，并可附设储蓄部、信托部。长期以来，这种立法与实际脱节，形成不伦不类的银行结构，早已为人们所诟病。现在又要设立工业银行，自然会引起许多的议论。

（二）为什么要设立工业银行

1998 年 1 月 26 日，“财政部”颁布“工业银行设立标准及管理办法”，并于 2 月 2 日起至 7 月 28 日止受理新设或变更登记为工业银行者的申请。为什么要设立工业银行，有各种说法。

“财政部”的说法：

“财政部”表示，目前规划工业银行，主要是在现阶段台湾亟须计划性融资支应各项建设，且投资银行业务仍未发展成熟，为了考量工业银行阶段性功能，允许工业银行新设，或由现在银行改制为工业银行。但是，工业银行仍为阶段性措施，而非最后目标，亦非世界潮流，参考国际金融发展趋势，长期而言，工业银行仍应调整转型为投资银行。因此，“财政部”对设立工业银行的政策也相对保留，认为家数不宜太多，其颁布的“管理办法”也规定，“财政部”得视金融、经济情势，随时修正或废止工业银行设立及管理办法。

中华开发信托投资公司的说法：

中华开发信托投资公司早在 1994 年 9 月就开始规划改制为工业银行，1996 年 7 月曾向“财政部”提出改制工业银行的申请，但是当时工业银行设置办法尚未制订，在无相关法令的情况下，只得从“财政部”撤回了申请，累计至今，中华开发内部已召开 4 次改制工业银行筹备委员会及 66 次工作小组会议。

1998 年 2 月初，中华开发信托投资公司董事长（国民党党营事业的大总管）刘泰英表示，中华开发向来以提供中、长期授信协助企业投资为主要业务，目前的条件完全符合设立工业银行的宗旨，将会尽速提出申请改制为中华开发工业银行。刘还表示，“财政部”的“工业银行设立及管理办法”是为所有有兴趣成立工业银行机构而颁布，并非为中华开发量身定做。在“财政部”尚未审核批准之前，刘泰英即充满信心宣布：中华开发 1998 年改制为工业银行可望获得成功。

各方面的说法：

有的质疑台湾的银行体系究竟采行何种模式？在“财政部”颁布管理办法之前，金融革新小组对工业银行设立的问题进行了研讨。资深金融人士指出，台湾任何金融市场的改革，总会牵涉不同的利益团体，而主管部门的官员闭门造车者不少，使得修法总是支离破碎，无法做到整体规划，既然“财政部”决定采取欧洲综合银行模式为发展方向，为何还要设立专业银行？指出：“财政部”在决定设立工业银行之前，宜理清台湾的金融市场究竟是采行综合银行模式，或是采行综合银行和专业银行并行的模式。

有的质疑开放工业银行设立的真正原因。指出，既然工业银行并不符合国际金融发展的趋势，非世界潮流，甚至也找不到适当的英文名称（国际通用的称谓是投资银行），而且还是阶段性的措施，“财政部”为何还要决定设立。有舆论认为，工业银行的开放，主要是因中华开发信托投资公司要求改制而引起的，由于中华开发等财团极力促使，使得“财政部”颇有被赶鸭子上架的感觉。因此，“财政部”在相关问题的设计上，煞费苦心，既要开放，又不能鼓励，还要限制家数，既然如此，为什么非要设立工业银行不可，“财政部”提不出令人信服的道理。

有的质疑“财政部”的诚意。“财政部”对设立工业银行原本消极保守，在形式上既不能只准中华开发一家改制为工业银行，又不便明确限制设立工业银行的家数，怕人说是预设立场；而各方筹设工业银行的兴趣甚为活络，于是“财政部”在颁布“工业银行设立及管理办法”之后，又进一步提高标准，提高门槛，提高条件，以大幅淘汰申请者，达到减少家数的目的。最受质疑的规定，是禁止票券、保险、金融、证券等不得转投资工业银行；还规定一家企业只能投资一家工业银行，而且发起人必须说明资金来源与最近 3 年的纳税资料等等。这些规定公告之后，引起了有关方面对“财政部”开放工业银行设立是否真有诚意的质疑。

（三）设立工业银行的规定

以下是“工业银行设立及管理办法”规定的主要方面：

1. 工业银行最低资本额为新台币 200 亿元，但扣除转投资金额后的净值，须维持在100亿元以上，以求稳健经营。

2. 工业银行不得吸收一般社会大众的存款，只能吸收公司组织的投资户、授信户、依法设立的保险业与财团法人及政府机关的存款，且不得收受金融机构的转存款，不得附设储蓄部办理有关业务，岛内设立分行的家数也不能超过10处。

3. 工业银行对生产事业中长期授信总余额，不得少于其授信总余额的70%；直接投资生产、金融相关事业、创业投资事业及自用不动产之总余额不得超过净值的80%；对任一生产事业直接投资余额不得超过净值的5%，及该生产事业已发行股份或资本总额的20%。

4. 在上述办法颁布之后，“财政部”又发布公告：禁止票券、保险、金融、证券等转投资工业银行；规定一家企业只能投资一家工业银行，而且发起人必须说明资金来源与最近3年的纳税资料。

以上规定只是其中的主要方面，整个管理办法总共有42条之多，总的来看，对设立工业银行的要求是很严格的。为简明起见，现将工业银行与商业银行主要差异比较如下表：

比较项目	工业银行	商业银行
公司性质	批发性金融业务——协助生产事业之发展，提供建设资金，促进产业升级	零售性金融业务——对企业及一般大众进行存放款及消费性贷款
资本额	新台币200亿元	100亿元（1991年开放银行新设时规定）
投资创投业务	经“财政部”批准，得直接投资金融相关事业及创业投资事业	投资额限制不得超过资本额5%
转投资标的	主要是投资岛内生产事业，金融相关事业，创业投资事业，海外产业亦可投资	转投资生产事业，需逐案报请“财政部”核准；投资金融周边事业额度需自资本额中扣除
资金来源	发行金融债券；吸收特定对象存款	吸收企业及一般大众之存款
存款业务对象	授信户、投资户、保险业、财团法人及“政府”机关	一般大众及企业
主要资金用途	供给工、矿、交通及其他公共事业中长期放款	中短期商业授信
主要收入	投资收益及利息收入	利息收入
分行设立	不得超过10家	家数不限
未来展望	转型为投资银行	朝银行控股公司发展

（四）工银的申设报多批少

有意改制和新设工业银行者，开始有六七家之多，由于“财政部”在政策上只批准两三家设立，经过激烈的竞争，有的主动放弃，有的合并重组，最后只有4家银行正式申请改制或新设，即中华开发工业银行、台湾工业银行、富邦工业银行和“中国工业银行”。“财政部”经过审核，批准了其中的由中华开发信托投资公司改制的中华开发工业银行和新设的台湾工业银行两家，另两家落榜。

中华开发工业银行主要股东为交通银行、“中国国际商业银行”、台湾银行、润泰集团、“中国石油化学公司”、中华工程。资本额为新台币261亿元。内定董事长为刘泰英、总经理胡定吾。

台湾工业银行的主要股东包括和信集团、前中国信托商业银行总经理骆锦明及其夫人陈世姿、怡昌投资公司、中国钢铁公司、亨通机械公司、联诚集体电路公司、诚洲公司及震旦行等。资本额为新台币230亿元。预定由前“中央银行”总裁谢森中担任董事长，骆锦明担任总经理。

工业银行申设的结果“财政部”只批准了两家，自然会引起许多议论。有的“立法委员”质疑“财政部”的开放政策，指出：两家工业银行的筹备人，一家是由国民党经营的由中华开放改制的工业银行，一家新设的台湾工业银行是与“财政部长”邱正雄有人脉渊源的，谢森中曾是提拔邱正雄的长官，骆锦明又是邱正雄在台湾大学经济系的同学，因此，不能不对“财政部”的开放标准感到质疑。“财政部长”邱正雄则表示，工业银行的审核，“财政部”都是邀请专家学者共同评审的。

工业银行申设的过程到此结束。1999年4月“财政部”宣布冻结工业银行的申设。

说明：

（1）原有的“中国银行”亦为专业银行，该行于1971年改名为“中国国际商业银行”，并以民营姿态出现。

（2）2000年修正的银行法中，已将储蓄银行等的有关规定删除。

六、开放保险公司新设

（一）台湾保险业发展的过程

台湾在1960年之前，只有台湾产物保险公司、太平产物保险公司、“中国航联产物保险公司”、“中国产物保险公司”4家保险公司，和台湾人寿保险公司、“中央信托局”寿险处2家人寿保险公司，产险和寿险共6家。

1960年台湾曾开放保险公司新设的申请，民间积极行动，在短短2年的时间内，产险由4家增为15家，寿险由2家增为9家。当局担心保险公司家数膨胀太快，过度竞争会影响公司的体质和保户的权益，于是在1962年12月又宣布停止接受新保险公司设立的申请，这一停就封闭了30年。

直到20世纪90年代，为继续贯彻金融自由化国际化的要求，继1991年完成开放15家民营银行新设和一家信托公司改制为银行后，1992年即开始进行保险公司新设的立法和申请，于1993年5月完成审批作业。

以上是台湾岛内保险业发展的简单过程。在开放外商保险业方面，从1986年起，在美国的压力下，开放美国的保险公司来台设立分公司，但仅限于美国，不及其他。

（二）开放保险公司新设

1991年在完成民营银行新设期间，即酝酿开放保险公司新设的问题。1992年2月，完成立法程序并公布实施“保险法部分条文修正案”。1992年6月1日，“财政部”公布“保险公司设立标准”，规定最低资本额为新台币20亿元，并宣布到1992年底接受新保险公司设立申请。1993年5月，“财政部”对提出申请的8家新保险业者，全部予以核准。之后，“财政部”保险司司长刘春堂对有关问题做了说明：

1. 这次对8家申请者采全部核准的原因有三：一是继续推动保险自由化、国际化；二是衡量岛内保险市场仍有发展空间；三是现在的政策将对所有外国保险公司开放，“财政部”没有理由再限制岛内保险公司的设立。

2. 对新保险公司股权相当集中的问题，是由于保险公司才成立后，至少要经过五六年的时间才能转亏为盈，在亏损阶段，为了避免经营权的不稳定，保险法并未对新保险公司的股权有所限制。

3. 为避免新保险公司因亏损造成保户的损失，在新保险公司的资产减去负债之余额，低于最低资本额20亿元时，“财政部”将依“保险法”之规定，促其办理现金增资补足。

就在“财政部”核准8家新保险业者之后，其中的力霸人寿保险公司突然宣布暂缓设立，致使实际正式设立的只有7家，这7家新设保险公司，于1993年7月15日起陆续开业截至1993年年底，台湾原有的保险公司、新设立的保险公司、美商在台设立的分公司如下表：

表一　　台湾的保险公司及名称

产险	寿险
台湾产物保险公司（原有）	国泰人寿保险公司（原有）
富邦产物保险公司（原有）	“中国产物保险公司”（原有）
“中国产物保险公司”（原有）	南山人寿保险公司（原有）
“中央产物保险公司”（原有）	“中国人寿保险公司”（原有）
华侨产物保险公司（原有）	国华人寿保险公司（原有）
明治产物保险公司（原有）	台湾人寿保险公司（原有）
太平产物保险公司（原有）	第一人寿保险公司（原有）
华南产物保险公司（原有）	“中央信托局寿险处”（原有）
国华产物保险公司（原有）	幸福人寿保险公司（新设）
新光产物保险公司（原有）	中兴人寿保险公司（新设）
第一产物保险公司（原有）	富邦人寿保险公司（新设）
泰安产物保险公司（原有）	国宝人寿保险公司（新设）
友联产物保险公司（原有）	三商人寿保险公司（新设）
台湾中国航联产物保险公司（原有）	兴农人寿保险公司（新设）
东泰产物保险公司（新设）	
合计15家	合计14家

以上同时拥有产、寿险公司的企业或机关，有3家企业集团和3个党政机关：

表二

	产险名称	寿险名称
霖园集团	东泰产物	国泰人寿
新光集团	新光产物	新光人寿
富邦集团	富邦产物	富邦人寿
国民党财委会	“中央”产物	幸福人寿
“财政部”	“中国”产物	中信局寿险处
台湾省政府	台湾产物	台湾人寿

表三　　美国保险公司在台分公司

产险	寿险
北美洲产物保险公司	美国家庭人寿保险公司
环球产物保险公司	安泰人寿保险公司
联邦产物保险公司	乔治亚人寿保险公司
皇家产物保险公司	大都会人寿保险公司
大陆产物保险公司	保德信人寿保险公司
恒福产物保险公司	康健人寿保险公司
宏泰产物保险公司	美国人寿保险公司
吉利产物保险公司	宏利人寿保险公司
	全美人寿保险公司
	纽约人寿保险公司
	瑞泰人寿保险公司
	投资者人寿保险公司
	国卫人寿保险公司
合计 8 家	合计 13 家

以上截至 1993 年年底，台湾原有的和新设立的保险公司共有 29 家，其中产物保险公司 15 家，人寿保险公司 14 家。美国在台设立的保险分公司共有 21 家，其中产物保险公司 8 家，人寿保险公司 13 家。两者合计总共为 50 家，其中产物保险公司 23 家，人寿保险公司有 27 家。

（三）保险业淘金不易

保险业是一项专业性很强的行业，有其本身的特性，赚钱并不容易，尤其不能急功近利，新保险公司的设立，有以下几个问题都与此有关。

1. 发展空间问题

台湾的保险市场是否有发展空间，有的认为，在开放保险新设之前，台湾的保险业加上美商在台湾的分公司，已有 40 多家，接近饱和状态。新保险公司的设立，未来还有美商以外的外国保险公司要登陆台湾，竞争会空前激烈，而台湾的市场空间有限。

有的则以保险穿透指标说明未来寿险发展的重要性。所谓穿透指标，是指一国或地区的保险费收入占国民生产总值的比率，常用来衡量一国或地区保险业对经济发展的重要程度。台湾地区的保险穿透指标，1982 年只有 2. 1%，1990 年为

3.4%。还有的指出，现在台湾寿险的投保率只有 40% 左右，即每 100 人中，只有 40 人买了保险，而美国平均每人有近 2 张保单，日本平均每人有 3 张。以上都说明台湾寿险市场的空间仍很大。

2. 先赔后赚问题

经营保险业，有所谓“滚雪球”理论，起步阶段不会很快，其后才能越滚越大。一位资深人寿保险公司的高级主管说：“想经营好一家寿险公司，就像潜水艇潜入海底一样，要经过很久才能浮上水面，也才能开始赚钱。但若经营不善，就永远沉在海底，连残骸都找不到。”资深人士说，开一家寿险公司，必须要有长期亏损的心理准备，一般需 5–8 年的时间公司才能赚钱。最早设立的新光人寿保险公司，在开业 9 年后才转亏为盈。最近 6 年在台湾新开业的美国保险公司，还没有一家赚钱，如美国安泰人寿保险公司，到台湾已有 5 年多的历史，可能要到第 7 年才有机会达到损益两平。

为什么寿险公司经营之初，要忍受巨额的亏损，主要是因为在初期，新保单的件数不多，但却要负担高额的成本，如佣金、人事费用、开办费、电脑设备、办公室租购分年摊销费用等。据估计，在经营初期，每收到 100 元的保费收入，要负担 140 元的成本。而且依法令规定，保险业不能从事价格竞争，而提高放佣（佣金）、放扣（折扣），实际收入也会低于预期收入。寿险公司的保单，大多是 20 年的长期商品，如果保户依约持续交保费，保费收入稳定，随着业务的发展，就能逐渐转亏为盈。

3. 力霸撤退问题

力霸人寿保险公司经“财政部”核准后又退出，引起了各界的关注，有各种猜测。力霸集团董事长王又曾在答记者问时表示：（1）与转战大陆没有关系，绝无此事。（2）投资力霸人寿的力霸公司和嘉新面粉，财务稳健，都没有负债。（3）力霸人寿决定不设，主要原因，一是经内部评估，一旦开业就会亏本，而且至少要过五六年之后，才有可能回收。再就是人才网罗不易，以对岛内根基相当稳固的国泰人寿及新光人寿，我自知不敌。如国泰人寿，业务人员将近 2 万，“几乎等于一个军团”，怎么打得过。（4）将把力霸人寿撤下来的资金，转而加强制造业方面的投资。

力霸人寿经核准后又退出，金融界人士认为，如果不是抱着“长期抗战”的决心做生意，保险业实在不是一个在短期内能获利的行业，力霸人寿及早抽身，并不是一件坏事。

台湾“中央银行”的历史变迁

一、“中央银行”史略

民国十二年（1923年）2月，孙中山在广州就任陆海军大元帅，为财政建设，派宋子文筹设中央银行，于民国十三年（1924年）8月15日在广州开幕。

民国十六年（1927年）春国民政府定都南京后，为促进经济发展，另行筹设全国性的中央银行；之后广州的中央银行改组为广东省银行。

同年10月25日，国民政府制定公布《中央银行条例》，明定中央银行为国家银行，由国民政府授予下列特权：（1）遵照兑换券条例发行兑换券；（2）铸造及发行国币；（3）经理国库；（4）募集或经理国内外公债事务。总行设于上海，并得于各地设置分行；资本总额定为国币2 000万元，由国库一次拨付。民国十七年（1928年）11月1日，中央银行在上海正式开幕营业。

民国二十二年（1933年）3月1日起，采行银本位制，废两改元，发行银本位币；民国二十四年（1935年）5月23日，国民政府将《中央银行条例》修订为《中央银行法》，提高资本总额为银本位币10 000万元。并明定国库及国营事业金钱之收付均由中央银行经理。

民国二十四年（1935年）11月4日，国民政府鉴于国外银价高于国内银价，使国内现银不断外流，严重影响工商业与国民经济．乃继续推动币制改革，决定放弃银本位制改行法币制度，规定中央、中国、交通、农民四行所发行的钞券为法币，所有完粮纳税及一切公私款项之收付，概以法币为限。法币政策有利于巩固币信、调节金融和发展经济。

民国二十六年（1937年）7月抗日战争爆发，为集中金融力量，支援抗战，国民政府于该年8月制定《中央、中国、交通、农民四行联合贴放办法》，规定四行设立联合贴放委员会，办理各地贴放事宜。之后又另设四行联合办事总处（简称四联总处），该处于民国二十七年（1938年）由上海迁重庆。民国二十八年（1939年）9月，公布《战时健全中央金融机构办法纲要》，明定四联总处负责办理战时金融、经济政策有关各特种业务，形成战时金融动员体系。

民国三十一年（1942年）6月，政府公布《统一发行办法》，自7月1日起将中央、中国、交通、农民四家银行的法币发行权集中中央银行统一发行。同时将以往四行联合办理之金融业务，由四行分别根据原定使命实施专业经营。依据四行业务划分及考核办法之规定，中央银行主要业务为集中钞券发行、统筹外汇收付、代理国库、汇解军政款项与调剂金融市场。

民国三十四年（1945年）8月，抗战胜利，中央银行复员并将总行迁回上海，组织员额亦随之扩张。至民国三十七年（1948年）底，总行内部组织增至16单位，设置的分行71处，全部职员超过5000人。

民国三十七年（1948年）8月19日，实施币制改革，中央银行发行金圆券，以代替面临崩溃的法币，并强制收兑民间的黄金、白银、银圆、外币，登记管制存放在国外的外汇资产。金圆券崩溃的速度更快，只有不到一年的寿命。民国三十八年（1949年）7月，中央银行在广州又发行银圆券，只是在广州、重庆、成都使用很短时间，到年底西南一隅就解放了。

随着大陆的不断解放，中央银行于1949年春由上海迁广州，同年10月由广州撤重庆，11月撤成都，12月撤台北。

附录一

民国十三年（1924年）8月15日，广州中央银行开幕

孙中山大元帅训词摘录（原文）

今日是中央银行成立的第一日，中央银行是革命政府第一次开办的第一个银行，政府要开办这个银行，就是要经营商业，所以今日又是政府第一次经营商业的第一日。

现在军界和政界，都是很穷，在前方的许多士兵，都是没有衣穿，没有饭吃，就是有了疾病死亡，一切医药、埋葬等费，都是很艰难。在经费极拮据的时候，政府还有方法借得外资一千万元来开办银行，何以不拿这宗款项来支军饷，救眼前之急呢？何以不拿这宗款项作为行政经费呢？本大元帅有一种解释，中央银行一千万元的资本，好像是谷种，也就是母鸡，如果谷种吃尽了，以后便没有很多米吃，把母鸡吃了，以后没有很多蛋吃。如果不吃谷种和母鸡，不用这一千万，以后便可以赚几千万，或者一万万，所谓“一本万利”。

银行事业，对于社会的经济关系很大，现在中国人所办的银行，都是开小钱店，如果在中国各省，或者是中国对于各国，一次有10万元的款项，便汇兑不通。都是靠外国银行，外国银行要许多的汇水和折扣，我们中国人去汇兑，是很吃亏。有了这个银行来做汇兑机关，凡是我们在广东的钱，无论是多少，要汇到上海、天津、汉口，或者外国的各大商埠，都可以不必经外国银行的手，便可以不吃外国银行所要的高汇水和折扣的亏，并且中国人同中国人的交易，利权不致外溢，

事事都方便。

大家知道外国银行的纸币之所以有信用，就是因为兑现。普通发行纸币的方法，是银行先拿纸币使用，然后人民拿纸币到银行兑现钱，毫不折扣，这种办法，就叫作兑现。纸币因为兑现，所以才有信用。我们这个银行所发行纸币的信用，还要高过兑现，因为我们发行纸币的方法，不是兑现，是现兑。是人民要用一百元现钱，必须先买一百元纸币。所以这种纸币，只要在外通行的，有纸币便随时可兑现；故这个银行发行纸币的方法，是先有现然后才兑，所以说是“现兑”。

如果大家都来维持这个银行，这个银行的经济力便可大发展，中国商场上的经济力，便不致为外国银行所操纵，所以这个银行之成立，关系中外经济权力的成败。维持这个银行，就是维持政府去进行革命，就是维持革命成功，就是令贫弱之中国变成富强。

附录二

民国十七年（1928年）11月1日，上海中央银行开幕

国民政府主席蒋中正训词（原文）

民国十七年来，政治紊乱，经济凋敝，无民生可言，今日中央银行开幕，各监事理事就职，务望以民生为主，力谋惠工通商，以改进中国之经济，往者总理于广州创立中央银行，仅有五十万元资本，然北伐之财政计划全基于此，今日中央银行之资本已数十倍于广州，则将来发展何可限量，是吾人可预料中国政治之刷新，与夫一切国计民生之培养，均有赖于中央银行之发展矣，今后极希望来宾诸公，共同赞助宋（子文）总裁，以从事建设，而改进民生，福国利民，惟此是赖，此国府之所希望者也。

附录三

大陆时期中央银行的组织：

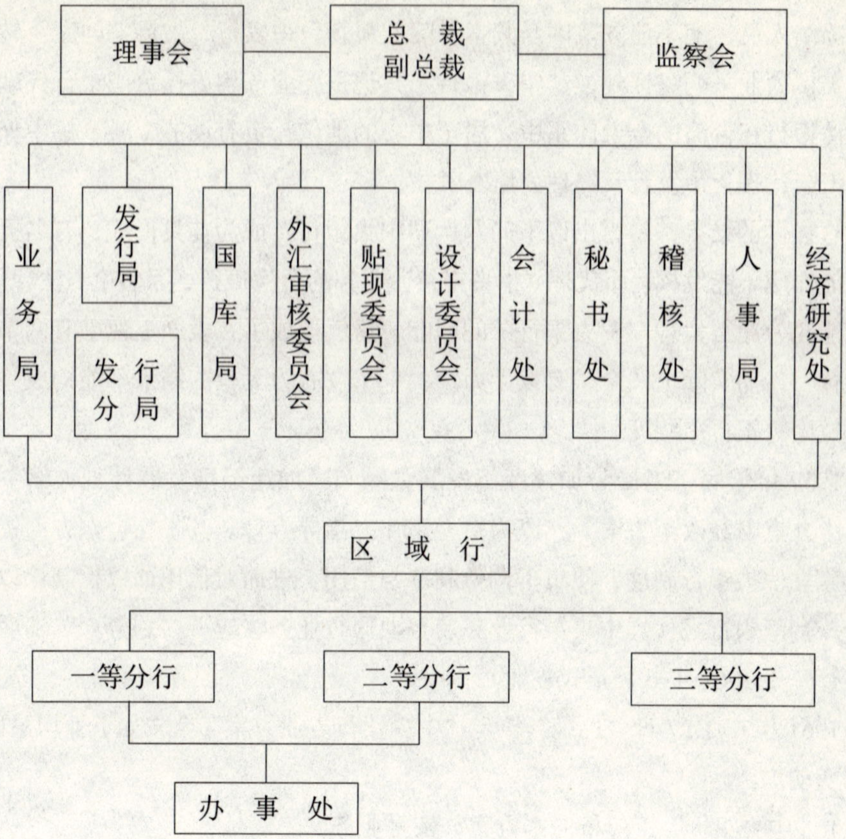

附录四

大陆时期历任中央银行总裁：

宋子文	1928.10–1933.4
孔祥熙	1933. 4–1945.7
俞鸿钧	1945. 7–1946.2
贝祖贻	1946. 2–1947.3
张嘉璈	1947. 3–1948.5
俞鸿钧	1948. 5–1949.1
刘攻芸	1949. 1–1949.6
徐　堪	1949. 6–1949. 10

二、“中央银行”在台复业

“中央银行”撤台后，很长时间没有正式复业，而是奉行紧缩政策，缩简机构，冻结人员，缩小业务范围。其本身除监督新台币发行，主持“国库”转账和主办美援商业采购签证外，“中央银行”其他重要业务均委托台湾银行代理。于是台湾银行在台湾的金融体系中，居于中心的地位，负有调节金融、集中保管金银外汇、代理货币发行及经理公债之责。

这样做的结果，暴露出以下问题：“中央银行”成为徒具形式，有名无实，其职能作用不能发挥；而代理“中央银行”业务的台湾银行，因名位与法律所限，又不能充分履行代理“中央银行”的职能。这就形成了在表面上似乎有两个“中央银行”，而实际上一个“有权无力”，一个“有力无权”结果不能构成一个有效的“中央银行”制度。

1959年年底，当局为加速经济发展，颁布《加速经济发展计划大纲》，提出《十九点财经改革方案》，以为财经工作之指导方针。其中在金融方面提出：“将建立中央银行制度，使负责调整利率与信用，进而对信用加以控制，以稳定经济。台湾银行之代理中央银行业务及普通银行业务，应严格划分。”随后“中央银行”于1961年6月正式复业。

1961年6月27日“总统”核定“中央银行复业方案”全文如下（均系原文，未作变动）：

1.“中央银行”，应依照本方案，恢复业务。

2.“中央银行”复业后，应建立健全银行制度，领导“全国”金融，巩固币信，促进生产，以协助经济发展，增进国民所得。

3.“中央银行”业务：①调节金融；②调度外汇；③发行货币；④经理“国库”。

4.“中央银行”之业务对象：①“政府”机构；②银行及所有办理受授信用之金融机构；③国际及国外金融机构。

5.“中央银行”负调节金融市场之任务：①金融政策之拟订与推行；②利率政策之运用；③收存银行存款准备金，并依法随时调整准备率；④对银行业短期资金之融通，与重贴现、转抵押；⑤银行票据交换清算，与票据使用之推广；⑥配合“国库”及市场需要，推行公债政策；⑦其他有关调节市场金融之措施。

6.“中央银行”集中调度外汇，并指定银行办理外汇业务。

7.“中央银行”执行货币发行权，但得委托各省银行代理发行业务，其发行之资产及负债，均应属于“中央银行”。发行准备由“中央银行”保管，发行费用由“中央银行”负担。“中央银行”委托各省银行代理发行办法，由“行政院”核定之。

8.“中央银行”经理“国库”业务，除“中央政府”所在地，由总库兼办外，其他地区，得委托各省银行或其他银行代理。

9.“中央银行”对各金融机构，包括“国家行局”、各省银行、地方行库、商业银行及其他受授信用之金融机构，如信用合作社、合会储蓄公司、农会信用部及保险公司之授信业务部门等，负督导之责。并应配合财政部，检查金融业务。

10.“中央银行”，应加强经济研究工作。

“中央银行”复业以后，致力于健全金融体制，发挥“中央银行”的功能。随着业务的发展，到了 1979 年 11 月，与“财政部”共同修正了“中央银行法”，这是继 1935 年 5 月国民政府首次制定公布的《中央银行法》之后的第二个“中央银行法”，也是“中央银行”在台复业后的第一个“中央银行法”，有关“中央银行”的隶属关系、组织系统、业务经营等规定，悉纳入“中央银行法”中。

三、“中央银行”之发展与现况

“中央银行”依据“中央银行法”之规定，执行各个时期的货币政策，发展各项业务，协调与有关方面的关系，逐渐加强了在台湾金融体系中的地位和作用。

（一）关于“中央银行”的隶属关系

1961 年“中央银行”复业时，其隶属关系是“总统府”，1979 年 11 月公布修正的“中央银行法”，改为隶属“行政院”。其实在执行货币政策的最高决策机构之实质方面，并不因此有所改变，只是隶属“总统府”，较之“八部二会”隶属“行政院”有些突出。至于改隶“行政院”，据认为，由于美国联邦储备制度系独立于行政部门之外，而日本银行则受大藏省之节制，两相比较，台湾采行的“中央银行”体制，是介于美、日之间。

（二）关于“中央银行”的组织

“中央银行”在决策、监察及业务执行方面设理事会、监事会、总裁和副总裁。

理事会除“中央银行总裁”、“财政部长”、“经济部长”为当然理事并为常务理事外，还有农业、工商业、银行业以及学者专家的代表参加组成。理事会对“中央银行”的重要政策和业务等议题，定期交换意见，形成决议。

监事会的成员中，“行政院主计长”为当然监事。监事会对“中央银行”的资产负债、货币的发行及准备、决算之执行等，进行稽核检查，发现违章情形，提请理事会处理。

“中央银行”设总裁1人，为特任官，由“行政院”任命，设副总裁2人，任期均为5年，期满得续加任命。总裁综理行务，对外代表“央行”，副总裁辅佐总裁处理行务。为办理各项业务，“央行总行”得设若干业务局、处；但该行在台复业后，在岛内一直未设分支机构，有关业务委托台湾银行代理。

（三）关于“中央银行”经营之目标

“中央银行”经营之目标有四：（1）促进金融稳定；（2）健全银行业务；（3）维护对内及对外币值的稳定；（4）于上列目标范围内协助经济之发展。

关于促进金融稳定。金融稳定主要指金融市场与金融机构之安定，使利率、汇率、银行存款、银行信用与货币存量等主要金融变数有秩序的变动，不因外在冲击而发生剧烈波动，以及防止金融危机的发生等方面，使其发展与整体经济之需求相配合。

关于健全银行业务。“中央银行”既为银行之银行，应对银行体系所经营的业务负起监督管理的责任，使银行能正常营运。更应不断检讨现行金融体系之各种缺失，随时掌握内外经济金融情势之变化，规划推动金融制度的改革，进一步发挥银行的功能，配合整体经济发展的需要。

关于维护对内外币值的稳定。对内币值的稳定指岛内一般物价水准的安定，对外币值的稳定则指新台币对外价位的安定。长期物价稳定，不出现恶性通货膨胀，才能确保经济持续增长，这就必须具备币值稳定及银行业务正常经营等条件的配合。对外币值而言，汇率水准及其稳定与否，亦对整体经济产生影响，“中央银行”应视经济情势之变化与外汇供需状况，以适当的外汇操作调节外汇供需，维持有秩序的外汇市场，使汇率居于合理水准。

关于在上列目标范围内协助经济之发展。由于金融稳定是促进经济增长的重要前提，所以“中央银行法”特别规定，“中央银行”在前三项目标范围内，协助经济的发展。由此也表明，“中央银行”的政策目标，是以金融稳定优先于经济增长，是在稳定中促发展；也反映了维持金融稳定对促进经济发展的重要性。

（四）关于“中央银行”的业务

为达成既定的经营目标，“中央银行”的业务范围主要包括调节金融、发行通货、管理外汇、经理“国库”，以及代表当局参与国际金融合作等。

1. 关于调节金融

“中央银行”运用公开市场操作、重贴现与短期融通、存款准备率、金融机构存款之转存，以及选择性信用融通与管制等作为政策工具，配合经济发展需要，通过放松与紧缩信用，借以影响各类货币总量，以调节金融，达成货币政策之目标。

有关“中央银行”掌握的货币政策指标，现行衡量货币总量的（即货币供给额）计算有 M_1A、M_1B 和 M_2。根据现行定义，M_1A 包括通货发行净额、支票存款与活期存款；M_1B 包括 M_1A 与活期储蓄存款，M_1A 与 M_1B 均为狭义货币定义；M_2 则为广义货币定义，为 M_1B 与准货币之和，准货币由银行体系之定期存款、定期储蓄存款等所构成，以上三者皆为“中央银行”主要的货币政策指标。

2. 关于发行通货和票据交换

有关新台币的发行，依照“复业方案”及“行政院”院会通过的“中央银行在台湾地区委托台湾银行发行新台币办法”，由“中央银行”执行货币发行权，台湾银行仅以受托的地位代理货币发行业务。有关新台币钞券与硬币之策划、设计、印铸、存储、销毁，以及发行准备的提存保管，由“中央银行”办理；至于券币之调拨、运送、地区间调节及回笼待销毁券之整理等业务，则由台湾银行办理。

在票据交换方面，“中央银行”依法设立票据交换所，以办理各地区票据及各银行间之划拨清算。但仅台北市票据交换所由“中央银行”直接派员办理，全台湾地区尚有 19 个票据交换所系委托台湾银行代理，各参加票据交换的金融机构均应在“中央银行”或代理银行开立存款账户，票据交换及退票之应收应付差额均通过该户清算。

3. 关于经理“国库”

“国库”指“中央政府”的公库，“国库”的主管机关为“财政部”，有关“国库”库款收支业务依法由“中央银行”代理；由于“中央银行”未设分支机构，这项业务又由“中央银行”委托台湾银行或其他银行、台湾省合作金库或邮政机关代办。“中央银行”的“国库”业务包括经管“国库”存款及“中央政府”各机关现金、票据、证券之出纳、保管及财产契据之保管等事务，并经理“中央政府”海内外公债与国库券之发售及还本付息业务。此外，“中央银行”于必要时以短期垫款或“国库”透支等方式，以配合财政调节收支。

4. 关于管理外汇

“中央银行”在外汇方面的业务，主要包括外汇管理与外汇操作两个方面。在外汇管理方面，包括督导指定银行办理外汇业务、外汇交易制度之变革、国际金融业务之推动与国际准备之管理。在外汇操作方面，“中央银行”随时视对外收支状况，调节外汇供需；以透过对银行间外汇市场买卖外汇的方式，维持新台币对外价位的稳定以及有秩序的外汇市场。非特殊因素影响汇率水准不正常出现大幅波动时，现阶段“中央银行”的外汇操作仍以减少干预以发挥市场机能为基本原则。

关于国际准备，台湾当时不是国际货币基金组织的成员，具国际准备之管理仅包括外汇准备和黄金两个部分。有关外汇准备之管理与运用，一是以“中央银行”名义投资主要工业国家中央政府发行的债券及存放信誉卓著的国外金融机构。二是办理选择性之外汇融通，包括短期之特案进口物资融通与进口原油融通，及中长期之生产事业进口机器贷款、主要出口工业及技术密集工业进口机器技术贷款等。三是提拨部分外汇准备支应台北外币拆款市场作为种子资金，还将部分外汇准备存在台湾的银行在海外的分行，以协助岛内银行拓展国际金融业务。

5. 关于金融检查

“财政部”主管金融行政管理。依“银行法”的有关规定，对金融机构有检查权，但限于人力，多年来“财政部”皆依据所订“财政部委托中央银行检查金融机构业务办法”，委托“中央银行”检查，“财政部”仅检查少数金融机构。此外，中央存款保险公司亦得经主管机关核准，检查已投保的金融机构。台湾省合作金库则受“中央银行”之委托，检查信用合作社及农、渔会信用部等基层金融机构；合作金库还负有协助基层金融机构资金融通调节资金余缺的任务，有“小中央银行”之称。

现行四个金融检查机构的分工是：“财政部”负责检查新设立的16家银行和保险公司；“中央银行”负责检查当地的“老银行”、外商银行和信托投资公司等；中央存款保险公司负责检查参加存款保险的金融机构；合作金库负责检查信用合作社及农、渔会信用部。

金融检查多头马车，事权不统一。“中央银行”有检查权，没有处分权，“财政部”有处分权，但又不进行检查，经常发生矛盾。

（五）关于“中央银行”与“财政部”

这两个部门在金融管理方面，业务重叠，牵扯较多。两个部门同属“行政院”，“财政部”是“行政院”所属“八部二会”之一，“中央银行”是“行政院”的直属单位，与“财政部”是平行的，并无隶属关系。但两个部门都管银行，其原则分工是，在银行的行政主管方面是“财政部”，在银行的业务主管方面是“中央银行”。银行的行政与业务本来是一个整体，分开由两个部门来管，即使加强联系与协调沟通，也难免不发生矛盾。对此，笔者曾请教台湾金融业的同行：如果在金融重大问题上两家意见不一致发生矛盾，究竟谁听谁的？这位金融业的同行答复得很妙：那要看谁当“中央银行”总裁，如果“中央银行”总裁的来头大，“财政部”就得往“中央银行”跑（“中央银行”和“财政部”相距很近）。

为了便于了解“财政部”管理银行的情况，现将有关“财政部”组织方面的资料简介如下：

“财政部”管的范围很宽。依据 1991 年 5 月修正公布的“财政部组织法”的规定，“财政部”（下称本部）设下列单位及机关（构）：

1. 本部部分：设关政司、保险司、总务司、秘书室、人事处、会计处、统计处、政风处、法规委员会、诉愿审议委员会及参事、技监等 13 个单位。本部法定编制员额 322 人至 357 人，置部长 1 人，为特任官；政务次长 1 人，常务次长 1–2 人。

2. 本部所属行政机关：设“国库署”、赋税署、“国有财产局”、台北市“国税局”、高雄市“国税局”、台湾省北区“国税局”、台湾省中区“国税局”、台湾省南区“国税局”、台北区支付处、财税资料中心、关税总局、财税人员训练所、金融局、证券管理委员会及税制委员会 15 个机关；1994 年年底“行政院”核定预算员额共 12 069 人。

“财政部”暨所属机关（构）组织系统表

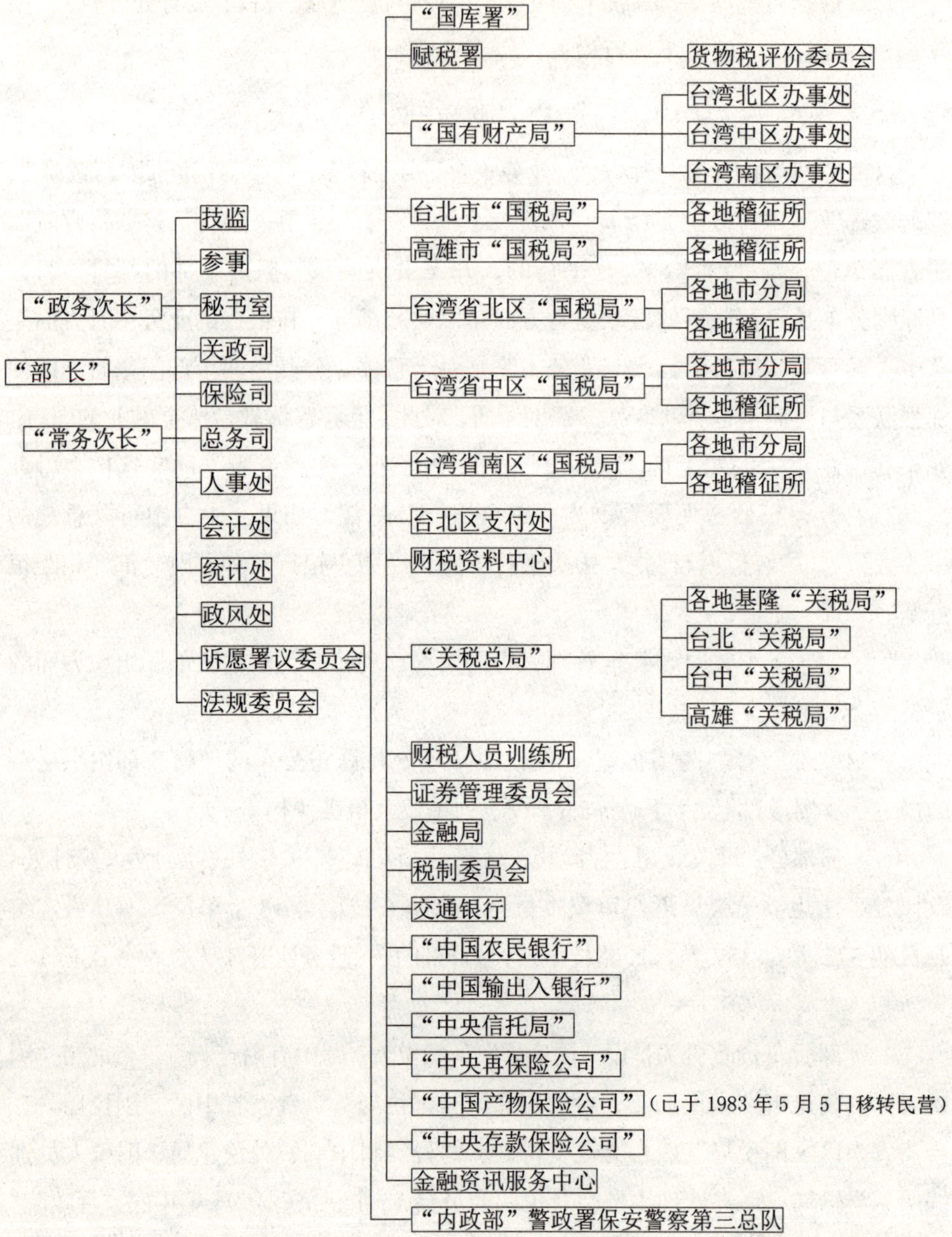

3. 本部所属金融保险事业机构：设“中央信托局”、交通银行、“中国农民银行”“中国输出入银行”、“中央再保险公司”、“中国产物保险公司”及“中央存款保险公司”7个机构。1994年年底“行政院”核定预算员额共6 041人。

（六）关于“财政部”金融局

“财政部”曾于1927年制定“金融监理局组织条例”，将以前之“钱币司”改为“金融监理局”，以管理币制及银行事宜，复于1928年改设为“钱币司”，至1981年将“钱币司”改为“金融司”，1991年又将“金融司”扩编改制为“金融局”。金融局现设有六组五室（分设15科），1994年的预算人数为209人，实有人数196人。

金融局掌理下列事项：

1. 金融制度之规划；
2. 金融法规之拟订、解答及审核；
3. 金融机构之设立、变更、停止、解散之处理；
4. 岛内及国际金融动态之调查、研究；
5. 金融市场之行政管理；
6. 金融机构之管理、考核；
7. 金融行政之涉外事项；
8. 金融检查；
9. 外汇行政之管理；
10. 各种奖券发行之管理；
11. 金融人员之考核；
12. 违反金融法规之取缔、处理；
13. 其他金融管理事项。

金融局各组室及职掌及其组织系统如下图：

金融局现况组织系统图

- 局长
  - 上任秘书
  - 副局长
  - 副局长
    - 第一组
      - 第一科：银行政策、制度、法规及新种金融机构之规则。
      - 第二科：银行以外其他金融制度、法规之拟定、审核。
    - 第二组
      - 第一科：公营银行之设立、管理、督遵。
      - 第二科：民营银行之设立、管理、考核。
    - 第三组
      - 第一科：信用合作社之设立、管理。
      - 第二科：农渔会信用部之设立、管理。
    - 第四组
      - 第一科：中小企业银行、票券、证券金融公司之管理及公益彩券发行有关事项之研议、管理。
      - 第二科：信托投资公司管理及信用卡、IC卡业务之研拟。
    - 第五组
      - 第一科：外汇行政管理及国际金融组织之参与、联络。
      - 第二科：国际金融业务分行、外国银行在台分行及代表人办事处之管理。
    - 第六组
      - 第一科：金融检查业务。
      - 第二科：金融检查报告之处理、追踪、考核。
      - 第三科：金融机构电脑作业检查。
    - 秘书室
      - 第一科：文书及研考业务。
      - 第二科：一般业务。
    - 人事室：人事业务。
    - 会计室：会计、岁计业务。
    - 统计室：统计业务。
    - 政风室：政风业务。

附录一：1961年7月1日“中央银行”在台复业。

蒋介石的书面训词（原文）

中央银行徐总裁（徐柏园）并转全体同人钧鉴：

中央银行之创立迄今30余年，当开幕之日，国父致训，期许甚殷，认为欲求革命之成功，须加强金融力量以为配合，中正亦曾指出中央银行之成为银行之银行，系属国家前途光辉之希望，回顾该行自民国13年（1924年）在广州成立以后，不久即有北伐之胜利统一全国，其后八年抗战，对调剂金融、发展经济，更能发挥高度效能，有助建国大业，大陆撤退，库存无损，对复兴基地财经之稳定裨益实多，尤堪嘉慰，政府迁台以来中央银行之部分业务委托台湾银行代办，得收因地制宜、因时制宜之效，当兹积极加速经济发展，建设台湾，充实反攻力量之际，中央银行为适应当前环境要求，配合国家经济政策，亦于此时正式复业，以促胜利之早日来临，其意义自极重大，而任务亦至艰巨，所望本优良之传统精神，就今后如何善尽其职责，健全中央银行之体制，审时度势，妥为规划，戮力推行，为复国建国之大业作更进一步之贡献愿共勉之。

附录二：“中央银行”组织（2000年）

“中央银行”组织系统图（2000年）

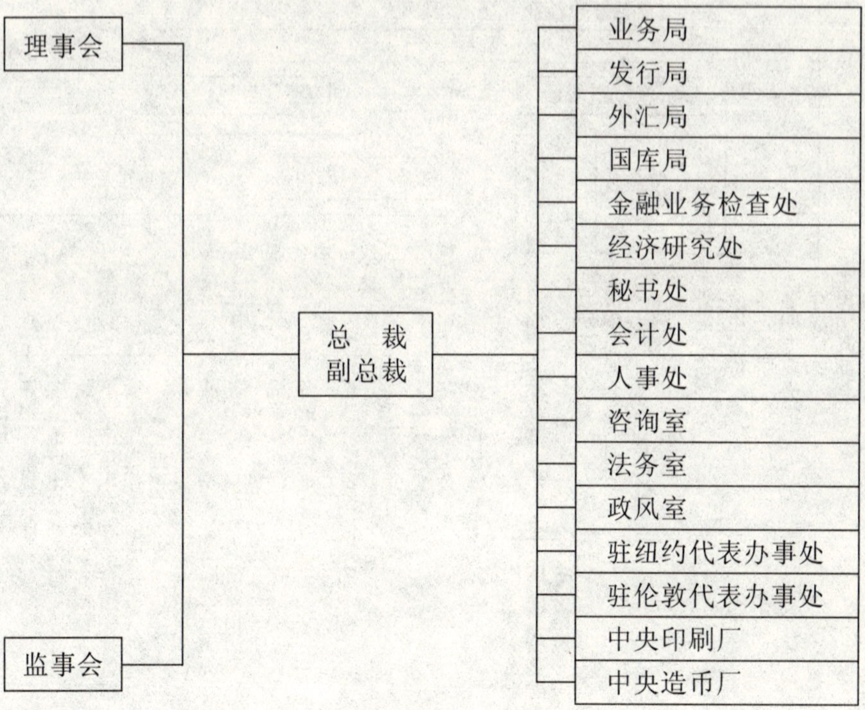

附录三：“中央银行”迁台后历任总裁

关吉玉　1949年10月–1950年2月

俞鸿钧　1950年2月–1950年6月

俞飞鹏　1950年6月–1950年7月

徐伯园　1950年7月–1969年5月

俞国华　1969年5月–1984年5月

张继正　1984年6月–1989年5月

谢森中　1989年6月–1994年6月

梁国树　　1994 年 6 月 –1995 年 3 月

许运东　　1995 年 3 月 –1998 年 2 月

彭淮南　　1998 年 2 月 –

附录四：台湾地区金融体系图表（1984 年）

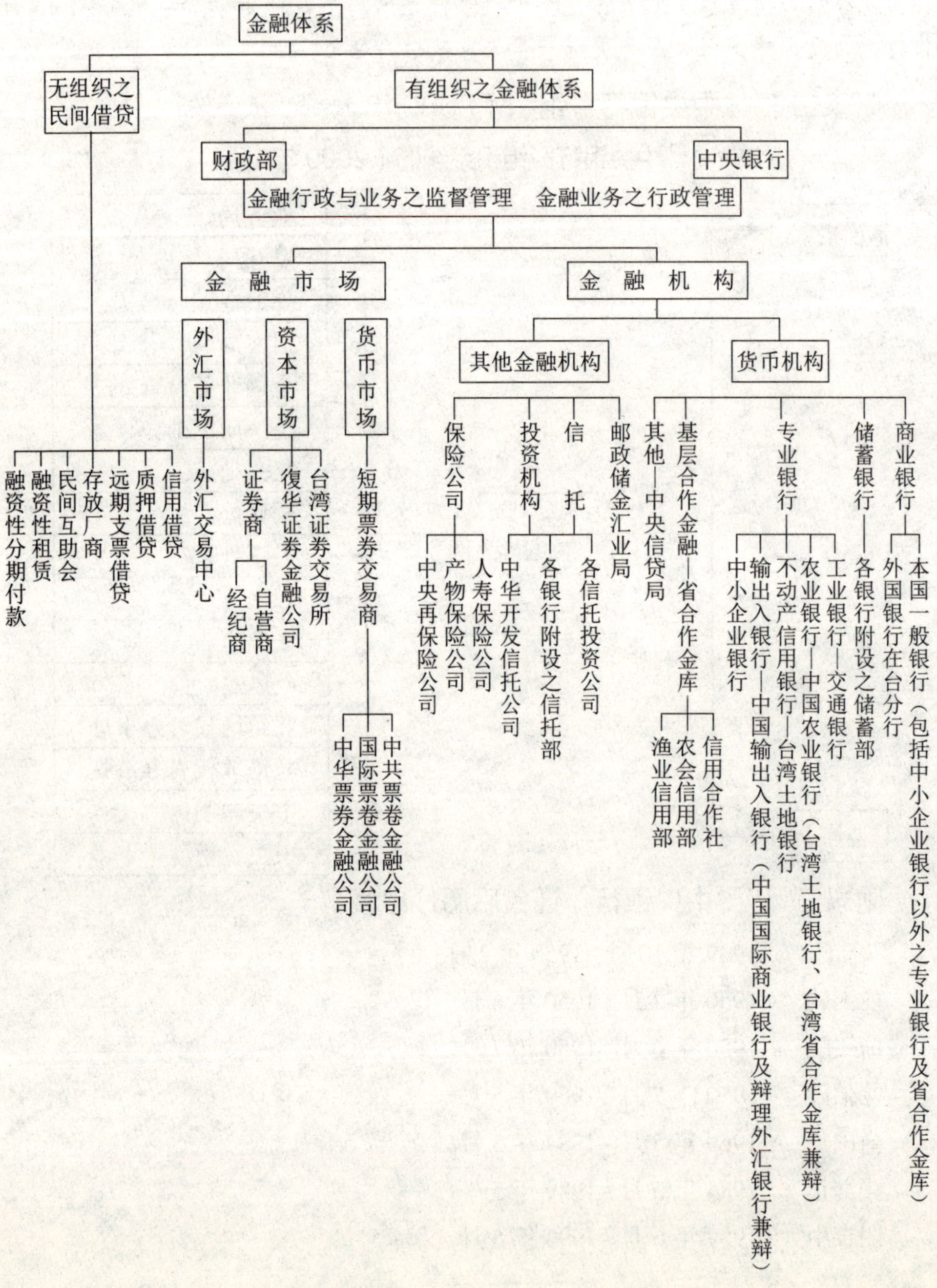

四、关于货币的印制铸造

台湾“中央银行”下属有两个企业单位，一是“中央印制厂”，一是“中央造币厂”，都是“中央银行”投资。

（一）关于“中央造币厂”的情况

“中央造币厂”经营的业务为：

1. 硬币的铸造；

2. 各种纪念币、纪念章、勋章、奖章的铸造；

3. 生金银的精炼分析；

4. 兼营一般铸造与熔炼业务。

（二）关于“中央印制厂”的情况

“中央印制厂”分为第一工厂和第二工厂。第一工厂专营钞票业务，第二工厂兼营其他业务。

第二工厂兼营的业务有：公债、印花、税票、邮票、“国库券”、票据、出入境证件及“政府”文件等印制业务，其中对有价证券的印制，也采用与钞票印制相同的管理办法，防止发生流弊。

银行实行票据交换自动化所使用的磁性墨水支票（又称麦卡支票），电脑连线作业用的存款储金簿，加油站使用的磁卡加油票，也均由第二工厂印制。

第一工厂专营钞票的印制业务。

1. 钞票的设计和印制

钞票的设计，其颜色和图案必须具有特色，“中央银行”的官员说，钞票有三种颜色不印：一是黑色不印，因为它使人想到不吉祥；二是黄色不印，因为它使人想到冥钱；三是绿色不印，因为它不雅观。

关于钞票的图案，有手工和机器雕刻及制版等专门技术人才和设备，能够制作高度防伪功能的母版印版。

印制钞票的机器均自瑞士和德国进口。能高度防伪的印钞纸，是从英国购入的专利。

钞票印好后，封装送“中央银行”。钞票的发行和回收，委托台湾银行负责办理。

2. 防伪措施

钞票的防伪措施，是保证钞票安全流通的特殊要求，在科学技术日益发展的情况下，尤为重要。为防止伪造，流通的500元和1 000元券（即1982年发行的新版），左边有一条从上到下的隐形安全钱，右边空白处有一隐形人头像。将钞票平放时看不见，如果将钞票对着光线，就可以明显看出，人们可以自己识别。

另一防伪措施，就是钞票上的号码。现在流通的100元、500元、1 000元券的号码，均有6位数字，在数字前后各有两个英文字轨，整个字轨和号码都是通过一套复杂的数字程式定出来的。而且号码本身经过另一组公式的计算，可以得出每个位数的检查号码，此检查号码是用一种特殊的油墨印在钞券左方明码的前面，在普通的光线下看不到，将钞票放在紫外线灯光下，即可在上述位置发现绿色荧光检查号码，这是新台币钞券很重要的防伪功能，只能是银行有关人员知道。

3. 废钞的销毁

“中央印制厂”还负责废钞的销毁。

不能使用的废钞，过去是采取蒸煮的方式制成纸浆销毁，但蒸煮时要加入大量的化学药剂，其废水造成了环境污染。1986年“中央印制厂”建成一座废钞销毁厂，以燃烧的方法，将废钞销毁，没有污染的问题。

五、“中央银行总裁”罹难的震撼

1998年2月， 台湾“中央银行总裁”许远东率随行人员赴印度尼西亚参加例行的中央银行总裁年会，不幸在返回台湾中正机场时因飞机下降坠毁，许远东及随行人员全部遇难。

（一）东南亚中央银行总裁年会简介

东南亚中央银行总裁联合会成立于1966年，系东南亚国家中央银行总裁为业务沟通联系之区域性金融组织。台湾“中央银行总裁”于1992年参加这个区域性金融组织。该组织每年定期在各会员国轮流举行年会，第29届年会曾在台北举行。

该组织当时正式会员有印度尼西亚、马来西亚、泰国、菲律宾、新加坡、缅甸、尼泊尔、斯里兰卡、韩国和台湾等10个国家和地区；并有越南、柬埔寨、老挝、斐济、东加、所罗门群岛及巴布亚新几里亚等7国的中央银行总裁加入成为观察员。

（二）许远东参加例行年会返回时遇难

东南亚中央银行总裁第33届例行年会，于2月13日–15日在印度尼西亚巴厘岛举行，台湾“中央银行总裁”许远东率“央行”一级主管人员出席会议，其中除许远东的夫人外，有外汇局局长陈煌、经济研究处处长简济民，秘书处处长林荣田、秘书处专员林丽雯。据报道，许远东率团赴会，将与东南亚国家的中央银行总裁对亚洲金融风暴问题交换意见，同时希望为双方金融机构互设分行的可行性进一步协商，还将与会员国的中央银行总裁面对面沟通互相合作、互相支援的可行性。

会议结束后，许远东及随行人员于2月16日乘华航CI–676班机于晚8时许到达桃园中正机场时，由于飞机下降时超过高度，重降失败，坠毁于中正机场外，机上203人全部罹难，许远东及随行人员均惨遭不幸。这一严重空难事件，震撼了台湾最高当局，也震惊了国际社会。

多位重要官员同时罹难，是“中央银行”很大的损失。许远东为台湾银行的董事长，1995年3月接替病逝的梁国树为“中央银行”总裁。外汇局局长陈煌与经济研究处处长简济民均为“中央银行”幕僚。陈煌前为“中央银行”驻美国纽约办事处代表，具有外汇实务经验。年仅40多岁的简济民，其经管的经济研究处，形同“中央银行总裁”的幕僚长，“中央银行”的主要货币政策，几乎都是出自经济研究处之手。这一次均遭空难，是“中央银行”人才大失血，最高当局深表关切，金融界同人同声惋惜。简济民先生生前曾几次来大陆参加“两岸金融学术研讨会”，我们是老相识，从私交而言，简先生英年早逝，笔者同感悲痛和惋惜。

这次空难发生后，针对多位官员同乘一架飞机遇难，也引发了一个值得深思的问题。人们提出，如同理财不要把鸡蛋放在一个篮子里一样，一定要分散风险。一位“经济部”的官员说，一些大企业家就有这样的观念：董事长与总经理都必须出国时，二人一定不同搭一班飞机；或者企业家与第二代接班人一起出国时，也不能同坐一架飞机，这种分散风险的观念，值得仿效。这一次空难，多位官员同遭不幸，教训深刻，应以为鉴。

（三）采取紧急应变措施

空难发生后，最高当局除了紧急处置救难和善后，最关注的是台湾金融的稳定。为避免这一事件过度冲击股市汇市，“行政院长”肖万长漏夜召开紧急临时会议，有关金融方面，宣示将持续“中央银行”既有的政策，以“安定汇市，稳定金融”为最优先的考虑；决定由“中央银行副总裁”梁成金代理“中央银行总裁”职务；并指出，“中央银行”的运作已制度化，不会影响正常运转。

“中央银行”连续三次召开紧急应变会议，宣示持续“宽紧适中”的货币政策，充分供应企业的资金需求，稳定市场短期利率，密切注视汇市股市的异常变化，及时采取因应措施。

这次空难之后，原来预期汇市股市可能出现重挫的局面，并未发生。

（四）彭淮南接任“中央银行总裁”

1998年2月26日，台湾最高当局特任彭淮南为“中央银行总裁”，相当于“内阁部会首长”层级，任期为5年。这是“中央银行”迁台后第10任总裁。彭淮南，台湾新竹县人，现年58岁，台湾中兴大学经济系毕业，美国明尼苏达大学经济学硕士。历任台湾银行国外部办事员，“中央银行经济研究处”处长、“外汇局局长”、“中央银行副总裁”、中央信托局理事主席、中国国际商业银行董事长，具有较完整的金融专业背景。

彭淮南曾在“中央银行”任外汇局局长期间，由于他的强悍作风，当时在外汇市场上就有“汇市杀手”、“投机客克星”之称。这一次接任“中央银行总裁”，多认为他是一位“鹰派总裁”，会显现出他的管制心态，尤其是对外汇投机客；如果说许远东是“鸽派总裁”，彭淮南将是“鹰派”典型。彭淮南性子急、脾气大、嗓门大，也有“火爆浪子”之称。

彭淮南接任“中央银行总裁”后，舆论希望他能做一个独立超然的“中央银行总裁”；抵挡外界的压力，避免行政、立法的干扰；注意形象，多做少说。但是大家最关心的还是“中央银行”货币政策的走向。

（五）新“总裁”的货币政策

彭淮南上任后，多次表示：“中央银行”的货币政策有一贯性，不会因人而异，但具体拟定政策相当专业。

1. 关于物价。彭淮南表示：“中央银行”的货币政策将以稳定物价为最优先目标，并以核心物价指数及相关领先指标为政策的依据。

他说：由于货币政策对物价的影响有落后时差，因此，要找出与物价有密切关系的领先指标，如进口物价、单位劳动成本、设备利用、实际岛内生产总值与潜在的缺口，作为厘定及执行货币政策的依据。

2. 关于是否延续“宽紧适中”的货币政策。彭淮南没有再作如此的宣示，而是表示回归以管量为主的政策，控制货币数量。他强调长期目标是将货币供给额 M_2（通货发行 + 支票存款 + 各种活期存款 + 各种定期存款）的年增率控制在6%–12%的目标区，但未对短期利率设定目标区。彭指出：由于既控制量又控制价是很难的事，所以“中央银行”未再对短期利率设定目标区，将由市场供需决定；但“中央银行”希望金融业隔夜拆款利率不要有大的波动，目前7%是不错的水准。

对于彭淮南不再提“宽紧适中”的货币政策，外界认为“中央银行”政策有重大转变。“中行副总裁”许嘉栋解释说：或许彭淮南口头上讲的与过去有所出入，但落实到实际还是一样的，“宽紧适中”的政策并没有改变。许解释说：过去所说的“宽紧适中”，在“中央银行”的立场，宽指的是，如果“中央银行”重视刺激景气，则货币政策将偏宽；紧指的是，若“中央银行”认为物价很重要，则采偏紧的货币政策，甚至不惜牺牲经济成长，所以“宽紧适中”指的就是兼顾物价稳定与经济成长。

3. 关于汇率政策。彭淮南表示：将适应市场机能，维持动态的稳定。他指出：汇率的稳定不是固定不变，因为整个市场是动态的，新台币汇率也会维持动态的平衡。但如果发生季节性或偶发性因素，“中央银行”在必要时会加以调节。他强调，汇率在短时期内受到预期心理的影响，“中央银行”将适时提供确实的信息，供社会大众作为研判的依据。

4. 关于调整存款准备率。彭淮南强调：调整存款准备率是一剂猛药，不能轻易动用。但是台湾的银行存款准备率确实较很多国家偏高，未来如果要调整，考虑到会释出强力货币，也要选择适当时机，还要考虑有利于物价的稳定。今后若“中央银行”进行公开市场操作还不够用，会考虑再调降存款准备率。

5. 关于资金移动自由化。台湾曾提出在公元2000年完成资金移动自由化的目标。彭淮南强调：“中央银行”主张资金移动自由化应采取循序渐进的方式，东南亚发生金融风暴后，也不会放慢自由化的脚步，但成果可能会不如预期。

有关开放外资部分，彭淮南表示：由于主管机关不是“中央银行”（是“财政部”），“中央银行”将尊重主管机关的意见。但他指出：资金移动自由化的定义有很多种，由于台湾的经济规模较小，如果外资进来能够创造就业机会，当然是很好的事情，欢迎对经济有贡献的长期投资；但若是短期资金的进出，虽然会使股市交易活络，但必然也会对汇率、利率等造成很大的冲击。

（六）关于“中央银行”风水不佳的问题

台湾社会很相信风水，不仅在民间，也存在于高层。笔者在台湾的友人，曾任台湾淡江大学资深教授汤慎之先生（已作古），对命相、风水很有研究，他生前多次来北京，我们在闲谈中，汤先生曾谈到给李登辉先生算命、看风水的趣事。后来获悉汤先生给李登辉算命、看风水的代价为60万新台币。当然在台湾求汤先生算命、看风水的大有人在。

现在不是研究台湾的社会习俗，也不是讨论相命看风水是否科学的问题，而是下面提到有关“中央银行”风水不佳的种种议论，在台湾就不足为奇了。有关内容都是台湾媒体的报道。

近三年来，“中央银行”有两位总裁和四位局、处长在任内因病或遭意外过世。前“中央银行总裁”梁国树是在任内因病去职后，不久即过世；继梁国树之后续任“央行总裁”许远东是在任内因空难意外过世；前外汇局长张宝熙在任内因突发心脏病过世；这次空难有外汇局长陈煌、经济研究处长简济民、秘书处长林荣田、秘书处专员林丽雯都难逃一劫。一连串令人吃惊的意外，不少“中央银行”的官员和银行人士，都绘声绘影议论“中央银行”大楼的风水不佳。

“中央银行”有新旧两座大楼，有许多有关风水不佳的说法。有的“央行”官员说，建第二座大楼的过程就不顺利，第二大楼的施工期拖得很长，房子盖了一半，原来的承包公司倒闭了，工程停了下来；在施工期间还发生过警卫意外坠楼事件；1994年大楼盖好启用前，楼顶就发生过火灾，幸无人伤亡。有的说新大楼刚好对着中山纪念堂国家剧院的飞天屋角，而且面对中山南路和罗斯福路交叉口的路冲，这都是风水上的大忌。还有人指出，“中央银行”第一大楼格局方正，但第二大楼都有不少凸出的空间，很不协调；而且连接两栋大楼之间的天桥，在风水上也不理想。

因此之故，每年的鬼日、过年时，“中央银行”还特别烧纸钱祈求降福保平安。还有，不少官员的办公室都挂箭、宝剑、八卦镜等，据说是为了压邪。彭淮南接任总裁后，因前总裁梁国树病故时，就不断有“央行”风水不佳的传闻，目前彭淮南的办公室与前梁国树的办公室虽同在新大楼的十楼，但不是同一间办公室。彭淮南也认为，风水之说虽无科学依据，但为了同人安心，有必要适时化解。

台湾的货币制度的演变

近百年来，由于历史的原因，台湾地区的货币制度经历了三个历史时期。1894年到1945年日本占领期间，为行使殖民地货币时期。抗战胜利台湾光复以后，从1946年到1949年6月14日，为行使旧台币时期。1949年6月15日实行币制改革以后，为行使新台币时期，以迄于今。前一个时期，是由于外部的历史原因造成的，我们不应忘记这段历史。后两个时期，主要是由于内部的历史原因形成的，以致海峡两岸至今仍然存在着两种货币制度。

一、殖民地货币时期

（一）台湾沦为日本的殖民地与殖民地货币的发行

1894年（清光绪二十年）中日甲午之战，中国战败，清政府与日本签订了丧权辱国的“马关条约”，将台湾割让给日本，从此台湾便沦为日本的殖民地，时间达半个世纪之久。

日本侵略者为长期占据和统治台湾，1895年，不顾台湾人民反抗，强行以武力入侵台湾，实行军事占领。随后即建立统治机构，控制台湾。当时台北市的台湾总督府（即现在的“总统府”），以及总督府两侧的台湾银行和台湾法院，就是殖民者用于统治台湾人民的重要标志。但殖民者并未能压服台湾人民归顺，长期以来，勇敢的台湾人民，不断地进行不屈不挠的斗争。

日本侵入台湾以后，为掌握货币的发行权，控制台湾的经济，迅速着手建立台湾银行，发行殖民地货币。

1897年，日本国会通过台湾银行法，随即成立台湾银行创设委员会，进行筹备工作。

台湾银行实收资本额为500万元，日本政府明定其中的100万元，公开认购台湾银行股份。1899年6月，正式成立台湾银行株式会社（台湾银行股份有限公司），同年9月26日，正式开始营业，随即发行台湾银行券，台湾银行并逐渐成为台湾的金融中心。

台湾银行成立以后，曾多次发行不同名称的台湾银行券。

1899年（日明治三十二年）9月，开始发行“龙凤银券”。

1904年（日明治三十七年）7月，开始发行“龙凤金券”，废止前项“龙凤银券”。

1918年（日大正四年）9月，开始发行“改造券”。

1933年（日昭和八年）7月，开始发行“昭和券”。

各种银行券发行的面额，最早为1元、5元、10元，以后增发50元、100元。到1945年日本侵华战争战败前的7月，又从日本空运来台湾的1 000元日本银行兑换券，反面加盖“台湾银行株式会社”字样，在台湾使用。

截至1945年年底，台湾银行发行的各种银行券总额为231 175万元，1900年发行总额为369万元，增加630倍。主要是侵华战争时期快速增加。

（二）侵华战争时的通货膨胀

贪得无厌的日本侵略者，1937年又发动了侵华战争，中国人民奋起抗战8年。长时期的战争负担，给台湾人民带来了灾难性的后果，民穷财尽，通货膨胀，尤以战争后期为甚。

据统计，截至1937年年底，台湾银行的通货发行额为1.12亿元，之后即开始迅速增加。尤其到了第二次世界大战后期，由于盟军轰炸，交通阻隔，生产破坏，物资匮乏，使本来已经遭受战争大量消耗的台湾，更加陷于严重的困境，通货加速膨胀，物价大幅度上涨。到1945年年底，台湾发行的通货总额高达23. 12亿元，比1937年的1. 12亿元增加20倍，同时期台北市的零售物价指数上涨了29倍。

（三）抗战胜利结束殖民地统治

到了第二次世界大战后期，日本的侵华战争已被拖得疲惫不堪，末日即将到来，台湾的黎明在望。

1943年12月1日，中、美、英三国在埃及的开罗召开会议后发表宣言，确定：日本夺自中国的所有领土，包括东北、台湾和澎湖列岛，都必须归还中国。到了1945年8月15日，日本侵略者终于宣布无条件投降，从此，被日本长期占领的中国领土重新回归中国版图，台湾重新回到祖国的怀抱，结束了长达半个世纪的殖民地统治，殖民地的货币制度也随之消亡，台湾开始重新建立新的货币制度。

二、行使旧台币时期

（一）接收台湾的金融机构

抗日战争胜利以后，国民政府于1945年10月接收台湾，并设置台湾省行政长官公署。10月31日，国民政府财政部公布《台湾省当地银行钞票及金融机关处理办法》，随即由行政长官公署接收台湾的金融机构。

1946年5月，正式接收改组了台湾银行株式会社，并合并了日本政府开设的台湾储蓄银行和日本三和银行在台湾的支店，以后的台湾银行就是在此基础上改组而成，为省属银行。

同时接收改组了日据时期的其他金融机构：

——将原日本劝业银行在台湾的支店改组为台湾土地银行。

——将原台湾商工银行改组为第一商业银行。

——将原华南银行株式会社改组为华南商业银行。

——将原彰化银行株式会社改组为彰化商业银行。

——将原日本控制的不属银行范畴的台湾产业金库改组为台湾省合作金库。

以上改组后均为台湾省属金融机构。

台湾光复以后，当时国民党政府在大陆的官办银行“四行、两局、一库”，除中央信托局于1947年10月在台湾设分局外，其余均未在台湾设立分支机构，仍以改组后的台湾银行为台湾地区的金融中心。

（二）发行地区性货币——台币

台湾光复以后，曾于1946年和1949年两次发行台币，后来把第一次发行的台币叫作旧台币。

台湾光复之初，日据时期的货币暂准照旧流通使用，而且还在继续发行。

1946年5月22日，国民政府授权台湾银行发行一种地区性货币——台币，只限在台湾省地区使用。

台币开始发行的面额为1元、5元、10元三种，与日据时期的台湾银行券为同等价值，发行限额核定为30亿元，大体相当于台湾银行券的发行总额。从1946年9月1日起，开始以等值收兑台湾银行券，直到1947年1月15日才停止，总共收兑台湾银行券43.43余亿元。

当时大陆使用的法币为什么没有进入台湾，而要发行一种地方性货币，主要是由于当时大陆的法币在不断贬值，希望能通过货币的隔绝，不使台湾受到影响，但以后的事实证明，这是不可能的。

（三）台币和大陆货币的联系

台湾行使台币，大陆行使法币，形成了两种货币制度。两地货币之间的联系，是通过兑换率来维持的，于是就有一个比价的问题。

台币发行以后的一个短时期内，台币对法币的比价为1：30，即台币1元比法币30元。

到了1947年以后，由于大陆的通货膨胀加剧，两种货币的比率必须随时变动，于是从1948年起，国民政府授权台湾银行，将台币与法币的汇率逐日挂牌公告，并参照上海市和台北市两地的物价随时进行调整。此后台币与法币的汇率不断升高，调整频繁，计自1948年1月到8月法币崩溃前夕，台币与法币的汇率共调整了74次，两种货币的比价由1：92元上升到1：1 675元。

1948年8月19日，国民政府在大陆国民党统治区实行币制改革，废止法币，改发金圆券，规定法币300万元兑换金圆券1元，这时台币与金圆券的比价也随之调整，开始为1 835元台币比1元金圆券，但是金圆券贬值更快，台湾银行随即将两种货币的汇率改为机动汇率随时调整。到了1949年5月27日，台币与金圆券的汇率迅速上升到1台币比2 000元金圆券，金圆券不到一年的时间又崩溃了。

1949年7月2日，已面临全面崩溃的国民党在大陆的政权，又在广州实行币制改革，废止金圆券，改发银圆券，规定金圆券5亿元兑换银圆券1元，银圆券只在广州和重庆成都等地行使了很短时间，大陆就全部解放了。从此，台湾与大陆的货币就断绝联系了。

（四）恶性通货膨胀导致台币崩溃

台币发行以后不久，一直在加速膨胀的过程中，终致风雨飘摇，难以维持下去。这里有诸多的原因：

1. 台湾光复后，就面临日据时期遗留下来的通货膨胀的局面，生产难以迅速恢复；

2. 大陆的通货膨胀和更迭，不可能不对台湾产生重大影响；

3. 面临国民党在大陆的政权即将崩溃的趋势，有相当数量的大陆资金南移台湾，加速了台币的膨胀。

4. 尤其在新中国成立前夕，约有200万人撤到台湾，人口迅速增加，军政支出浩繁，供需矛盾更加突出。

5. 新中国成立以后，台湾的政局动荡，人心惶恐不安，抢购黄金美钞，囤积物资。因此，导致台湾通货恶性膨胀，物资严重匮乏，物价飞涨，投机抢购之风不可遏止，尤以后期为甚。下面的统计数字可以看出当时台湾经济、金融状况极度混乱的程度。

台币发行的面额越来越大。起初，最大的面额为10元，到了1948年12月增大到1万元。从1948年5月起，台湾银行又开始增发定额本票，与台币券同时流通，起先定额本票的面额为5 000元，到1948年12月增大到100万元，比台币发行之初的最大面额10元增大了10万倍。

台币发行的数量与日俱增。之初，台币发行额为30亿元，到了1949年6月14日实行币制改革前，台币券加上定额本票发行的总额为17 406亿元，比台币发行之初的30亿元增加580倍，而且各商业银行发行的定额本票还未计算在内。

物价成倍成几十倍上涨。与上年比较，消费物价指数年上涨率，1946年为225. 7%，1947年为293. 3%，1948年为395.5%，1949年为4 960%，1949年上涨了近50倍。

台币终于维持不下去了，从1946年5月22日开始发行到1949年6月14日崩溃，为时只有3年的短暂寿命。

三、改制新台币时期

（一）实行币制改革发行新台币

1949年6月15日，台湾当局宣布实行币制改革，颁布《台湾省币制改革方案》，决定发行新台币，收回以前发行的台币（即旧台币），新台币的名称也即由此而来，以迄于今。

新台币发行的办法及有关规定如下：

1. 新台币仍由台湾银行发行，当局拨出黄金80万两作为币制改革基金，另拨出1000万美元作为银行进出口贸易的营运基金。

2. 规定旧台币4万元折合新台币1元以旧换新，限期收兑。

3. 新台币发行面额为1元、5元、10元三种。辅币券为1分、5分、1角、5角四种，以后又发行1角、5角硬辅币。规定辅币的发行额不得超过新台币发行总额的20%。

4. 新台币对美元的比率为5:1，即5元新台币合1美元。

5. 实行限内发行，核定新台币发行最高限额为2亿元，合4 000万美元。

6. 新台币发行规定以黄金、白银、外汇以及可换取外汇的物资为十足准备。

7. 1949年12月颁发“金门行使新台币办法”，之后又颁发“马祖行使新台币办法”。

按照行政区划，台湾省包括本岛及澎湖列岛，金门、马祖属福建省的范围，新台币是台湾地区使用的货币，不能涵盖金、马地区。于是采取“外岛地名券”的办法，即在新台币券上加印“限金门地区通用”、“限马祖地区通用”字样，在金、马地区流通使用。按照规定，新台币和加印有金、马地名券字样的新台币，只限在金、马地区使用，不得跨地区使用，需要跨地区的，应到指定的台湾银行分支机构兑换或者汇款。

（二）由台湾银行发行到代理“中央银行”发行

台湾银行发行新台币以后不久，1949年12月，“中央银行”由成都迁到台湾，于是就有一个货币发行权的问题。

当时由于台湾的经济金融形势不稳定，当局采取冻结金融机构的方针，迁台的中、中、交、农四行均未准复业，由台湾银行代理“中央银行”的业务，继续发挥金融中心的作用。

随着美援的恢复，经济形势的逐渐好转，发展进口替代工业已趋饱和，60年代初，台湾的经济开始转向以出口加工为导向、以带动整体经济发展的方针。为了适应外向型经济的新形势，发挥“中央银行”的作用，由大陆迁台的中、中、交、农四行先后奉准恢复营业，“中央银行”于1961年7月正式复业，开始隶属“总统府”，具有重要地位，1979年改属“行政院”。

“中央银行”复业以后，就要解决与台湾银行发行新台币的关系，随即公布“中央银行在台湾地区委托台湾银行发行新台币办法”，新台币的发行权遂由“中央银行”收回，台湾银行仅以代理发行的地位办理新台币的发行业务。

“办法”的有关规定是：

1. 新台币的面额、成分、形式及图案，由“中央银行”规定，报行政院核定。新台币的规格，于发行前由“中央银行”公告。

2. 新台币的印制、铸造与存储，由“中央银行”办理，新台币的发行由“中央银行”委托台湾银行办理。

3. 新台币发行的资产与负债，均属“中央银行”，发行准备由中央银行负担。

4. 新台币以金银、外汇、合格票据及有价证券折值十足准备，但硬币免提发行准备。

5. 新台币的发行，设新台币发行准备监理委员会进行监督。

从以上可以看出，台湾地区的货币发行管理体制有些特殊，原因是，“中央银行”是发行银行，但新台币又是地区性货币，而且已经在由台湾银行发行；还有，“中央银行”在台湾地区至今未设分支机构，而台湾银行的分支机构遍布全省和金、马地区。于是就形成了“中央银行”有发行权，但不实际办理发行业务，台湾银行办理实际发行业务，但没有发行权，一虚一实，堪称特殊。

（三）发行大面额钞券和硬币

自发行新台币以后，到 1980 年，台湾曾两次发行大面额钞券，1981 年又发行 10 元硬币。

1. 第一次发行大面额钞券

1961 年 6 月，台湾银行开始发行 50 元、100 元大面额新台币钞券。原因是，新台币发行之初，因恐惧通货膨胀，面额只有 1 元、5 元、10 元三种，由于发行量很快就突破了 2 亿元的最高限额，到 1960 年，新台币的发行额已达 27 亿元。随着发行量的大幅增加，市场的筹码已不敷周转，于是决定发行 50 元、100 元大额钞券。

据有关资料描述：当时发行大钞所受到各方面的阻力和批评，可谓“罄竹难书”。社会大众和专家学者，一致强烈反对发行大钞，人们没有忘记当年国民党败退来台时，通货恶性膨胀与大钞发行并存，导致物价飞涨，币值紊乱，造成不可收拾的恐慌局面。

台湾当局也表述：鉴于一般民众有大钞恐惧症，故一直未发行大钞，到了 1961 年，由于市场筹码周转不开，台湾银行发行大钞，实属迫不得已。

2. 第二次发行更大面额钞券

自第一次发行大钞以后，新台币的面额维持了 20 年没有再增大。到了 1980 年又被迫发行 500 元、1000 元更大面额的钞券。

20 世纪 60 年代是台湾经济发展顺利的时代。但是到了 70 年代，连续两次爆发国际性能源危机，一次是 1973 年、1974 年，石油价格上涨了 5 倍，二次是 1979 年，石油价格又上涨了 2 倍，而台湾 99% 的石油依赖进口，因而使台湾遭受两次严重通货膨胀的冲击；加之又在进行十项和十二项建设项目，使通货发行额大幅增加，市场上的筹码又出现了周转不开的问题。

到了 1979 年年底，新台币发行总额为 1 020 亿元（未减去银行业务库存现金），其中各种券别所占的比重如下表：

券别	占发行总额比重%
100 元券	90.6
50 元券	2.0
10 元券	2.4
5 元及 1 元券	0.2
5 元硬币	2.2
1 元硬币	1.8
辅币	0.3
外岛地各券	0.5
合计	100.0

从上表可以看出，到 1979 年年底，100 元券的发行额已占新台币发行总额的 90% 以上，形势所迫，“中央银行”决定于 1980 年 2 月发行更大面额的钞券，并做了如下的解释：

（1）500 元、1000 元券本拟于 1979 年发行，因爆发第二次能源危机，恐造成不良影响。

（2）选择 1980 年 2 月发行，因春节过后，货币开始回笼，可使不良影响减至最低限度。

这一次发行更大面额的钞券，正是台湾遭受两次能源危机所带来的严重通货膨胀之后，更加引起各方面强烈的反对，以致争论不休。

为时不久，1981 年 6 月，“中央银行”又发行新版 500 元、1 000 元券，主要是增强新台币的防伪功能，采用英国特制的“定位人像水印加隐形安全线”钞纸印制。所谓隐形安全线，就是在钞票的左方有一条从上到下的竖线，平放看不见，对着光清晰可见，持票者可以自行识别，尽管如此，仿冒假钞仍时有发现。

3. 发行 10 元硬币

新台币发行以后，于 1949 年底发行 1 角、5 角硬辅币，1961 年发行 1 元硬币，1970 年发行 5 元硬币，1981 年 12 月发行 10 元硬币。

之所以发行 10 元硬币，主要是由于 1980 年发行更大面额的钞券后，新台币贬值速度加快，10 元券已成为零钱，市场交易多以 5 元、10 元为单位。由于 10

元券的使用越来越多，回流到台湾银行后约有八成不能再度使用。于是“中央银行”决定发行 10 元硬币，逐步收回 10 元钞券（实际上 10 元钞券并未取消，至今 10 元硬币和 10 元钞券仍在混合流通使用）。

发行 10 元硬币以后，“中央银行”为减轻铸造成本，将以前发行的 5 元、1 元硬币的体积统统“缩小”，新发行的 10 元硬币，与旧的 1 元硬币大小差不多。

（四）新台币的发行准备和监督

1961 年 7 月“中央银行”复业之后，正式建立新台币发行准备制度，规定以金银、外汇、合格票据及有价证券折值十足准备，以增强新台币的信用。同时设置新台币发行准备监理委员会，对发行准备进行监督。该委员会由各方面的代表 11 人组成，按月进行检查，并将结果发布公告。如果检查发现新台币发行准备不足，应即通知“中央银行”停止发行，并立即收回超额发行部分。

下面是新台币发行准备监理委员会发布的第 342 次检查公告。

截至 1989 年年底，新台币发行总额为 4 253.2 亿元（未减去银行业务库存现金）各种券别的发行情况如下表：

券别	发行额（亿元）	比重%
新台币券	4 060.1	95.46
硬币	183.5	4.31
硬辅币	1.2	0.03
辅币券	0.2	0.01
外岛地各券	8.2	0.19
合计	4 253.2	100.00

注：新台币发行额 4 253 亿元约合 163 亿美元。

按照规定，硬币及硬辅币免提发行准备，其余应提发行准备合计为 4 068 亿元，由以下金、银、外汇提充（缩为整数）：

1. 纯金 2 911 万克，每克新台币 52.43 元，计折合新台币 15 亿元。

2. 纯银 4 768 万克，每克新台币 6.45 元，计折合新台币 3 亿元。

3. 外汇美元 154.75 亿元，1 美元新台币 26.17 元，计折合新台币 4 050 亿元。

以上三项共计新台币 4 068 亿元，各项准备由“中央银行”保管。

台湾地区的货币政策

台湾“中央银行”的货币政策和货币政策指标分述如下：

一、货币政策

1. “中央银行”一直奉行稳定的货币政策

台湾的“中央银行法”中，明确规定“中央银行”经营的目标为：

（1）促进金融的稳定；

（2）健全银行业务；

（3）维护对内及对外币值的稳定；

（4）在上述目标范围内，协助经济的发展。

上述目标表明：“中央银行”的货币政策是以稳定金融，稳定货币为主要任务，在此前提下协助经济的发展。

2. 货币政策与经济政策

台湾“中央银行”的货币政策与台湾的经济发展的策略是一致的。早在20世纪50年代初，台湾当局就制定了“在稳定中求增长，在增长中求稳定”的发展经济的基本策略，认为经济的稳定是经济增长的基础，而只有经济的增长才能维护经济的稳定，但增长与稳定遇有不可兼得时，应以稳定为首要目标。台湾一直奉行这个基本策略。

3. 台湾十分警惕通货膨胀

台湾十分警惕和害怕通货膨胀。由于过去在大陆时期和台湾40年代末所发生的严重通货膨胀，造成经济金融的混乱，不仅使台湾当局教训深刻，而且老百姓也存恐惧心理，不愿意再看到这种情景。因此，台湾当局十分重视经济金融的稳定。

二、贯彻稳定货币政策的几个时期

台湾的财政、金融部门贯彻稳定的货币政策，大体经历了以下几个时期：

1. 新台币规定限内发行限额

1949年实行币制改革时，鉴于恶性通货膨胀的教训，新台币的发行办法有两项重要规定：一是新台币的发行限额最高为2亿元，不得超过；二是为巩固新台币的信用，采取以黄金、白银、外汇及可换取外汇的物资为十足准备。这种严格控制新台币发行最高限额和十足准备的制度，主要是矫正过去恶性通货膨胀所造成的不可收拾的局面，防止再度发生。

2. 规定限外发行办法

到了 1949 年年底，新台币的发行额已接近 2 亿元最高限额。1950 年上半年仍固守最高限额的规定，以继续抑制存在的通货膨胀。但由于忽略了经济发展与货币供给量的关系，使信用无法扩张，造成经济呆滞，影响经济的恢复和发展。于是，1950 年 7 月，不得不采取限外发行办法，即在 2 亿元限额之外，增加新台币的发行量，开始时限外发行也有限额，后来也固守不住了。

3. 依据发行准备控制发行

由于限外发行也无法控制，到了 1954 年，"财政部"准许台湾银行可依据新台币发行准备的增减变化，发行新台币，于是限内发行、限外发行全部放弃。

4. 依据经济发展需要掌握发行

随着经济形势的逐渐好转，通货膨胀逐渐趋向稳定，到了 1961 年 7 月"中央银行"复业以后，开始改为按伸缩比例掌握货币发行，即根据实际经济发展的需要掌握货币发行量，以有利于促进经济的增长。以上所实行的货币发行制度，主要是对付当时通货膨胀所采取的控制货币发行的办法。之后，"中央银行"又改为控制货币供给额，以迄如今。

三、货币供给额和货币政策指标

1. 控制货币供给额

随着经济的发展，信用量的扩大，并防止可能再度出现的通货膨胀，"中央银行"控制货币量的办法，就不单是控制货币发行额，而是扩大范围为控制货币供给额。所谓货币供给额，就是具有与通货相同的流动性的货币总额，通货发行额只是这个总额中的一部分。这是由于控制了货币供给额，才能控制货币总量，有效地防止通货膨胀，如果仅是控制通货发行额，就不能达到这个要求。

2. 货币供给额的计算

货币供给额如何计算，世界各国计算的方法不尽相同，没有一个统一的标准。台湾地区所采取的是狭义的货币供给额，是根据货币流动性的程度来确定的，即一般企业和社会大众所保有的通货，支票存款和活期存款的总额。因为通货（钞票及硬币）本身具有完全的流动性，支票存款和活期存款，可能随时向银行支取现金或转账，亦接近具有完全的流动性，所以这两种存款又叫货币性存款或存款货币。至于银行的定期存款，则具有固定性，须经一定时期或某种手续后，才能发挥货币的功能，其流动性甚差，一般称为“准货币”。

台湾“中央银行”现在使用的货币供给额的具体计算方法分为三个层次：

（1）M_1A

即：通货发行净额（通货发行一银行业务库存现金）+ 支票存款 + 活期存款

（2）M_1B

即：M_1A+ 活期储蓄存款

（3）M_2

即：M_1B+ 各种定期存款

台湾的货币当局主要是使用 M_1B。M_1B 中包括活期储蓄存款，是“中央银行”1984 年开始调整的。由于在实际工作中发现，活期储蓄存款在经济景气活跃时，其存款余额减少；而在经济景气不佳时，其余额快速增长，显示活期储蓄存款具有交易余额和储蓄余额双重性质。为使货币供给额的统计能够反映其流动性，并满足不同使用者的需要，故将原来计算的 M_1，分为 M_1A 和 M_1B。

至于 M_1A 和 M_2，货币当局有时也参用。

3. 货币政策指标

（1）控制货币供给额的重要意义

一是，控制货币供给额，主要是控制货币的正常需要量，防止货币过多而造成通货膨胀，它已成为金融当局执行货币金融政策的重要指标。

二是，金融当局可以根据经济的发展，预先计划货币供给额的控制目标，配合各项经济金融政策，以影响全面经济活动，使货币供给额与经济的增长维持适当的比例关系，以利于促进经济的稳定发展。

三是，金融当局可以通过货币供给额的变动，随时判断银根的宽松或紧俏，及时采取相应的措施。

（2）货币供给额的适度标准

正常的货币供给额与经济的增长维持什么样的比例关系，才是适度的，据台湾实证经验，货币供给额与经济增长的比例关系，大体是 1 比 1.5 比较合适，即国民生产总值增长 10%，货币供给额增长 15%，是适度标准，最高不要超过 20%。并认为，货币供给额增长过速，会影响物价的稳定；过缓，不利于经济的增长。

但上述适度标准，并非唯一的依据。“中央银行”前总裁俞国华曾表示：“我们不完全以货币供给额的百分比为依据。我们的政策和指导原则，是在经济停滞、物价平稳时，可以使货币供给额增加稍快一些；如果物价波动，有通货膨胀的趋势，我们就要采取比较紧缩的政策，来稳定金融。所以，货币供给额的变动，只是中央银行决策的一种重要参考。”

（3）过高的货币供给额与物价上涨的时间差

任何通货膨胀，无论是多么复杂的因素所引起的，总有货币过多的因素在内。但过高的货币供给额，不一定在当时就影响物价的上涨，据台湾的实证经验，过高的货币供给额对物价的影响，大体上是一年到一年半的时间差。也就是说，在一年到一年半的时间内，如果不及时采取措施，就可能会出现物价波动，甚至严重的通货膨胀。所以要及时掌握分析货币供给额的变化情况。

四、40年来台湾发生通货膨胀的情况

40年来台湾发生过3次严重的通货膨胀。如果加上1989年物价有较大幅度的增长，不能算是严重的通货膨胀，一共是4次。

第一次是在20世纪40年代末，情况已如上述。

第二次是1973年、1974年爆发第一次国际能源危机，石油价格由每桶2美元涨到11美元，同时也引起国际原材料价格大幅上涨，加之天灾，国际粮食歉收，价格上涨，而台湾99%的石油依赖进口，以出口为导向的外向型经济又要依靠原材料进口，还要进口一定的粮食。这种输入性的通货膨胀，给台湾经济以沉重的打击，货币供给额巨幅增加（1973年增长50.3%），物价暴涨（1974年消费物价指数上涨47.4%），投机抢购之风不可遏止。

这种情况迫使台湾当局于1974年采取紧急措施，在金融方面，主要是紧缩信用，连续3次调高存放款利率。其他经济措施如实行平价、议价、限价、增加消费品进口，硬性节约能源等。

这次通货膨胀很快被抑制下来。

第三次是1979年、1980年爆发第二次国际能源危机，石油价格在原涨价的基础上又上涨了2倍，达到每桶32美元。再一次给台湾的经济以沉重的打击，物价又一次大幅上涨，由于再次遭受石油危机的冲击，加之国际经济不景气，使台湾的经济停滞膨胀达3年之久。

第四次是1989年。这一次只能说是能够承受的轻微的通货膨胀，由于当局采取应急措施，未发展到严重程度，消费物价指数只上涨了4.4%，但却是近8

年来涨幅最大的。

这一次物价有较大幅度的上涨，主要是由于近几年来，台湾的对外贸易连续出现了巨额出超，“中央银行”收购大量的外汇，放出大量新台币，使货币供给额巨幅增加，形成了游资泛滥。有关资料如下：

年份	外贸出超（亿美元）	外汇储备（亿美元）	货币供给额年增长率（%）	放款占存款比重（%）
1985	105	225	11.9	75.6
1986	156	463	47.3	63.7
1987	186	750	37.8	58.1
1988	109	740	25.2	66.6

台湾的货币当局早已感到潜在的通货膨胀压力很大，也不断地有人叫喊：狼来了。

当时“中央银行”采取的重要措施之一，就是“冲销措施”，所谓冲销措施，就是由“中央银行”发行乙种国库券、大额定期存单，由各公营银行购买，将大量的资金冻结在“中央银行”。这种措施，只能起到一定的缓冲作用。

到了1988年，“狼”真的要来了。一是游资冲向股市、房地产，造成股票和房地产价格狂涨。二是“中央银行”的冲销措施不见成效，银行放款流向房地产和地下投资公司，助长经济金融的混乱。三是1988年9月开始波及一般物价，1989年年初，物价呈现大幅上涨的趋势，于是引起台湾当局严重的关注。

1989年3月，“行政院”通过了因应物价措施方案，共4个方面26条措施，其中属于金融方面有5条：

1. 尽速降低货币供应额在20%以下；

2. 实行选择性信用管制，即空地抵押贷款、房屋修缮贷款、消费贷款、投资公司贷款；

3. 继续采取冲销措施；

4. 提高存款准备率及再贴现率；

5. 提高银行存放款利率。

“中央银行”随即采取紧缩金融措施。

由于及时采取措施，1989年物价终于得到抑制，全年平均消费物价指数只上涨了4.4%。所谓1989年的物价在“有惊无险”中度过来了，虽不算严重，但为1982年以来涨幅最大的。

1990 年，台湾的货币当局继续实行紧缩政策。

80 年代，台湾消费物价指数变动如下：

年份	消费物价指数年平均变动率（%）
1982	+2. 96
1983	+1. 35
1984	-0. 02
1985	-0. 17
1986	+0. 70
1987	+0. 52
1988	+1. 28
1989	+4. 41

（注：“+”为上涨，“-”为下跌）

银行的出纳和自动付款业务

台湾银行业的所谓出纳业务，系指办理现金、票据、有价证券的收付及保管事项，票据交换也属出纳管理的范畴，下面讲的只是现金出纳业务。

一、出纳制度的变革

银行的出纳柜员与存款柜员均处在服务第一线，与顾客接触最为频繁，关系最为密切。银行业对柜员制度及服务态度一直在改进之中，大部分的银行均已将存款柜员改为全能柜员制，凡是一般款项的存入及领取均由柜员直接办理收付，这种变革经过了如下的过程：

1. 总出纳制

所谓总出纳制，又称大出纳制。凡是有关现金的收付，完全集中由出纳部门办理，营业部门的会计仅办理记账手续，而不经管现金的收付，这是银行传统的出纳方式，这种专设出纳柜员的方式早已取消。

2. 分出纳制

所谓分出纳制，又称小出纳制。即在特别繁忙的营业部门，在总出纳下面设分出纳制，负责该部门的现金收付，营业部门的会计亦仅办理记账手续，而不经管现金。

小出纳于营业时间终了，应将当日现金收付及结存现金向总出纳结算。

这种小出纳制实际是大出纳制的延伸，由于电脑作业的迅速发展，这种小出纳制也逐渐没落而不被采用。

3. 柜员制

所谓柜员制，又称柜员收付制度，即将存款柜员和出纳柜员合而为一，其做法是：授权营业单位的存款柜员，在某一金额的限度内，兼办现金收付业务，这一制度，在全面使用柜员机的情况下，各银行已普遍使用，大大缩短了顾客存取现金的时间。

实行全能柜员制，由于营业单位的柜员兼办记账与现金出纳工作，因此在处理程序的规定上，应强加营业当日的现金查核工作，以防止流弊及差错的发生。

关于钞券的清点，柜员对大额钞券除用点钞机计算外，还应用手工清点，以保证准确无误，同时检查有无假钞夹杂在内。

二、对柜员的基本要求

银行对柜员的服务仪表、态度、操作方法等训练与要求特别严格，其目的在使顾客对银行有良好的印象，以达到银行推展业务的目的。

对柜员的基本要求如下：

1. 准确。柜员处理现金，必须依规定手续办理，细心核对，做到准确无误。

2. 迅速。柜员办理现金收付，应在准确的前提下，力求做到合理的迅速，以缩短客户等候时间。

3. 安全。柜员不但要随时注意现金收付的安全，同时要顾及客户与银行往来应有的权益，还要随时提高警惕，防止意外事故的发生。

4. 态度。银行为服务业的一种，银行第一线柜员，是银行的门面。每一柜员都要以亲切的态度和适度的礼貌，为客户提供良好的服务，使客户满意。

三、出纳津贴及赔偿基金

柜员办理现金出纳业务，因收付频繁可能发生差错，银行为避免柜员遭受损失，订有提取出纳津贴的规定。有关规定如下：

1. 每月按规定标准提取一次，本月初提取上月的津贴，其中半数存入“出纳赔偿准备金”专户，另半数发给柜员。此项基金提取的标准各银行不尽相同。

2. 出纳收付发生差错，其金额超过新台币1万元以上者（按当前汇率26元新台币兑1美元，不到400美元），应先向保险公司索赔（现金保险包括①运送现金②库存现金③柜台现金），不足之数再从“出纳赔偿准备金”专户中领取赔付。

3. 按月提存的基金满1年，减去当年度柜员实际请领的赔偿金额之后，如有剩余，则将其余额中的半数发给柜员。

四、破损纸币及硬币收兑标准

台湾“中央银行”的规定，污损、破损不适流通的纸币及硬币的收兑标准如下：

关于纸币的收兑标准：

1. 纸币有下列情形之一者，照面额收兑。

（1）纸币破损其余留部分在3/4以上者；

（2）纸币破损或熏焦，而其签章、号码、文字及花纹仍可辨认者；

（3）纸币破损，而片片能吻合者。

2. 纸币破损，其余留部分在1/2以上，3/4以下者，照面额半额收兑。

3. 纸币污损、破损有下列情形之一者，不予收兑。

（1）纸币经火熏、火焚、水浸、油浸、涂染，不能辨认真伪者；

（2）纸币拼凑成张不能吻合者；

（3）纸币余留部分不及1/2者；

（4）纸币故意剪挖、涂改或剔去一面者；

（5）纸币有故意损坏嫌疑者；

（6）样本券、已作废纸币及其他不适用的纸币。

4. 纸币因不可抗力情形而破损，其余留部分与前第1、第2项的规定不合者，如求兑人能够证明事实，经银行主管人员的核可，可酌量收兑，但需由银行主管人员在破损的纸币上签章证明。

5. 纸币经火焚，不能辨认其真伪者，经有关机关鉴定完成化验，凭其证明核兑。

6. 各银行收兑的破损纸币，应每日加以整理，积成整数（捆），再持向发行银行——台湾银行兑换。

关于硬币收兑标准：

1. 硬币自然磨损，致使法定重量减少达5%，而其文字及花纹仍可辨认者，照全额收兑。

2. 破损硬币有下列情形之一者，不予收兑。

（1）硬币经故意凿盖硬印戳记，致使重量减少，或形式改变者。

（2）硬币经火焚，不能辨认真伪者。

（3）硬币有故意损坏嫌疑者。

（4）已作废的硬币或其他不适用的硬币。

3. 硬币经火焚不能辨认真伪者，经有关机关鉴定完成化验，凭其证明核兑。

五、出纳自动付款业务

1. 发展过程

台湾银行业出纳自动付款业务发展缓慢。早在 1976 年台湾银行首先引进两台自动付款机，但推广使用并不理想，使用率不高，几乎成了“行员小额付款专柜”，后来经过宣传展览，逐渐为人们所了解，纷纷好奇使用。

自动付款机的大量使用，还是近几年的事。1987 年年初，“财政部”金融咨询规划小组大力宣导自动付款机作业系统，推动金融业跨行自动付款服务以后，这项业务才有了较快的发展。

2. 发展规模

据“财政部”的统计，截至 1988 年 2 月，全省参加跨行连线自动付款机作业的银行共有 13 家，共有自动付款机 453 台，其中全天作业的有 293 台，非全天作业的 160 台。目前各银行已普遍使用，估计有自动付款机 1 000 台左右。又截至 1988 年 8 月的统计，自动付款机金融卡发卡的数量已达 170 万张。

3. 设置形式

各银行对自动付款机的设置，有穿墙式、营业厅式，也有在百货公司、医院等场合设置的。以穿墙式为最多，因为设置和管理都比较方便。

4. 服务效果

自动付款业务，是金融服务现代化的一个重要方面，其功能和效果：

一是具有现代化、无人化、全天候的服务功能；

二是为顾客提供迅速的、方便的自动服务；

三是将营业厅的“零售”业务自动化，减轻了柜员的工作压力，从而节省劳力。

5. 主要问题

使用自动付款所发生的问题，主要是服务与安全两个方面。

服务方面：持金融卡取不到款的抱怨时有发生。有种种怨言如：“望机兴叹”，

“自动付款机罢工了”，“自动付款机开小差”，“金融卡无用武之地”等，特别是节假日容易出现这种情况。原因有两个方面：一是值班人员不及时补充钞票，自动付款机的钞票容量有限，1 000 元和 100 元的钞票只能容 330 万新台币；二是机器不先进，容易发生故障。

安全问题：举两事例，一是曾发生过金融卡遗失被盗取款项的事件，盗取款项的人何以知道金融卡的密码，问题未能查出。二是曾发生自动付款机被撬毁，盗走 80 万元的事件。

台湾的外汇管理

台湾地区的外汇管理在经历严格的管制到逐步放宽后，现向着自由化、国际化的方向发展。

一、由复式汇率到单一汇率

20 世纪 50 年代初，为严格控制新台币的发行量，对出口结汇实行两种结汇方式，即对出口商所得外汇中的 20% 结付新台币，其余由台湾银行开具等值的结汇证，结汇证可以自由转让或向台湾银行结售。后来由于美钞黑市价格不断上涨，官价汇率和结汇证汇率逐渐分离并拉大了差距，逐渐形成了复式汇率制度，即较低的官价汇率和较高的结汇证汇率。

复式汇率的问题：一是此种汇率是由于对付恶性通货膨胀而形成的；二是出现了炒卖炒买结汇证的投机行为；三是国际货币基金组织因统计复杂而有意见；四是手续烦琐。

50 年代末，台湾实行外贸外汇改革：①放宽进口；②鼓励出口；③简化汇率。1958 年年底将复式汇率改为单一汇率，定为新台币 36. 38 元兑 1 美元，1963 年为扩大出口，新台币贬值为 40 元兑 1 美元。

二、实行浮动汇率制

针对外汇管理存在的问题，1974 年台湾当局接受学者专家的建议，决定筹组建立外汇市场，于 1979 年 2 月正式开业，并宣布实行机动汇率制。

所谓机动汇率制，虽经多次改变，实际上是先确定中心汇率，再规定其上下限的幅度，弹性有限，汇率仍受“中央银行”控制。到1989年4月，取消中心汇率制及其变动幅度，实行浮动汇率制，汇率完全由市场机能决定。但“中央银行”仍可主导外汇市场，必要时可进场干预。

三、开放外汇管制

1987年7月，台湾宣布开放外汇管制的主要原因如下：

一是外贸持续大额出超，外汇储备快速累积，导致货币供给额大幅增加，形成严重的通货膨胀压力。

二是台美贸易不平衡的矛盾越来越大，美国不断压新台币升值，要求减少对美贸易出超。

三是由于新台币持续升值的预期心理，国际投机“热钱”不断涌进台湾，牟取汇差利益，冲击台湾的金融市场。

台湾开放外汇管制最大的变化是管出宽而管进严。有关规定是：

——原则上准许民间可以自由持有、运用和取得外汇。

——除贸易外汇收支的汇出汇入款无任何限制外，公司、行号和民间个人一年可以申请汇出500万美元，但汇入只限5万美元。民间企业向境外借入款，非经“中央银行”事先核准，虽经汇入亦不得兑为新台币。

——不允许新台币国际化。特别规定：台湾的外汇指定银行不得办理外汇支票存款；不得将一般外汇存款作为质押以办理新台币借款；不得将各种外币贷款兑换为新台币；禁止台湾的外汇指定银行或台湾的外商银行在境外银行开立新台币存款户。

上述规定主要是阻止国际“热钱”流入，防止新台币进一步升值，减少大量游资对台湾市场的冲击，但开放的程度有限。

四、外汇自由化的问题

台湾货币当局曾一再强调，台湾的情况特殊，外汇管理只能逐步放宽。经常账（贸易、劳务）的外汇收支已经没有什么限制，资本账的外汇进出，也放宽了许多，主要有：

——公司、行号每年可自由汇出汇入款的上限已提高到2 000万美元，个人提高到500万美元。

——台湾企业于海外募集的资金汇回兑成新台币使用的总额限制已经取消。

——开放岛内企业可以申请向海外金融机构引进资金兑成新台币供中、长期投资使用。

——开放外人开设新台币活期存款、储蓄存款及定期存款账户及对外资金融机构开设新台币支票存款账户。

——持有台湾任一发行公司的股份比例，单个外资机构不得超过公司已发行股份总额的10%，全体外资机构不得超过25%。

——依“原则自由，例外许可”之精神，台湾预期在2000年年底之前资本移动完全实现自由化。

开放资本账的问题是：流入的资金主要有两项：一为外人直接投资，一为股票证券投资。直接投资对境内资本形成与技术引进的贡献较大，而且比较稳定；而外人对境内的证券投资，多在次级市场，只是已发行股票的转手，有利可图就来，无利可图就走，容易影响境内汇率、利率、物价的变动，不利于经济金融的稳定。“中央银行”对外人投资台湾股市采取多次逐步放宽的做法。

五、外汇储备的管理

台湾大量的外汇储备，除了提拔台北外币拆款市场100亿美元作种子基金，1992年专案提拔转融通100亿美元支应重要投资案外，多存放在美国等主要工业国家。截至1996年年底，投资美国、日本、德国政府债券占七成以上，其中又以美国政府债券占五成以上为最多，其三成则以存款的形式存放在美、日、德等国家的银行。外汇存底的币别组合为，美元占63%，德国马克占20%，日元占10%多。

台湾有关金融官员对大量的外汇为何不用于岛内建设曾强调说，“中央银行”代当局保管的外汇，是“中央银行”发行等值的新台币换来的，外汇资产与新台币负债必须平衡。因此，动用外汇必须用等值的新台币来换取，否则，如果“中央银行”直接拨付外汇，则又要换成新台币才能使用，这等于是一份外汇资产变成两份新台币负债，如此，将会造成可怕的通货膨胀。

“中央银行”官员对保留外汇储备过多的问题最近表示，外汇存底偏高在特殊情况下是很管用的。如1995年8月和1996年3月大陆军事演习，台湾的汇率能守住27.5元价位，就是近1 000亿美元的外汇存底所发挥的作用，给“中央银行”干预的能力。还指出，台湾的情况特殊，局势紧急时，不可能得到外援，保有较多的外汇，有不得不为的无奈。

六、外汇变化情况

大陆两次军事演习期间，台湾民间大量抢购美元，外汇存底大幅减少。1995年6月底“中央银行”的外汇存底曾达到1 004亿美元的高峰，到12月底为903亿美元。1996年3月末，外汇存底为825亿美元。外汇存底减少，一是资金流出境外，二是转入境内的外币存款，三是民间持有量增加。

到1996年年底外汇存底为880亿美元，仍未达到1995年年底的水平，而1996年台湾对外贸易出超高达147亿美元，为何未能填补外汇存底的减少，其中主要原因：一是有一部分外销款存放在境外，没有汇回台湾；二是已汇回的外销款存入外汇存款，不向银行结汇；三是因大陆方面两次军事演习外流的资金没有全部回流；四是有外汇存底中币别调整的因素。

台湾对黄金的管理和黄金储备

一、台湾对黄金的管理

台湾对黄金的管理，可分为禁止自由买卖和开放自由买卖两个时期。

（一）禁止黄金自由买卖时期

1951年至1986年11月，为禁止黄金自由买卖时期，指的是黄金条块的买卖。这一时期的情况是：

1. 1949年以前使用旧台币时期，由于恶性通货膨胀，社会上投机猖獗，囤积物资，黑市买卖黄金、美钞到处可见，金融十分混乱，导致了旧台币的崩溃。

2. 1949年6月实行币制改革，当局拨出黄金80万两，作为新台币的发行准备基金，以期能稳定新台币的币值。

3. 为配合币制改革，台湾银行在同时期举办黄金储蓄存款，可以用新台币按当时黄金牌价折成黄金数量存储，到期支付黄金，也可以直接存入黄金，到期支付黄金。两种办法都同样以黄金支付利息，所谓大黄金生小黄金。当时采取这种做法，主要是为了收缩通货，稳定金融物价，安定人心。

此项黄金储蓄，只有1年的时间，到了1950年年底就停办了。原因是：物价在持续上涨，黄金的黑市价格和官价的差距拉大，同时美钞的黑市价格也大大超过了官价（官定 5:1；黑市达到 16:1）。

4. 为稳定金融物价，1951 年 4 月，台湾当局宣布“紧急行政处分令”，颁布“黄金外汇管理办法”，取缔黄金，美钞黑市，黄金、美钞只准持有，禁止自由买卖，加强对外汇的管理。

5. 禁止黄金、美钞自由买卖以后，并未能阻止黑市交易，长期以来，地下金融十分活跃，集中在两个地方，一是台北市西门町的迪化街，是地下钱庄活动的场所；一是衡阳街，是买卖黄金、美钞的场所。这都是公开的秘密。由于台湾的金价较高，走私进口的黄金主要来自香港。

6. 饰金仍准许买卖。买卖饰金由银楼业经营，台湾的银楼业很多，据 1982 年的统计，全岛共有银楼业 2 458 家，其中台北市就有 462 家。关于工业用金和银楼业饰金的来源，均由“中央信托局”统一配售，实际上还有走私等来源。

（二）开放黄金进口和自由买卖

开放黄金进口和自由买卖的过程和规定如下：

1. 过程

早在 1978 年年底，在决定建立外汇市场的同时，也准备开放民间的黄金进口，并允许自由买卖。但由于 1978 年 12 月 16 日中美宣布于 1979 年 1 月 1 日起正式建立外交关系，引起了台湾当局极大的震动，原定即期建立的外汇市场，延期至 1979 年 2 月 1 日开业，而对开放黄金进口和自由买卖的计划，决定在短时期内不予考虑。

1984 年台湾当局提出“经济自由化、国际化、制度化”的长期发展方针。所谓自由化，就是减少不必要的行政干预，强化市场机能，提高资源使用效率。所谓国际化，就是扩大经济开放程度，充分发挥国际贸易的比较利益，提高竞争能力。所谓制度化，就是规范经济行为，维护经济秩序。

1986 年 11 月，当局决定开放黄金进口和自由买卖。做此决定，主要是基于以下几个方面的考虑：一是贯彻金融自由化、国际化的方针；二是减轻外汇过多的压力；三是增加社会储蓄工具，减轻对市场的压力；四是消除黑市交易的不良影响。

2. 规定

1986 年 10 月 30 日“财政部”转发“行政院”关于“黄金进口及买卖管理办法”的有关规定如下：

（1）关于种类的规定

开放进口及自由买卖的黄金，包括金条、金块，金片、金锭、金币、金饰以及黄金原料及半成品等种类。

（2）关于进口的规定

以下列为限：

一是“中央信托局”得受托和自行进口黄金；

二是经“中央银行”特许的外汇指定银行得进口国外银行委托销售的金币；

三是银楼业经登记为贸易商者，得进口金条、金块、金片、金锭、金币及金饰；

四是从事工业生产需要以黄金为原料的工厂，经过“经济部”的证明，得进口金条、金块及其黄金原料和半成品。

（3）关于自由买卖的规定

一是“中央信托局”及银楼业者买卖金条、金块，其买卖价格应逐日挂牌；

二是黄金在省内买卖，一律现货交易，不得进行期货交易。

（4）关于课税的规定

关于进口税。黄金条块金币的进口税，原定为 2.5%，后改为每台两课征新台币 100 元，1989 年 8 月 9 日取消了这一规定。

关于营业税。黄金条块金币买卖课征营业税，原订为 5%，这一规定已于 1988 年 7 月起免征。

关于加值营业税。规定饰金买卖课征 5% 的加值营业税。对此银楼业者颇有意见，认为饰金买卖应比照条块免税，要课也只能是加值部分，不应将原料金和加值（工资）部分合并课税，以使税负公平。这一问题至今尚未解决。

（5）关于开放黄金出口和银行销售黄金条块的问题

开放黄金进口和自由买卖，但不开放出口，当初主要是怕资金外流，准许银行销售金币而不准许销售条块，主要是考虑银行缺乏这类人才。

后来“财政部”决定放宽这两方面的限制，一是考虑到对外汇的管制已经放宽，1987 年 7 月宣布放宽为每人每年可以汇出 500 万美元。二是考虑到开放银行业对黄金条块的买卖，是实施金融自由化的一个方面，而且世界各国银行业都充当黄金买卖的主要角色。

问题是，1988 年“财政部”拟开放黄金出口的同时，开放银行销售黄金条块的消息被银楼业获知，极力反对，并通过“国会”议员对“财政部”施加压力，因而此举延缓至今未见实施。

（6）旅客携带金银外币及新台币出入境的规定

在实施上述办法的同时，公布了“行政院”修订的“携带及寄送金银外币及新台币出入境限制办法”主要规定是：

①旅客携带金银入境不予限制，但应向海关申报。黄金超过62.5克者，由海关发给输入许可书，并依法纳税（后取消）。

②旅客携带外币入境不予限制，但应向海关申报，并依规定兑换新台币。

③旅客出境携带金银饰物及外币，以下列数量为限：

——金饰金币各62.5克

——银饰银币各625克，

——外币总值美元1 000元（后改为5 000元）

④旅客出入境每人携带新台币以8 000元为限（拟放宽为40 000元）。

携出各种硬币以20枚为限，超过限额者，应向“财政部”申请核准；

⑤金银、外币、银圆及新台币不得以邮件寄送出境。

（三）台湾的黄金价格和计量单位

列举两个时期的价格如下：

种类	卖出价	1989. 12. 29	1990. 3. 27
足金首饰（每台钱）	台北市	新台币1 345元 合51. 40美元	新台币1260元 合47. 70美元
黄金条块（每公斤）	“中央信托局”	新台币341 076元 合13 033美元	新台币315 935元 合11 967美元
国际金价（每盎司）	伦敦（现货收盘价）	401美元	367美元

台湾当时使用的黄金计量单位有英制、台制、港制、公制四种：

1.1英两 = 31. 103 5克（盎司）

=0. 831 0港两

=0. 829 4台两

2.1台两 =1. 205 6英两（盎司）

=1. 001 9港两

= 37. 492 64克

3.1港两 =1. 203 37英两（盎司）

=0. 998 2台两

=37.425 15 克

4.1 克 =0.032 15 英两（盎司）

=0.026 72 港两

=0.026 67 台两

二、黄金储备大幅增加

台湾有多少黄金储备？据截至 1989 年年底，台湾“中央银行”所保有的黄金储备为 1 353.7 万英两，主要是 1988 年从美国大量购买黄金而使存量大幅增加。在此之前的 1977 年的黄金存量只有 700 多万英两，这 700 多万英两，也是由于连年外贸出超，所累积起来的存量。

1988 年台湾进口黄金达到高峰，进口总量超过 400 吨，取代日本成为世界最大的黄金买主。购买的黄金总量中，约 180 吨的买主是台湾的“中央银行”，约 200 吨的买主为私人所购买，其余为私运进口的“黑市”黄金，仅前两项共约 380 吨，即占西方世界 1988 年黄金开采量的 1/4。

关于“中央银行”购买黄金的情况，据“行政院”的官员说，1988 年“中央银行”从美国购进黄金 582 万英两，计 26.2 亿美元，1989 年继续从美国购进黄金 5 万英两，计 1 800 余万美元。连同原有的黄金存量，到 1989 年年底，全部黄金存量为 1 353.7 万英两，成本合计为新台币 1 524.6 亿元，约合 58 亿美元。

台湾为什么从美国大量进口黄金？ 20 世纪 80 年代中期以后，由于台湾对美贸易连年大幅出超，台美贸易摩擦加剧，美国不断压新台币升值，台湾感到压力很大。1988 年，台湾为减少对美贸易出超，大量从美国进口黄金，以为这样可以缓和台美贸易紧张关系。但此举却遭到美国的反对，认为这种人为的降低台美贸易不平衡关系，没有什么实际意义，只不过是降低了台湾“中央银行”的外汇储备，增加了同额的黄金储备；而且美国还认为黄金不是外贸出口，只是币值交换；认为台湾这种做法是一种金融性投资，而非进口商品。之后，台湾的“中央银行”再没有从美国进口黄金，台湾当局采取分散外贸市场的办法，来缓和台美贸易的不平衡关系。

1988 年台湾除了从美国大量进口黄金外，还从南非、英国、瑞士与香港等地进口了相当数量的黄金，但在 1989 年以后进口量都有所下降。台湾进口黄金的种类，以金块、金条占绝大部分，也进口少量的金币，前者约占进口总量的 98% 以上，后者不到 2%。

台湾大量进口黄金，助长了国际黄金价格的上涨，而在金价回落之后，遭受了重大的损失。台湾从美国购买黄金之时，正是国际金价的高档时期，是以每英两 450 美元的高价所购进，之后金价节节回落，到 1989 年就回落 300 多美元 1 英两；而大量购进的黄金存放在金库里又不能孳生利息，损失惨重；还经常为外界所非议。“中央银行”的官员则表示，买入黄金的目的，主要是改变外汇储备的结构，并充足新台币发行的信用准备，并不是为了炒作，“不卖不赔”。“中央银行”是有苦难言，还要花几年的时间，分次摊销因购进黄金价格而造成的损失。80 年代，台湾对美贸易出超和台湾的黄金储备统计如下表：

年份	台对美贸易出超（亿美元）	台湾的黄金储备（万英两）
1980	21	318.8
1981	34	325.8
1982	42	374.5
1983	69	411.4
1984	98	446.4
1985	100	501.2
1986	136	557.4
1987	160	766.7
1988	104	1 348.7
1989	120	1 353.7

三、最值钱的文园金库

台湾最值钱的山洞——文园金库，“中央银行”的黄金储备就存在这个金库里，这是“立法委员”通过一次参观之后才公开的。之前一直极为机密，就连监督“中央银行”业务的“立法委员”也无缘进入金库一探究竟，以致外界多有传言，甚至怀疑“中央银行”的黄金被偷运外国出售。

1990 年 3 月，在“立法委员”一再追问下，“行政院”的官员对黄金存放的地点终于公开做了说明：所有库存黄金都存放在台北市郊新店溪旁的文园金库，除有金库安全监控系统设施外，并派有一连宪兵担任警卫。“行政院”的官员强调说，黄金库存地点，对监督机构如民意、审计、主计及新台币发行监理委员会等单位，并未保密。

1993年11月，“中央银行”总裁谢森中同意“立法院财政、预算两委员会”的“立法委员”的要求于13日赴文园金库参观，也是首度对“立委”开放参观。但以安全和金库空间窄小为由，不同意媒体前往采访。

“立法委员”参观后描述，文园金库位于台北县新店市台湾电力公司龟山发电厂附近，地点十分隐秘，四周夹杂许多民房，如果不经人指点，根本看不出这就是储存400多吨的“中央银行”金库。金库的外围有高达1.5米的围墙，为安全起见，还特别派有50多名宪兵驻守，到处可以看到宪兵站岗，安全无虑。

“立法委员”经过层层警卫，进入金库，首先感觉的是一股浓厚的霉味，说明金库的大门平时深锁，使藏在金库内的黄金不见天日，才有霉味出现。金库约有两间教室长，一间教室宽，分成一库和二库。除藏有黄金外，还有部分白银，这些黄金和白银分开放在二层的铁架上，并在上头贴有封条。除了铁架上的黄金外，还有部分黄金储放在木箱中，以封条加封。

“立法委员”参观后，只能有一个大概的印象，不可能去清点黄金的数量，具体的情况，还得听“中央银行”的简报。

根据“中央银行”向“立法委员”简报的资料，文园金库中储存的黄金共有421. 707吨，大部分是重量400英两（12.5公斤）的金块，最小的金条只有5克重，是“中央银行”发行金币留下来的，大大小小的金块和金条的总数为32 857块条，大都是成分998或999的黄金。关于白银的数量则有55. 270吨。至于国民党退台时，从大陆运台的黄金只有4吨多，按当年价值约在5 000万美元左右，且因年份已久和成分不佳，大都已经褪色，与其他的黄金块条可明显区分。（大陆运台的黄金只有4吨多，有待研究，见后文。）

“中央银行”的官员强调，向外国采购的黄金，都已运回台湾储存，虽然国际金融界流行在海外寄存黄金，以减轻搬运时的风险与不便，但是中国人迷信“眼见为真”，加之台湾国际地位不明确，所以“中央银行”持有的黄金都在岛内，几乎都存放在新店文园金库。

四、“中央银行”持有的黄金是否都存放在岛内

据台湾（经济日报）1994年3月31日的报道，位于曼哈顿、离华尔街不远的联邦准备银行，1994年3月29日，开放给驻纽约的外国记者参观一个地下金库，其中就有台湾的记者。联邦准备银行的官员索德尼克说，这个距地面约五层楼高、约有半个足球场大的地下金库里，有约60个国家总值1 260亿美元的黄金存放

在各钢制栅栏里，每块金砖不标明归属国，只有联邦准备银行知道哪一个栅栏里的金砖，属于哪个国家。

索德尼克针对台湾记者提问时说，台湾储存在美国的黄金就在这个地下金库，但他不肯透露台湾有多少金砖存在这里，他说这是绝对秘密，对任何人都不能说。但可以确定，在60个国家和地区中，台湾是其中的大户之一。

索德尼克说，这个地下金库的外门用240吨钢制成，内侧钢门重90吨，金库具有防盗、防火、防水、防震、甚至防核战设施，是全世界最安全的地方，并说，台湾的黄金存放在这里，最安全不过。

五、大陆运台黄金之谜

1949年1月21日蒋介石“引退”前后，到1949年5月27日上海解放之前的这段时间，蒋介石密令从上海的中央银行运往台湾的黄金究竟有多少，众说不一，成为人们关注之谜。

（一）众说纷纭有多种原因

包括台湾“中央银行”的报道和查阅大陆有关蒋氏父子10多种出版物的相关资料，蒋介石密谋筹划下，其亲信从上海中央银行一共运走了多少黄金，历来说法不一。从12万英两、50万英两、100万英两、120万英两、280万英两、直到390万英两的种种说法都有；甚至有的说，当时蒋介石要汤恩伯坚守上海，就是为了抢运库存黄金；还有的说有一艘兵舰由于超载装运而在海中沉没。

为什么会有这么多的说法？这有多种的原因：一是蒋介石“引退”后，已是一介平民，一介平民指挥亲信搬运库存黄金，是不合法的，不得不十分慎重。二是蒋介石密令其亲信运走黄金是在极为隐秘的情况下进行的，既要不让李宗仁代总统知道，怕遭到阻拦；又顾虑中央银行某些同人的反对，因当时已是风声鹤唳，人心惶惶，已有反对转移黄金、外汇、账册的声浪，因此，真正知情的范围很小。三是从上海中央银行搬运黄金不止1次，前后达3次之多，有的直接运往台湾，有的先运到厦门再运转台湾，所以在大陆的多种版本中，有的可能只知其一，不知其二。四是在大陆的多种版本中，也不乏互相转抄甚至传言猜测者。

上述问题和蒋氏运走黄金的真实情况，有待以下资料来引证。

（二）蒋经国当时的日记

《危机存亡之秋》，是蒋经国在大陆最后一部日记。下面是有关运台黄金的记载：

1949年1月10日　今日父亲派我赶至上海访俞鸿钧先生，希其将中央银行现金移存台湾，以策安全。

1949年1月16日　父亲约见俞鸿钧、席德懋（当时为中国银行总经理——笔者）二先生，指示中央、中国两银行外汇处理要旨，盖欲为国家保留一线生机也。

1949年1月21日　今日是父亲“引退”的一天。父亲下午4时乘飞机离开首都南京，飞往杭州。22日上午10时，全家随伴父亲乘飞机离杭，回到家乡的奉化溪口。

1949年2月10日　中央银行金银之转运于安全地带，是一项重要工作。但以少数金融财政主管当局，最初对此事不甚了解，故经过种种之接洽，说明与布置，始能将部分金银运存台湾和厦门，上海只留20万两黄金。

1949年3月11日　孙（科）内阁已于8日宣布总辞职，何敬之先生本日受命组阁。何内阁当时面临三大困难之一是：运至台厦的存金，李宗仁必欲全部动用。

1949年3月22日　李宗仁发动部分立法委员，要求政府将存台、厦现金运回，期做半年之用，用完了事。此种卑劣阴谋，不惜断送国脉民命，且以之资共以为快也，可痛！

1949年5月3日　李宗仁突然由桂林致函父亲谈人事、军权、财政等“条件”。他要索取已经运到台湾的库存现金，并且要求父亲不要再过问国事，建议最好早日出国。父亲乃函复何院长，请转达李代总统及中央诸同志。其答复之为：“前在职时，为使国家财富免于共党之劫持，当时下令将国库所存金银转移安全地点；引退之后，未尝再行与闻。一切出纳收付皆依常规进行，财政部及中央银行簿册具在，尽可稽考。任何人亦不能无理干涉，妄支分文。”

以上是蒋经国的日记中，从1949年1月10日到1949年5月3日有关运台黄金的记载。其中提到运台黄金共有3次。至于究竟运走了多少黄金，蒋经国的日记中虽未说明具体的数量，但是一个不容置疑的事实是：上海只留下20万两黄金，其余都全部运走了。从蒋经国的日记中也说明，李宗仁虽几次索要运走的黄金，但始终未得到分文。

（三）台湾媒体有关的报道

根据所见到的台湾媒体的报道，大陆运台黄金的数量有多种说法。

一是4吨说。上文《储存黄金的文园金库》中，“立法委员”参观文园金库时，“中央银行”的简报中说，从大陆运台的黄金只有4吨多，按当时的价值约在5 000万美元左右。经核算，4吨应是40吨之误。如果按40吨折算成英两则为 128.6 万英两，按当时的官价 35 美元兑换 1 盎司黄金计算，价值约为 4 500 万美元，与 5 000 万美元大体差不多。

二是 100 万英两说。据台湾《中央日报》1994 年 6 月 18 日的报道：国民党 1949 年从大陆运台黄金为 100 万英两。

三是几百万英两说。据台湾的《台湾日报》1989 年 11 月 27 日报道：曾任台湾“行政院长”郝伯村说，国民党撤退时将几百万两黄金运至台湾。

四是 33 吨说。据台湾《经济日报》1998 年 3 月 31 日的相关报道，“中央银行”副总裁许嘉栋表示，“央行”目前库存黄金约 420 吨，其中仅 33 吨（约合 106 万英两）来自大陆，占全体黄金存量的 7. 9%，大部分黄金是国民党来台后所购进。他表示，“央行”在台复业时有部分资料已不可考，因此，无法确知当初究竟从大陆运来多少黄金。许还表示，大陆运台的黄金在台湾外汇短缺时确实在周转上提供了一些帮助。

许嘉栋在这里所说的 33 吨来自大陆是指目前的库存数字，至于当初究竟从大陆运台多少黄金，“央行”在复业时有部分资料已不可考。这种情形在当时是可能的。“中央银行”于 1949 年 12 月由成都撤台北后，直到 1961 年才正式复业，其间人员的更迭，黄金的动用，账册的移转，都有可能影响部分资料不够完整。但也不能完全排除有某种顾虑的可能性。

还有一项资料则比较具体。据台湾《经济日报》1994 年 1 月 17 日的相关报道，有学者指出：根据原“中央银行”稽核处处长的回忆，自大陆运台三批黄金共计 277.5 万余两，银圆 1 520 万元，美元 1 537.4 万元。并引证说：据南京《民国档案》季刊所列中央银行资料。黄金的数目大约相当，但直接运台的银圆，可考者仅 146.9 万，其余可能自广州、厦门转运来台；美元尚未见诸资料，但数字也许可信，因 1949 年台湾实行币制改革时，当局曾拨出 1 000 万美元作为进出口之用，且有一部分为发行准备。

下面一项资料最为可靠。1961 年 7 月 1 日“中央银行”在台复业蒋介石的书面训词中说：“大陆撤退，库存无损，对复兴基地财经之稳定裨益实多，尤堪嘉慰。”

以上台湾媒体的报道也说法不一，尤其是官方的“中央银行”理应掌握这个数据。事情已过去了半个多世纪，已不是什么秘密档案，从历史的角度来研究，至少可以从以下几个方面说明大陆运台黄金的数量。

一是，大陆的黄金运到台湾的初期，当时台湾的财政非常拮据，军政支出浩繁，钱从何处来？美援恢复是在韩战爆发之后。据1994年中共中央党校出版社出版的《蒋介石揭秘》一书中，有关大陆的黄金运台后，蒋经国有评论说：“政府在搬迁来台的初期，如果没有这批黄金来弥补，财政和经济形势，早已不堪设想了，哪里还有这样稳定的局面？古语说无粮不聚兵，如果当时粮饷缺乏，军队给养成了问题，那该是何等严重？”

又据1960年6月2日台湾《自立晚报》报道，严家淦在接受记者采访时称：“来台湾的几年间，我们在财政上没有遇到多大困难的原因，都是俞（鸿钧）先生的贡献。”（按：严家淦1950年曾任“财政部长”，1960年任台湾省主席）这里所说的俞先生的贡献，就是俞氏将大陆的大批黄金运到台湾。

二是，1949年6月，台湾实行币制改革，决定发行新台币。由当局拨出黄金80万两和外汇1 000万美元，作为币制改革基金，这80万两黄金，显然是由大陆运台黄金中的一部分。

三是，在币制改革的同时，当局为稳定币值，举办过黄金储蓄，即存黄金，本息支付黄金，所谓大黄金生小黄金，也可以用新台币按当时的黄金牌价折成黄金储存，同样以黄金支付本息。后因官价与市价拉大，到1950年年底前就停办了。但在举办黄金储蓄的初期，也得先由银行拿出一部分黄金作为周转之用，这部分周转的黄金，也只能是从大陆运台的黄金中调用。

基于以上情况，从大陆运台的黄金无论是40吨还是100万英两之说，都不太符合实际情况，只能小于实际。

（四）大陆相关资料的揭秘

大陆有关蒋氏父子十多个版本的书籍中，都有运台黄金的内容，说法有同有异。先说明几个主要问题：

1. 为何留下20万两黄金未悉数运走？

1949年2月10日蒋经国的日记中提到上海只留下20万两黄金，是何原因？

据有关知情者何善垣回忆，当蒋经国与俞鸿钧在一个夜晚召集有关人员举行秘密会议时，有人反对把黄金等全部运走。反对者对俞氏说，你在任南京国民政府财政部长和中央银行总裁之前，曾任上海市市长，现在自应为上海市民着想；如将全部库存运空，则市面将何以维持？会议经反复讨论，决定留下20万两黄金。

2. 运台黄金的具体执行人俞鸿钧当时不是“中央银行”总裁？

据台湾《联合报》1960年6月20日登载彦远在《俞鸿钧先生的风范》一文中说，

也许有人认为俞氏当时既为中央银行总裁，筹划启运在上海的库存黄金至安全地点，本为其职责以内的事。其时，俞氏当时并不在中央银行总裁任内，当时的中央银行总裁是财政部长刘攻芸兼任（据查，俞鸿钧任中央银行总裁是民国三十七年5月至三十八年1月，刘攻芸任中央银行总裁是民国三十八年1月至6月——笔者），俞氏不但已经离职中央银行，而且他当时也不在上海。后因上海情况紧急，李宗仁态度暧昧，鉴于中央银行库存黄金对国家命运的重大影响，俞氏乃奉命冒险从香港飞往上海，运用他个人与中央银行在职人员的渊源关系及影响力，筹划部署，将库存黄金运来台湾。

又据华文出版社1999年10月出版《蒋介石宋美龄在台湾的日子》一书中，对俞氏有如下一段文字："李宗仁到底知道此事，大为震怒，立即将俞鸿钧撤职，委任财政部长刘攻芸代理中央银行总裁。然而不久之后，蒋经国密电在香港的俞鸿钧回上海，在汤恩伯的协助下，利用俞氏与中央银行的关系，瞒过李宗仁和刘攻芸，将剩余黄金、美钞又运往台湾，李宗仁气得发狠：'蒋氏无耻至极！'但却无可奈何。"

3. 中央银行在上海的库存黄金是怎样运到台湾的？

在从上海中央银行运走黄金、银圆的过程中，俞鸿钧起到至关重要的作用。据台湾《中央日报》1960年6月2日刊登王康《平凡中的伟大》一文中称："俞氏不声不响，与当时任台湾省主席陈诚函电密商，决定将黄金全部运台。在某一个深夜，海军总司令桂永清密令军舰一艘，停泊在上海黄浦滩中央银行附近的码头边，中央银行附近的街道，临时戒严，将一箱一箱的黄金悄悄运上军舰，在天未破晓以前，该军舰已驶出吴淞口，以最大的速率，驶向基隆。两天以后，陈主席打电报给俞氏，全部黄金已妥藏在台湾银行的保险库内，坐在外滩中央银行总裁办公室里的俞氏，这时才感到肩膀上的千钧重担豁然减轻。"

4. 传言一艘兵舰由于超载装运在海中沉没是怎么回事？

有轮船沉没一事，但不是装运黄金。

据《中国银行史》（中国金融出版社1995年版）一书中记载：1949年1月下旬，中央银行租用"太平号"轮船，将一批重要档案、账册运抵台湾。船到舟山洋面，被一艘国民党海军兵舰误撞沉没，6名押运人员有5人葬身大海。消息传到上海，各行、局职工大为震惊。中共地下党上级党委，及时向职工群众提出广泛开展"反对逃跑，反对迁移"的宣传活动。

中央银行为死者开了盛大的追悼会。在追悼会上群众纷纷指责央行当局，说这 5 位职工是由于行政当局执行国民党政府逃跑台湾的错误决定而丧生的；并提出“反逃跑，反迁移”的口号。其他行局也开展了反对将库存金、银、外币、档案、账册迁移台湾的宣传。

上面的篇幅归纳起来主要说明以下的问题：

（1）从蒋经国的日记中可以得知，除给上海留下 20 万两黄金外，其余全部运走；

（2）传言一艘超载装运的船只沉没海中并非装运黄金；

（3）执行搬运黄金的关键人物是俞鸿钧，而且是在极为隐蔽的情况下进行的。

5. 运台的黄金对解决台湾当时的财经困境和社会稳定起到十分重要的作用。

至于蒋介石从上海中央银行究竟运走了多少黄金，在多种说法中，下面的资料被认为是比较可靠的。

《李宗仁回忆录》一书中有：“据当时检察院财政委员会秘密会议报告，国库库存金钞共值 35 000 万美元。此数字是依据中国公开市场的价格计算；若依照海外比值，尚不止此数。库存全部黄金为 390 万盎司，外汇 7 000 万美元和价值 7 000 万美元的白银。各项总计约在美金 5 亿上下。”

《蒋介石宋美龄在台湾的日子》一书中有：“运往台湾的黄金 280 万两，美钞 1 537.4 万元，银币 1 520 万元。正是这笔资金，保住了台湾的经济命脉。这个数字与原‘中央银行’稽核处处长的回忆是一致的。”

1989 年 11 月 7 日《台湾时报》报道：曾任台湾“行政院长”郝柏村称：“国民党撤退时，将几百万两黄金运至台湾。”说明不是一个小数目。

《蒋介石揭秘》一书中说：“根据比较可靠的资料，蒋介石运走国库的黄金应为 297.3 万余两，此外还有银圆 1 640 万元，这些全部运到台湾；还有 1 537 万美元外汇存入美国联邦银行的国民党政府账号。”

就上述比较可靠的数据而言，说法也不完全一致，因此，要确切判断何种数据最为可靠是比较困难的。但是可以得出这样的概念：蒋介石从上海中央银行运台黄金的总量大体上在 280 万两至 300 万两之间。

东南亚金融风暴对台湾的影响

1997 年下半年开始发生的东南亚金融风暴，其延续时间之长，波及范围之广，问题之严重，影响之深远，为历史所罕见。有关的报道、评论、分析文章很多，本文就这次金融风暴的形成和原因，以及对台湾的影响分述如下。

一、东南亚金融风暴的形成和原因

东南亚金融风暴是怎样形成的，主要原因是什么，对各国经济影响多大，根据有关资料，分别作些探讨。

（一）最初始于泰国

东南亚金融风暴是在1997年五六月间从泰国开始的，5月间泰国的外汇市场开始受到冲击，7月2日，泰国将固定汇率改为浮动汇率，引起泰铢大幅贬值，股市重挫。受此影响，菲律宾、印度尼西亚、马来西亚等国货币相继大幅贬值，股市重挫，于是形成了东南亚金融风暴，并波及香港、台湾地区。

到10月以后，蔓延到韩国，韩元大幅贬值，股市重挫，大公司纷纷倒闭，来得相当突然。11月前后，日本的三洋证券公司、北海道拓殖银行、山一证券公司、德阳城市银行等金融机构先后倒闭，形成信用危机。东南亚金融危机还迅速传播到世界各地，使世界各大股票市场产生动摇，也使世人感到金融世界深不可测，未曾预料到何以会出现这样严重的金融危机。

（二）有内外两方面的原因

东南亚发生金融危机，有人指责是国际投机客的大力炒作，有人批评是由于东南亚国家政经体制的脆弱性。实则两者兼而有之，应该说内部原因是主要的，大体有如下几方面的问题：

一是经济发展过热，经济结构失衡，尤其是引进的资金大量用于房地产开发，房产过剩，市场萧条，无力偿还债务，出现泡沫经济。

二是金融体系不健全，在经济快速发展的过程中，忽视金融风险问题，不顾自身条件不成熟而过快地推行金融自由化，又缺乏金融风险监管机制；加上金融机构本身的腐败，坏账过多，不良资产有增无减，更加深了国际投资者的信心动摇。

三是举债过多，依赖性太大，而且引进外资的结构不合理，一年期以内的短期外债过多，又用于长期投资，到期偿还不了债务，必然引发金融危机。

四是由于过度投资，进口大幅超过出口，经常账长期呈现巨额逆差；加之外汇储备不足，而且实行与美元挂钩的固定汇率制，缺乏弹性，使本国货币币值高估，一旦抵挡不住冲击，弃守汇率，必然要出现本国货币大幅贬值，造成连锁反应。

五是有些国家政局不稳，如泰国在当时的11年内换了9位总理，11位财政部长、4位中央银行行长，这就很难熟悉全面情况和坚持政策的一贯性。又如印尼的苏哈托当了32年的总统，还要连任一次，而且其家族具有特权，垄断了印尼的经济资源，不能不引起人民的反对。1998年5月，因国内物价上涨引发了一场反苏哈托的政治风暴，苏哈托被迫宣布下台。影响所及，更加深了其经济金融危机。

至于外部原因，也不能忽视。由于世界经济日趋全球化，资金迅速移动，每日全球约有上万亿美元的资金并非由于供需关系而是进行投机活动，只要有机可乘必然侵入。东南亚国家由于内部原因抵挡不住国际货币投机者的冲击，因而引发金融危机，所以马来西亚总理马哈迪尔多次大骂美国大炒家索罗斯是这次金融风暴的罪魁祸首。当然，内部原因还是主要的，如果一个国家的金融体制良好，就会增强抗御力，投机者也无隙可乘。

（三）对各国经济的影响

这次发生的东南亚金融风暴，由于各个国家的自身情况不尽相同，受影响的程度也不完全一样，以印尼、泰国、韩国最为严重。截至1998年4月，这一波及全球的金融风暴还在余波荡漾，尚未完全结束。但是受创伤的国家正在寻求各种办法，摆脱困境，恢复信心，重振经济；泰国、印尼和韩国已经取得国际货币基金组织的援助。但印尼在发生反苏哈托政治风暴后，原来国际货币基金组织同意给予400亿美元的援助，又处于暂时停顿状态。

恢复和重振经济会有一个过程。一般估计，大体需要一年半到三年的时间，印尼将会更长一些。1998年是这些国家最困难的一年，由于企业倒闭，失业增加，通货膨胀上升，改革会出现阵痛，经济会出现萎缩，经济增长率会有不同程度的下降。

据国际货币基金组织1998年4月公布的《世界经济展望》报告，该组织1998年4个月来第二次降低了它对世界经济增长速度的预测数字，指出：最糟糕的情况可能是在亚洲一些地方，在那里，一度迅速增长的经济正在陷入衰退。虽然印尼的前景仍然难以预测，但在其他地方，进行必要的改革和调整的力度显然在大大增强。随着必要的政策的执行和外部政策的改善，在1998年应能逐渐恢复信心，为1999年适度反弹到2000年有力回升铺平道路。

1998年4月，国际货币基金组织对受危机影响的亚洲主要国家和地区的

GDP 增长率预测如下表：

单位：%

	1997 年实绩	1998 年预测
全球	4.1	3.1
印尼	5.0	-5.0
泰国	-0.4	-3.1
韩国	5.5	-0.8
日本	0.9	0
中国大陆	8.8	7.0
中国台湾	6.8	5.0
中国香港	5.3	3.0
马来西亚	7.8	2.5
菲律宾	5.1	2.5
越南	7.5	5.0

二、东南亚金融风暴对台湾的影响

东南亚国家发生的金融风暴，对台湾有一定的影响，不过与受创国家比较则要轻微得多，但也经历了汇市、股市受到震荡的过程。

（一）台湾受金融风暴影响的经过

之初，台湾对这次金融风暴的严重性估计不足，也相当自信，过高地估计了台湾的自卫能力。当汇市受到冲击，先是提出稳定汇市为首要任务，采取防卫措施，7 月底，主动放任新台币汇率大幅贬值 1 元，新台币防线由 27.8 元兑 1 美元退到 28.8 元，原以为这样可以化解市场的预期心理；之后，“中央银行”坚守 28.8 元价位，并表示要长期抗战。但是到了 10 月 17 日，“中央银行”突然宣布弃守汇率价位，随即新台币汇率大幅贬值 2 元，突破了 30 元兑 1 美元。

“中央银行”突然弃守汇率价位，当时的说法，是由于股市出了问题，要拯救股市，并提出稳定股市是重点。“中央银行”一时说稳定汇市是重点，一时说稳定股市是重点，而且来得十分突然，弄得外界莫名其妙，颇多质疑。

以上就是在这次金融风暴中台湾受到冲击的简单过程。

（二）台湾受创较轻及其原因

如果以1997年下半年货币贬值的幅度加上股价指数下降的幅度的合计，来衡量此次金融风暴受创的程度，则以台湾下降幅度24%为最轻，其次是香港下降29%（主要是股市受创），以下为新加坡和日本均各下降38%，菲律宾下降68%，泰国下降78%，马来西亚下降80%，印尼下降94%，韩国下降97%，可见印尼和韩国是这次金融风暴受创最严重的两个国家。

台湾受创较轻主要有下面一些因素：

一是台湾的基本面较佳，每年都有6%左右的经济增长率，对外贸易经常出超，外汇储备一直保持在800亿美元以上。

二是外汇管制没有完全开放。如对外国法人投资台湾股市，到1998年1月的限制规定是：每一华侨或外国人，投资台湾任一发行公司的股份总额，不得超过该公司已发行股份总额的15%，全体华侨和外国人投资台湾任一发行公司的股份总额，不得超过该公司已发行股份总额的30%；当时侨外资投入台湾股市的总额只占台湾股市总市值的3%左右。

又如台湾对外汇的流动也只局限于商品贸易所需，对自由汇款到1997年6月的规定是：公司行号每年自由结汇额度以5 000万美元为上限，个人每年自由结汇额度以500万美元为上限。

再如外人在台开设新台币账户也有限制规定：包括自然人和法人的外国人的新台币存款上限为10万美元，且仅限于活期存款，海外金融机构不得适用。

以上外汇管制，使得投机客几乎不可能累积大量部位打压新台币。

三是台湾的经济结构是以占95%以上的中小企业为主体，中小企业多以自有资金为主，经营灵活，风险意识高，应变能力强。

四是台湾的金融体系比较健全，尤其是经过1995年以来发生的国际票券金融公司事件、华侨银行事件和几十家基层金融机构挤兑事件，有关财金当局一直在着手改革金融体系存在的问题，加强金融监管，也有利于抗拒这次风暴。

台湾1995-1996年发生的金融风暴

台湾地区从1995年7月爆发彰化市第四信用合作社事件以来，随即爆发国际票券金融公司事件、华侨商业银行事件、众多的农会信用部事件、台东区中小企业银行事件、高雄区中小企业银行澎湖分行事件。截至1996年6月底，仅据收集到的资料，上述事件共发生28起，其中农会信用部就占23起。另据台湾省合作金库统计，未被曝光但流失存款而向合库求援的基层金融机构有二三十家之多。

一连串的金融风暴事件，涉及范围之广，金融机构之多，延续时间之长，历年罕见。有的说1995年是台湾的金融风暴年；有的说一个接一个的金融风暴就像发鸡瘟一样；有的说金融风暴像一颗颗埋在地下的不定时炸弹；有的说应该把台湾推行的"亚太营运中心"改为"亚太金融风暴中心"。

现根据台湾的有关资料，将有关金融风暴之形成过程、原因、处理结果，以及暴露出台湾在金融管理方面存在的问题，分述如下：

（一）彰化四信事件

在台湾，信用合作社和农渔会信用部，并称为台湾基层合作金融机构。信用合作社属于城市型，农渔会信用部属于农村型。台湾省合作金库是这些基层金融机构的"小中央银行"，负责调节其资金余缺，并负有检查监导之责。截至1995年年底，信用合作社共有73家，分社556家。

1995年下半年以后，台湾接连发生的金融风暴，最早是从彰化市第四信用合作社（以下简称四信）开始的。

1. 四信背景

彰化四信具有地方派系色彩。时任理事会主席苏振辉，是1962年创社的元老，做过台湾省议员，也是彰化县"白派"的精神领袖（彰化县分红、白两派）。时任监事会主席赖志腾，曾担任彰化市市长。时任总经理叶传水，是跟随苏振辉多年的亲信，也是四信事件的关键人物。彰化四信与日丰证券公司有着特殊的往来关系。

2. 案发经过

1988年叶传水、赖志腾等筹组成立日丰证券公司。1990年起，日丰证券公司先是向民间金主借款，从事股市丙种垫款业务（即提供资金供给他人买卖股票，从中获取优厚利差），后因无法因应大客户融资额度及客户积欠垫款之亏损，叶传水遂以亲友充当人头，以假存单真借款等方式，从四信套取大量违法贷款资金，转到日丰证券公司充作丙种垫款。到1995年7月，因股市低迷，加之我军事演习的影响，股价重挫，周转不灵，致使22亿元的冒贷无法清偿，问题败露。

1995年7月28日，传出四信总经理叶传水在股市做丙种垫款业务亏空20

多亿元，其人已行踪不明，29 日起即掀起挤兑风潮。

3. 停业清理

四信发生挤兑开始 .“财政部”的官员还强调四信经营状况一向良好，要存户放心。但挤兑愈演愈烈，从 7 月 29 日 –8 月 1 日 3 个营业日内，累计挤兑金额达 80 亿元，占该社存款总额的 1/3。又经调查发现，叶传水利用伪造存单质借等手段，亏空公款达 28 亿余元，而当时已无现金应付挤兑。于是“财政部”于 8 月 1 日邀集“中央银行”、省财政厅、省合作金库、中央存款保险公司组成的危机处理小组，连夜商讨对策，最后决定，从 8 月 2 日起，勒令四信停业，指定省合作金库接管清理后，再公布偿债原则。

4. 概括承受

四信遭“财政部”勒令停业，存款人不满情绪高涨，指责“财政部”出尔反尔，使民众受骗。由于民众对信用社的信心崩溃，迅速波及四信下属 7 个分社和彰化县及其邻近县市的部分信用社和农会信用部，都出现了不同程度的挤兑现象，连锁反应一发不可收拾，引起了高层的关注。

于是财金主管当局又紧急会商，迅速调整决策。从 8 月 4 日起，将原来由合作金库接管四信改为概括承受，恢复营业。所谓概括承受，就是四信的所有债权债务，都由有“小中央银行”之称的合作金库负责。并决定，由合作金库充分供应各基层金融机构存款户提领现金的需要，如有不足，由台湾银行就近全力支援，必要时由“中央银行”予以转融通。

8 月 4 日，合作金库人员进驻四信，“财政部”正式下令解散四信理、监事会，四信总社及下属 7 个分社更名为合作金库支库。从此提款人潮则不复出现，四信风暴事件告一段落，四信的招牌也从此消失。

5. 处理结果

8 月 7 日，叶传水在亲友处被检调人员拘捕到案，承认以各种非法手段先后挪用公款 28.4 亿元，大部分款项陆续流入股市从事丙种垫款。同时“法务部”调查局彰化调查站以背信、伪造有价证券、违反证券交易法等罪嫌，移送彰化县地检署侦办。9 月 8 日地检署侦察终结，将被告叶传水等 20 人提起公诉。

6. 弹劾人员

1995 年 12 月，“监察院”通过彰化四信弊案的弹劾案，“财政部金融局”局长陈冲、台湾省合作金库总经理林新源等 8 人被弹劾，弹劾理由是金融检查不落实，且事后又延误处理时机。

弹劾指出本案追究责任分为金融检查和案发后的处理两部分：

关于金融检查：（1）合作金库和“财政部”曾进行过5次检查，都没有查出叶传水作弊的问题；（2）叶传水和四信还曾被省财政厅评为优良并得奖；（3）金检人员在查核债权凭证时，采取抽查，或由受检单位代为核算；（4）检查后，接受例行招待餐叙。以上都有不当。

关于案发后的处理：“财政部金融局”局长陈冲，在接获案情后没有立即处理，仍对外表示四信营运良好；加上处理方式一改再改，使民众丧失信心。

至于“财政部部长”林振国和次长陈木在没有列入弹劾名单的原因，认为他们两人在本案决策责任的重点是，下令由合作金库概括承受四信是否适法，存在着争议，“财政部”坚持这一决定有据，待通过大法官会议解释后再作处理。对以上的弹劾，受弹劾的人员颇表不平，舆论则认为是“弃车保帅”。

（二）国际票券事件

1. 票券金融公司简介

1975年年底，台“中央银行”决定成立货币市场（即短期资金市场）。1976年5月，由台湾银行发起建立中兴票券金融公司，1977年1月，由中国国际商业银行发起建立国际票券金融公司，1978年12月，由交通银行发起建立中华票券金融公司。

票券金融公司的业务为，买卖国库券、可转让银行定期存单、银行承兑汇票、商业承兑汇票、商业本票及其他经“财政部”核准之短期债务凭证；担任商业票据之保证人、背书人或签证人等相关业务。上项多种信用工具中，多年以来一直是以企业筹组短期资金所发行的、经金融机构保证的商业本票占绝大比重。

2. 国票事件的爆发

国际票券金融公司（以下简称国票）的营业员杨瑞仁，以伪造商业本票方式，向台湾银行信托部诈骗巨额票款，投入股市炒作股票，因逢股市行情低迷，惨遭套牢，案情因而爆发。

时年仅29岁的杨瑞仁，1993年调国票板桥分公司后，利用分公司人手不足，内部控管不严，和本应由交易员与交割员分别由不同的人担任而由他一人兼管之便，1994年盗取大量空白商业本票，伪造10多家客户印章，乘机盗盖由分公司经理保管的保证章、签证章，待需要时就填上金额，然后卖给台湾银行信托部，并以假交易、真入账的方式套走资金。

杨瑞仁利用此办法，在不到一年的时间内，前后作案500笔以上，从台湾银行诈骗的资金累计高达387亿元，到案发时尚有未到期伪造商业本票金额102亿元。

3. 引发信心危机

1995年8月4日，国票事件爆发后，次日即引发投资人的信心危机，蜂拥至国票公司，当天国票办理提前解约求偿的票券金额达300亿元，次一营业日客户提前解约求偿的票券金额仍高达230亿元。这场风暴迅速波及中华、中兴2家票券公司，股市重挫248点，国票、中华、中兴3家票券公司上市股票惨跌；波及新台币对美元的汇率大贬，同业拆款利率大涨，债券市场停摆。金融市场出现了混乱状态。

国票案爆发时，正值两岸金融研讨会在北京召开，国票总经理赵国灿正在北京与会，不得不提前返台处理此案。

4. 采取紧急措施

国票保证的商业本票，金额高达1 000亿元，涉及广大企业的资金调度，如不采取措施，这场金融风暴可能演变成产业风暴。于是"财政部"和"中央银行"8月7日紧急会商后，决定由国票的股东银行——中国国际商业银行、农民银行、台北银行、台湾省合作金库及台湾银行给予支援，这5家银行如有资金需要，由"中央银行"充分给予转融通。

同时，"财政部长"林振国指出，企业以发行商业本票等方式筹措资金，国票案对企业短期资金调度多少会造成影响，今天采取的措施，就是希望能稳定整个货币市场，避免波及企业。并说，受国票的影响，中兴票券及中华票券都出现大笔资金需求，包括国票在内，都已充分供应。

之后，才安定了投资人的信心，缓和投资人继续前往国票公司解约求偿的风潮，使国票事件引发的市场混乱告一段落。

5. 债务余波未了

国票案对外风波虽告平息，但由此案衍生的102亿的债务应由国票承担还是由台湾银行承担的问题露出。经过5度协商，认为盖在伪造商业本票上的保证章，是国票公司的真实印鉴，国票有义务清偿票款，双方达成协议，由国票分期偿还台湾银行的票款和利息。

但事后，调查局又查出台湾银行信托部有职员涉及此案，并涉及台湾银行的高层主管，乃至时任"中央银行"总裁、曾任台湾银行董事长许远东的责任问题，使此项债务达成的协议出现新的变数，直到1996年6月止仍未得到解决。

6. 弹劾有关人员

1995 年 12 月底，“监察院”针对国际票券金融弊案，弹劾包括“中央银行”总裁在内的 6 名“中央银行”主管和台湾银行主管，指出：

（1）台湾银行信托部经理、副经理，贪图超高利率，盲目争取绩效，致陷于国票板桥分公司职员杨瑞仁之圈套，以违规交易程序，购买其伪造之商业本票总金额高达 387 亿元，高度集中风险，酿成严重金融风暴。

（2）台湾银行稽核室主任，未能切实执行职务，对该行信托部以违规交易程序，长期购买国票杨瑞仁伪造巨额商业本票之弊端，未能察觉，丧失内部稽核、控管之功能。

（3）“中央银行”金融业务检查处前任处长及现任处长，于任内监导该处人员检查不力，对国票案及台湾银行信托部内部控管松散、票券违规交易等情，未能及时发现纠正，以致酿成严重金融风暴。

（4）许远东的责任，分为在台湾银行董事长任内和担任“中央银行”总裁两部分：

1995 年 3 月以前在台湾银行董事长任内：

——逾越董事长职权，跳过总经理将职权集中于特意提拔的副总经理身上，并通过其掌控台湾银行业务，破坏制度，混淆权责，致台银信托部无人监督。

——任用信托部经理不当，又未贯彻轮调制度。

——未重视稽核室人力及专业能力不足，致稽核品质不良，丧失内部牵制之功能。

——未订定信托部业务手册，致承办人员无作业依据，以致错误百出。

1995 年 3 月任“中央银行”总裁后，未能重视金融检查业务，配合“行政院”所订发展台湾成为亚太营运中心计划，强化金检人员，发挥金检功能，致“中央银行”金融检查处人力不足的问题未获解决，未能发现国票之严重弊端，引发金融风暴，危害金融安定。

许远东遭弹劾大喊冤枉，认为“监察委员”弹劾的理由和事实“有 180 度的不符”，他承认可能有道义上的责任，也承认任用台湾银行信托部经理不当，并说他不会请辞，将向公务员惩戒委员会提出申辩，相信会还他清白。他还反驳“监委”的弹劾指出，“财政部才是金融最高主管机关”。

舆论对许远东多有反应，他曾说国票和四信是两件“芝麻小事”；并说对四信和国票的紧急处理，都是由于他的主导，风波才迅速平息，“我给自己打 100 分”。

对此曾引起社会上的不满。

许远东这次遭弹劾，舆论认为，“监委”不再只会打苍蝇，也会打老虎。还有的说，像国票这样大的弊案，总要有人负责，“监委”弹劾许远东，总算有了一个交代。“立法委员”则认为接连发生金融风暴，许远东、林振国都应辞职。

（三）华侨银行事件

1. 侨银简介

华侨商业银行（以下简称侨银）成立于1961年，是为鼓励海外华侨来台投资而设，也是台湾最早成立的4家民营银行之一。其他3家为上海商业储蓄银行、“中国国际商业银行”（由前“中国银行”改制）、世华联合商业银行。

侨银最早的主要资本来源是海外华侨，并无官方持股。

1984年因国泰信托极力介入侨银，“财政部”决定由“行政院”开发基金购买侨银股权，并派原农民银行总经理林立鑫转任侨银总经理。1995年6月，新偕中建设集团董事长梁柏薰，又极力介入侨银，购买亚洲信托郑周敏（华侨）拥有的15%侨银股权，成为侨银最大的股东。现在侨银的实质股东已不再是华侨资本为主。侨银事件爆发时其股权结构如下：

股东	持股比例 %
梁柏薰（新偕中建设集团董事长）	15
“行政院”开发基金	14
蔡万霖家族（霖园集团）	8
郑周敏家族（亚洲信托集团）	5
蔡绍华家族	5
林育璘家族（宏泰建设）	5
台湾省政府	3

2. 案发经过

侨银事件，肇因于新偕中建设集团董事长梁柏薰介入侨银，违法向新偕中及关系企业发放巨额贷款被揭露。

——1995年6月，梁柏薰购买亚洲信托拥有侨银15%的股权，成为侨银最大的股东，取得侨银常务董事的位置。

——“行政院”开发基金在侨银虽占有14%的股权，但只有一席常董位置，难敌梁柏薰的三席常董势力。

——梁柏薰掌握侨银董事会取得决策权后，将原来属于经理部门的放款审议委员会的职权并入常务董事会，取得经营的掌控权，强势介入经营。

——1995年11月间，“中央银行”检查处和“财政部”金融局发现，梁柏薰介入侨银经营后，向新偕中及其关系企业超贷与违法贷款金额高达53亿元，其中无担保放款就超过一半，达27亿多，违反银行法关于“银行不得对利害关系人办理无担保放款”的规定。“财政部”曾制止无效。

——1995年12月2日，“财政部”决定指派“中央存款保险公司”进驻侨银进行辅导。同时台北地检署对梁柏薰违法贷款案进行全面调查，并将梁柏薰移送台北地检署以100万元交保。

——1995年12月8日，相关讯息见诸报端后，迅即出现挤兑风潮，当天被提领存款的金额达65亿元，超过平常的3倍，次日星期六半个营业日又被提领62亿元，不到两天的时间侨银被挤兑的金额达127亿元。

3. 金融支援

经过一天半的挤兑，侨银已出现流动资金不足。12月9日“财政部”、“中央银行”及“中央存款保险公司”紧急召集交通银行、农民银行、台湾银行、“中国国际商业银行”、台湾省合作金库、“中央信托局”、邮汇局等7家行库会商，7家行库均表示全力支援侨银，“中央银行”也决定全力融通资金帮助侨银。同时侨银也向存款人喊话：强调该行有“行政院”开发基金投资，强调该行已参加存款保险，要存款人放心。梁柏薰也宣布辞去侨银常董一职，并向股东、行员和存款户表示歉意，于是挤兑风波逐渐平息。

4. 侨银改组

1996年1月26日，侨银召开董事会，选举前“财政部”常务次长戴立宁担任侨银董事长，并通过由前高雄区中小企业银行总经理陈丽常担任侨银总经理，原侨银董事长蔡绍华被聘为侨银名誉董事长。随后，梁柏薰辞去侨银的董事职务。

（四）农会信用部事件

农渔会信用部和信用合作社均为台湾基层金融机构。截至1995年年底，全省共有农会信用部285家，分部886家；渔会信用部27家，分部44家。

农会下属推广部、供销部、信用部、保险部，由农会总干事统一指挥。农会信用部并非独立法人，所以有时将农会信用部简称为农会。

农会的隶属主管机关是“内政部”，但其推广与供销部的业务辅导又隶属农委会，信用部的业务辅导又隶属“财政部”，这种分工关系，当信用部发生问题需要处理时，“内政部”和“财政部”经常出现踢皮球的现象。

从1995年8月到1996年6月，仅据收集到的资料，发生挤兑的农会达23家，涉及12个县（包括金门），占台湾17个县（包括金门）的71%。

1995年8月——1996年6月发生挤兑的农会

事发时间	农会名称	挤兑金额	挤兑原因
1995年8月3日	台中县东势镇农会	3亿多	提供资金给关系人炒股票
1995年8月4日	南投县埔里镇农会	2亿多	反对派传谣，本身有信用危机
1995年9月4日	台南县后壁乡农会	8亿多	贷款给建商传有逾期放款
1995年9月11日	屏东县万峦地区农会	2.5亿	一建设公司倒闭传有农会职员投资
1995年9月20日	桃园县中坜市农会	75亿	总干事违法超贷被检方收押
1995年9月25日	云林县西螺镇农会	1.5亿	有人传谣农会要倒闭
1995年9月25日	嘉义县民雄乡农会	2亿	一工厂倒闭传农会超贷
1995年9月25日	嘉义县东石乡农会	2亿	因电动大门无法打开造成误解
1995年9月27日	彰化县溪湖乡农会	1.5亿	总干事被检举不法贷款
1995年10月9日	高雄县小港区农会	27亿	派系情结，谣传超贷.
1995年10月30日	新竹县新丰乡农会	5亿	总干事涉嫌异常超贷，两派对立
1995年11月24日	南投市农会	1亿多	谣传放款浮滥，即将倒闭
1995年12月13日	金门县农会	4.7亿	总干事违法超贷被收押
1995年12月13日	台南县楠西乡农会	3亿	逾放比率过高；总干事与理事间不合
1996年2月23日	桃园县观音乡农会	8亿	放款过度浮滥，呆账超过净值
1996年3月28日	台北县林口乡农会	6亿	传出前乡长超贷案
1996年5月7日	屏东县盐埔乡农会	无款支付	总干事挪用巨款去向不明
1996年5月10日	高雄县高树乡农会	1.5亿	存放比例过高，总干事违规超贷
1996年5月15日	高雄县内门乡农会	1.5亿	总干事买卖土地涉嫌伪造文书被停权
1996年5月18日	彰化县芬园乡农会	1.1亿	派系斗争，谣言传播
1996年5月25日	桃园县平镇市农会	5亿	传总干事被检方约谈，总干事、理事长辞职
1996年6月14日	彰化县芳苑乡农会	不详	受谣传影响
1996年6月29日	台北市松山区农会	9亿	总干事因个人财务问题逃到大陆

从以上23家遭挤兑的农会来看，其形成挤兑的原因，大致可归纳为如下几方面：

一是放款浮滥，超贷、存放比例和逾放比率过高，利益输送给关系人；

二是总干事利用职权，公器私用，违法挪用公款，以致涉嫌被检方收押；

三是内部派系斗争，争权夺利，农会经营问题暴露，引发存款人的信心危机；

四是道听途说，耳语谣传，或者有意中伤，或者受连锁反应的影响。

（五）台东企银、高雄企银事件

台湾的中小企业银行，为供给中小企业信用之专业银行，于70年代末由原来的合会储蓄公司改制而成。现有8家，其中除台湾中小企业银行属公营外，其余台北区中小企业银行、新竹区中小企业银行、台中区中小企业银行、台南区中小企业银行、高雄区中小企业银行、花莲区中小企业银行、台东区中小企业银行，均属民营性质，是地区性银行。

1. 台东企银事件

台东区中小企业银行（以下简称东企）事件发生于1996年2月间，肇因于董事长游淮银（“立法委员”）对关联户贷款过于集中；董事长与总经理之间派系关系；中央存款保险公司对东企检查的内部资料被泄露。消息传出，2月9日导致东企发生挤兑人潮，在连续两个营业日内，挤兑金额高过91亿元，东企资金调度告急。

针对东企的挤兑风暴，“财政部”与“中央银行”2月11日晚紧急会商，形成三项结论：（1）本着所有权与经营权分开的原则，撤换东企董事长及总经理，由中立派的专业人士担任。（2）为健全该银行之业务，由中央存款保险公司派员进驻辅导。（3）由中央存款保险公司向“中央银行”申请特别融资60亿元，由“财政部”协调各中小企业银行及金融同业提供资金支援东企。

之后，挤兑人潮不复出现，风暴平息。

2. 高雄企银事件

高雄区中小企业银行澎湖分行（以下简称高企澎湖分行），于1996年3月14日发生挤兑2亿多元，15日继续挤兑3亿元，两天共挤兑5亿元。

高企澎湖分行发生挤兑的原因包括传说高企高层因内部斗争频频异动，财务有问题，高企董事长蔡庆源卷款潜逃，正值我军事演习的敏感时期。

高企总行接获澎湖分行挤兑报告相当紧张，除迅速拨款5亿元给澎湖分行应急外，该行董事长也专程赶到澎湖分行了解情况。在高企高层主管出面澄清事实，中央存款保险公司的协助下，挤兑风波逐渐平息下来。

高企澎湖分行挤兑风波虽告平息，但高企总行内部派系斗争仍在继续。高企董监事会长时期以来，有内场派、外场派之分。以当权者为内场派，在野的为外场派。同一批人马可能因是否当权而恶斗不止。

（六）原因和问题

1995年下半年以来，台湾地区发生一连串的金融风暴，并非偶然，而是积弊已久，长期未能获得改善，是随时都有可能爆发的不定时炸弹。综观其长期累积的问题，主要有以下几方面：

1. 金、权结合。金融机构高层主管人员利用所掌握的权力，公器私用，以超贷（即借款人提供担保品的估计显著超过合理价格）、人头冒贷、分散贷款集中使用等违法贷款方式，从金融机构取得资金，利益输送给关系人，或者从事投机经营，日久终归暴露。

2. 内部控管疏漏。各金融机构本身均有一套内控制度，但多并未严格执行，管理松散，金融人员缺乏守法观念，不认真执行制度，或者制度规定不周全，有机可乘，或者内部人员集体舞弊。由于控管失灵，金融纪律不彰，使内部的稽核监督未能发挥应有的功能。

3. 金融检查多头马车。现行分工，“财政部”检查新设立的银行，“中央银行”检查老银行、外商银行、票券金融公司等，基层金融机构，由“财政部”委托“中央银行”，“中央银行”又委托台湾省合作金库负责检查，“中央存款保险公司”检查参加存款保险的金融机构。除四头马车外，地方财政主管部门也有检查的责任。

金融检查多头马车，职责划分不清，事权不统一。除“财政部”和所属“中央存款保险公司”有处分权外，“中央银行”、合作金库只有建议权；而有处分权者又不进行检查工作。尤其是合作金库，其40%的股权来自基层金融机构，等于是伙计检查老板，球员兼裁判。加之检查人力不足，素质不高，检查不力，或走过场，或碍于人脉关系，或因检查报告层层辗转，没有下文，使金融检查徒具形式，不能事先起到防止的作用；问题发生之后，或踢皮球，或争功诿过。

4. 地方派系势力介入基层金融机构。农会实行的是总干事制，统揽人事、业务大权，是兵家必争之地，所以基层金融机构普遍具有地方派系色彩。总干事掌握人脉、金脉、公器私用，放款浮滥，利益输送，是农会的普遍现象。流传所谓“放款原则的5个P，比不上总干事一个屁”（5个P为借款人、还款财源、资金用途、债权保证、借户展望）。

为了控制地方金融资源，牟取私利，农会内部派系之间，争权夺利，排斥异己，造谣中伤，内斗不止。派系斗争一旦失去均衡，经营问题暴露，极易形成危机。一为内部弊端，一为派系斗争，是形成金融风暴的重要因素。

5. 存款保险制度不落实。1985年成立“中央存款保险公司”，意在保障存款人的权益，促进金融安定。但迄至1995年7月止，全省470家金融机构，参加存款保险的只有206家，比率不到一半。而问题较多的农会信用部，参加存款保险的只有80家，仅占总数285家的28%。

参加存款保险的金融机构，存款人多了一层保障，如果发生信用危机，存款金额在100万以下者，都可获得十足的赔偿，问题也比较容易解决。

6. 泡沫经济的后遗症。台湾经历了80年代后期的泡沫经济时期，随着泡沫经济的破灭，尤其是近年来台湾的经济不景气，加上1995年下半年两岸关系紧张所受到的冲击，股市，房市重挫，低迷不振，使原来从金融机构取得资金从事投机经营者，惨遭套牢，又不能再挪东补西，以致周转不灵，问题一一浮上台面。上述金融风暴，多直接或间接与股市萧条、房市低迷有关。

台湾2000年以来的金融状况

一、金融机构

（一）金融机构的划分

台湾现有15类金融机构，分别是：

（1）“中央银行”；（2）当地一般银行；（3）外国银行在台分行；（4）中小企业银行；（5）信用合作社；（6）农会信用部；（7）渔会信用部；（8）信托投资公司；（9）邮政储金汇业局；（10）人寿保险公司；（11）产物保险公司；（12）“中央存款保险公司”；（13）票券金融公司；（14）证券金融公司；（15）国际金融业务分行。

在5类金融机构中，其划分和统计口径如下：

（1）全体货币机构：包括“中央银行”和存款货币机构。

（2）存款货币机构：系指能创造存款货币之金融机构，或简称银行机构。包括当地一般银行、外国银行在台分行、中小企业银行、信用合作社、农渔会信用部。

（3）邮政储金汇业局；由于其吸收个人存款占有相当比重，亦称半拉子银行。

（4）主要金融机构：即包括全体货币机构和邮汇局；为通俗起见，这类机构简称银行机构和邮汇局。

（5）全体金融机构：即主要金融机构加上信托投资公司、人寿保险公司。

至于产物保险公司、票券金融公司及证券金融公司，虽亦经营金融业务，唯其所提供之金融负债与其他一般金融机构差异甚大，“中央银行”的金融统计未将其并入金融机构内。

（二）现有银行机构家数

截至2001年7月底，全体银行机构的家数统计如下表：

单位：家

	总机构家数	分支机构家数
当地一般银行	48	2 469
外国银行在台分行	39	70
中小企业银行	5	284
信用合作社	48	428
农渔会信用部	314	1 022
邮政储金汇业局	1	1 313
全体银行机构合计	455	5 589

资料来源：台湾“中央银行”金融统计月报。

注：①外商银行分行70家为在台营业据点。

②邮汇局不包括邮政代办所。

1. 48 家当地一般银行的名称如下：

台湾银行	（111）	大安商业银行	（32）	诚泰商业银行	（56）
台北银行	（75）	联邦商业银行	（36）	阳信商业银行	（30）
交通银行	（29）	中华商业银行	（34）	板信商业银行	（33）
“中国农民银行”	（74）	华信商业银行	（37）	第七商业银行	（31）
“中央信托局”	（21）	亚太商业银行	（35）	高新商业银行	（32）
台湾土地银行	（110）	玉山商业银行	（45）	台北国际商银	（83）
合作金库银行	（143）	万泰商业银行	（36）	汇通商业银行	（24）
第一商业银行	（156）	泛亚商业银行	（37）	台中商业银行	（77）
华南商业银行	（146）	中兴商业银行	（44）	中华开发工业银行	（7）
彰化商业银行	（153）	台新国际商银	（46）	华泰商业银行	（24）
“中国国际商业银行”	（64）	远东国际商银	（30）	三信商业银行	（15）
华侨商业银行	（52）	富邦商业银行	（35）	新竹国际商银	（73）
上海商业储蓄银行	（52）	大众商业银行	（38）	台湾工业银行	（2）
世华联合商业银行	（68）	宝岛商业银行	（22）	联信商业银行	（25）
“中国输出入银行”	（3）	“中国”信托商银	（49）		
高雄银行	（31）	安泰商业银行	（44）		
万通商业银行	（37）	庆丰商业银行	（32）	合计（2 469）	

资料来源：同上。

注：括弧内数字为分行家数。

2. 39 家外国银行在台分行的名称如下：

（1）日本第一劝业银行（台北及高雄分行）	（17）法商法国巴黎银行（台北、高雄及台中分行）
（2）美商花旗银行（台北、高雄、台中、新竹、桃园、台南、松江、板桥、文心及信义分行）	（18）英商渣打银行（台北、高雄及台中分行）
	（19）法商东方汇里银行
	（20）斐商南非标旗银行
（3）美国商业银行	（21）加拿大商丰业银行
（4）泰国盘谷银行（台北、台中及高雄分行）	（22）美商加州联合银行
	（23）瑞士商瑞士银行

（5）美国运通银行（台北及高雄分行）	（24）荷商荷兴银行
（6）菲律宾首都银行（台北、台中、台南及高雄分行）	（25）美商美联银行
（7）美商大通银行	（26）澳商澳洲新西兰银行
（8）美国纽约银行	（27）日本东京三菱银行
（9）加拿大多伦多道明银行	（28）美商富国银行
（10）新加坡华联银行	（29）比利时商比利时联合银行（台北、高雄及台中分行）
（11）德商德意志银行	（30）日商东海银行
（12）法国兴业银行	（31）新加坡商大华银行
（13）荷商荷兰银行（台北、台中、高雄及松山分行）	（32）美商道富银行
（14）新加坡发展银行	（33）美商夏威夷银行
（15）香港上海汇丰银行（台北、板桥、高雄、台中、台南、桃园及建国分行）	（34）日商富士银行
（16）法国里昂信贷银行	（35）日商三和银行
	（36）香港商东亚银行
	（37）比利时商富通银行
	（38）新加坡商新加坡华侨银行
	（39）法商佳信银行

3. 国际金融业务分行（OBU）共计69单位，计当地银行38单位，外商银行31单位，名称如下：

当地银行38单位：

（1）“中国国际商业银行”	（20）大安商业银行
（2）“中国农民银行”	（21）万通商业银行
（3）第一商业银行	（22）万泰商业银行
（4）台湾中小企业银行	（23）联邦商业银行
（5）华南商业银行	（24）玉山商业银行
（6）台湾银行	（25）新竹国际商业银行
（7）彰化商业银行	（26）亚太商业银行
（8）台北银行	（27）大众商业银行
（9）交通银行	（28）台新商业银行
（10）世华联合商业银行	（29）中华国际商业银行

（11）华侨商业银行	（30）中华商业银行
（12）高雄银行	（31）华信商业银行
（13）“中央信托局”	（32）远东国际商业银行
（14）上海商业储蓄银行	（33）泛亚商业银行
（15）“中国输出入银行”	（34）富邦商业银行
（16）合作金库银行	（35）台中商业银行
（17）台湾土地银行	（36）宝岛商业银行
（18）台北国际商业银行	（37）安泰商业银行
（19）“中国信托商业银行”	（38）庆丰商业银行

外商银行31单位：

（1）美国商业银行	（17）香港上海汇丰银行
（2）美商花旗银行	（18）美国纽约银行
（3）法商兴业银行	（19）日本第一劝业银行
（4）法商法国巴黎银行	（20）加拿大丰业银行
（5）新加坡发展银行	（21）美商富国银行
（6）泰国盘谷银行	（22）荷商荷兴银行
（7）荷商荷兰银行	（23）日商东京三菱银行
（8）美商大通银行	（24）日商东海银行
（9）美国运通银行	（25）比利时联合银行
（10）斐商南非标旗银行	（26）美商夏威夷银行
（11）法国里昂信贷银行	（27）比利时商富通银行
（12）德国德意志银行	（28）日商富士银行
（13）法商东方汇理银行	（29）港商东亚银行
（14）英商渣打银行	（30）新加坡大华银行
（15）美商加州联合银行	（31）澳洲新西兰银行
（16）瑞士商瑞士银行	

资料来源：同上。

注：国际金融业务分析：并不另设行址，而是在原银行内将国际金融业务和境内业务分开办理。

（三）台湾银行业在海外的分支机构

台湾的金融当局为推动金融自由化国际化，1987–1989 年间开始鼓励台湾的银行业赴海外设机构，当时主要集中在北美（主要是美国）和欧洲地区。之后开始采取分散的原则，在海外设机构，不再挤到美、欧地区，重点是鼓励台湾的银行业到东南亚及香港地区设据点，所谓南向西向齐头并进，以配合对外贸易的拓展，支援厂商赴海外开拓市场。

之后几年，为加速推动金融市场国际化的步伐，在海外设立的机构逐渐增多，据截至 1999 年 8 月底的统计，台湾的银行在海外设立的分支机构达 128 家，其中包括 68 家分行，44 家代表人办事处，16 家子银行。分布地区为美洲 32 家，以美国为最多；欧洲 20 家，以英国、荷兰为多；亚洲 72 家，以日本、菲律宾、新加坡、中国香港、印尼和越南为多；大洋洲 3 家；非洲 1 家。

以上台湾的银行在海外设机构的情况，均不包括“中央银行”。台湾的“中央银行”在岛内没有设分支机构，但在海外设有 2 家代表办事处。

1993 年 4 月在美国纽约设立的代表办事处是“中央银行”在海外设立的第一个据点。其主要目的，一是加强与美国联邦准备银行及其在美国金融机构的联系；二是就地搜集金融市场的讯息，以利于灵活调度外汇存底（外汇储备），确保外汇存底的安全；三是协助辅导台湾银行在美国的分支机构发展业务。

1994 年 2 月，“中央银行”又在伦敦设立代表办事处，为其第二个海外据点。主要是收集欧洲地区金融市场资讯，以便调度在欧洲地区投资的外汇存底。

台湾的金融业在海外设立分支机构表（1990-1999.8）

单位：家

年份	合计	美洲	（美国）	欧洲	亚洲	大洋洲	非洲
1990	40	19	（15）	8	12	1	—
1991	55	25	（21）	14	15	1	—
1992	56	19	（16）	18	17	1	1
1993	69	26	（21）	19	22	1	1
1994	73	26	（21）	20	25	1	1
1995	81	27	（22）	20	32	1	1
1996	95	28	（22）	20	45	1	1
1997	117	31	（25）	20	63	2	1
1998	132	35	（28）	20	73	3	1
1999.8	128	32	（27）	20	72	3	1

资料来源：台湾“财政部金融局”统计提要。系依据核准数统计。

注：以上统计包括设立分行、代表人办事处和子银行。但不包括“中央银行”在纽约和伦敦设立的代表办事处。美洲（美国）的括号数为台在美国设立的机构数。

（四）金融机构的改制，并购与新设

1997 年 1 月至 2001 年 8 月底，“财政部”共核准 8 家经营良好的信用合作社改制为商业银行；辅导 17 家信用合作社将资产负债概括让与商业银行；2 家信托投资公司分别改制为商业银行及工业银行；核准新设台湾工业银行营业；3 家中小企业银行改制为商业银行。

1. 关于改制为商业银行之信用合作社：

（1）1997 年 1 月　　台北三信改制为诚泰商业银行

（2）1997 年 9 月　　台中七信改制为第七商业银行

（3）1997 年 9 月　　阳明山信用合作社改制阳信商业银行

（4）1997 年 9 月　　板桥市信用合作社改制为板桥商业银行

（5）1997 年 12 月　　高雄一信改制为高新商业银行

（6）1999 年 1 月　　台北二信改制为华泰商业银行

（7）1999 年 1 月　　台中三信改制为三信商业银行

（8）2000 年 7 月　　台中六信与屏东一信合并改制为联信商业银行

2. 关于将资产负债概括让与商业银行之信用合作社：

（1）1997 年 1 月　　新竹二信概括让与诚泰商业银行

（2）1997 年 9 月　　高雄五信概括让与板信商业银行

（3）1997 年 9 月　　北港信合作社概括让与华侨商业银行

（4）1997 年 10 月　　高雄十信概括让与泛亚商业银行

（5）1997 年 12 月　　台中八信概括让与诚泰商业银行

（6）1997 年 12 月　　新竹六信概括让与第七商业银行

（7）1998 年 1 月　　台南二信概括让与中兴商业银行

（8）1998 年 1 月　　台南一信概括让与台新商业银行

（9）1998 年 4 月　　台南四信概括让与万泰商业银行

（10）1998 年 5 月　　南投市信合社概括让与庆丰商业银行

（11）1998 年 5 月　　旗山信合社概括让与高新商业银行

（12）1998 年 6 月　　台南十信概括让与大众商业银行

（13）1998 年 11 月　　彰化四信概括让与第七商业银行

（14）1998 年 7 月　台北七信概括让与安泰商业银行

（15）1999 年 4 月　台中四信概括让与中兴商业银行

（16）1999 年 9 月　东港信合社概括让与台湾银行

（17）2001 年 8 月　嘉义二信概括让与诚泰商业银行

3. 关于信托投资公司改制银行：

（1）1998 年 11 月　第一信托投资公司改制为汇通商银

（2）1999 年 1 月　中华开发信托投资公司改制为中华开发商业银行

4. 关于中小企业银行改制商银：

（1）1998 年 5 月　台北区中小企银改制为台北国际商业银行

（2）1998 年 12 月　台中区中小企银改制为台中商银

（3）1999 年 4 月　新竹区中小企银改制为新竹国际商业银行

（五）公营银行民营化

推动多年的公营银行民营化，截至 2000 年，14 家公营银行，已有 8 家银行实现民营化。

公营银行	已民营化（√）
台湾银行	
合作金库银行	
台湾土地银行	
第一商业银行	√
华南商业银行	√
彰化商业银行	√
世华联合商业银行	
台湾中小企业银行	√
“中国国际商业银行”	
交通银行	√
“中国农民银行”	√
“中国输出入银行”	
台北银行	√
高雄银行	√
共 14 家	8

按照台湾的划分，公股占 51% 为公营，公股占 49% 为民营，上面的 8 家银行虽已民营，但公股仍是大股东，占主导地位，大部分已民营的银行，其董监事仍由当局派任。

二、存放业务

截至 2000 年年底，全体银行机构和邮汇局的存款总余额为新台币 193 087 亿元，比上年底增长 6.9%，为近 10 年来最低增幅。同时期放款与投资总余额为 163 108 亿元，比上年同期仅增长 3. 2%，亦为近 10 年来最低增幅。

2000 年存放款余额增幅均减缓，与岛内政经形势不断恶化密切相关。在资金来源方面，受景气及股市交易不振的影响，活期性存款大幅下降，定期性存款有所上升。自 9 月份起，由于新台币兑美元汇率趋贬，导致外汇存款急速增加。在资金用途方面，因景气不佳，企业对资金需求减弱，以及银行承做放款趋于保守，至本年度银行放款增幅萎缩，证券投资亦持续呈负增长。

（一）存款

2000 年底，全体银行机构和邮汇局的各项存款的增减变化：

活期性存款（包括支票存款、活期存款、活期储蓄存款）：2000 年年底余额为 39 644 亿元，比上年底仅增加 1. 8%. 而上年比前年增幅为 16. 6%。

定期性存款（包括一般定期存款、定期储蓄存款、可转让定期存单及外国人新台币存款）：2000 年底余额为 100 424 亿元，比上年底增加 3. 1%，而上年比前年增幅为 3.4%。

外汇存款：2000 年年底余额为 11 769 亿元，比上年底增加 80%，而上年比前年增幅为 8.3%。

邮政储金：2000 年年底余额为 28 297 亿元，比上年底增加 10. 8%，而上年比前年增幅为 12. 6%。

“政府”存款：2000 年年底余额为 9 386 亿元，比上年底增加 0.9%，而上年比前年增幅为 12. 9%。

以上统计明显看出，2000 年活期性存款年增率大幅萎缩为 1. 8%，这与股市低迷有关，股价大幅缩水，投资人退出股市转向定期性存款。而在外汇存款方面，年增率大幅上升 80%，反映下半年新台币恐慌性贬值，人们抢购美元转入外汇存款以避险。

台湾全体银行和邮汇局各类存款统计表

单位：新台币亿元、%

项目	2000 年底余额	占比重	年增率
支票存款	3 213	1.7	-3.3
活期存款	10 537	5.4	2.7
活期储蓄存款	25 894	13.4	2.0
定期存款	31 040	16.1	-1.8
定期储蓄存款	66 366	34.4	4.7
可转让定期存款	3 018	1.6	24.1
外汇存款	11 769	6.1	80.0
邮政储金	28 297	14.7	10.8
政府存款	9 386	4.9	0.9
附买回交易余额	3 567	1.8	24.9
合计	193 087	100.0	6.9

资料来源：台湾“中央银行”金融统计月报。

注：附买回交易余额，为银行卖出附买回约定债、券中，属于企业及个人部分。

（二）放款与投资

截至 2000 年年底，全体银行机构和邮汇局的放款与投资总余额为新台币 163 108 亿元，年增率为 3. 2%，低于上年的 3.4%。其中放款余额为 144 679 亿元，年增率为 4. 8%，比上年的 4.5% 略高，占放款与投资总余额的 88.7%，也略高于上年的 87. 4%；证券投资余额为 18 428 亿元，年增率为负增长 7. 3%，高于上年负增长的 3. 6%，占放款与投资总余额的 11. 3%，低于上年的 12. 6%。

2000 年全体银行和邮汇局的放款与投资均呈持续疲弱趋势，放款年增率趋缓，证券投资大幅减少，主要是由于岛内景气不佳，失业率升高，企业经营维艰，减少了对资金的需求。由于受股市低迷的影响，证券相关产业的资金需求减少。在银行方面，由于逾期放款比率升高，银行继续处理逾期放款和转销呆账，加之在岛内企业集团财务危机阴影下，银行放款更趋保守。

在放款与投资的对象方面，对民营企业和个人的债权，2000 年年底比上年仅增加 1. 7%；至于对“政府”机构的债权，2000 年仍增长 11. 4%，是受“国库”

借款增加的影响，其占放款与投资总额的比重由上年的 14.8% 升为 15.9%。

2000 年台湾全体银行和邮汇局放款与投资对象统计表

单位：新台币亿元、%

	2000 年底余额	年增率	占比重
对政府债权	26 014	11.4	15.9
对公营事业债权	4 334	5.5	2.7
对民营企业等债权	132 760	1.7	81.4
合计	163 108	3.2	100.0

资料来源：同上。

（三）直接金融与间接金融

所谓直接金融，是指资金需求者不通过银行转介，而是通过发行股票债券在金融市场直接从资金供给者取得资金；所谓间接金融，是指资金需求者通过银行借贷，经由银行间接取得资金。

关于直接金融与间接金融的计算，台湾金融当局是根据“全体金融机构授信余额的变动数与金融市场票债券发行余额的变动数”，得出直接金融与间接金融所占比重。

2000 年的计算如下：

A. 间接金融：全体金融机构授信余额变动数，即全体金融机构放款与投资余额，2000 年年底比 1999 年年底增加 8 125 亿元，即为 2000 年间接金融数。

B. 直接金融：来自非金融部门的直接金融 = 证券发行总额减全体金融机构投资证券。2000 年证券发行余额变动数，即 2000 年证券发行（包括股票、短期票券、公司债、海外债券、政府债券）减去金融机构投资证券数，则为 2 467 亿元，即直接金融数。

A+B=10 592 亿元，即间接金融和直接金融之合计数，分别除以 A 项 8 125 亿元和 B 项 2 467 亿元，则 2000 年间接金融所占比重为 76.7%，直接金融所占比重为 23.3%。

台湾间接金融与直接金融比重表（1996-2000年）

单位：新台币亿元、%

年份	间接直接金融合计	间接金融占比重	直接金融占比重
1996	13 212	72.0	28.0
1997	20 705	57.2	42.8
1998	17 859	69.8	30.2
1999	9 654	69.9	30.1
2000	10 592	76.7	23.3

资料来源：台湾“中央银行”年报。

从这5年台湾间接金融与直接金融的比重总的来看，间接金融仍占较大比重，但各年两者的升降幅度较大，这与当年企业对资金的需求、股市的盛衰、“中央银行”的货币政策、企业取得资金的成本均有关系。如1997年直接金融占42.8%的比重，主要是由于股市交易热络，企业积极办理现金增资，新上市公司大幅增加，以及企业在海外发行债券等因素，使当年股票及海外债券的年增率巨幅提高至232%。

虽然2000年岛内资金需求不振，但当局、企业及个人等新增资金需求为10 592亿元，略高于上年的9 654亿元，主要是由于上年的基数较低。本年直接金融所占比重只占23. 3%，主要是本年景气不佳，股市交易低迷、短期票券发行余额大幅减少。

（四）各银行存放款市场占有率

台湾的财金当局，鼓励有条件的金融机构实行合并重组或者改制，以改善和增强银行的体质。这就势必对原有的某些金融机构带来增减变化，也是各银行的存放款市场占有率发生变化的主要原因。

变化较大的有当地一般银行、中小企业银行和信用合作社。（见下表）

当地一般银行，在这5年中，其存款市场占有率由1996年的52.4%，增加到2000年的65. 7%，放款市场占有率由1996年的70. 2%，增加到2000年的83. 0%，这期间主要是信用社等改制商银使银行家数增多。

中小企业银行和信用社，在这5年间其存放款市场占有率大幅下降，主要是这些机构中有的改制为商银，有的被并入商银，使其机构减少。

关于邮政储金汇业局，这 5 年的存款市场占有率都比较稳定，其存款占有率一直在 15% 上下，放款由于受到限制，市场占有率一直在 0.1% 以下，其吸收的大量储金，主要是转存“中央银行”或其他行库。

1996-2000 年台湾各银行机构和邮汇局存款市场占有率变动情况如下表：

单位：%

	1996	1997	1998	1999	2000
当地一般银行	52.4	57.1	63.0	65.3	65.7
中小企业银行	9.2	8.9	6.2	4.6	4.4
外国银行在台分行	1.7	2.6	2.4	2.5	3.2
信用合作社	11.6	7.8	6.4	5.2	4.3
农渔会信用部	9.1	8.5	8.1	7.9	7.3
邮政储金汇业局	16.0	15.1	13.9	14.5	15.1
合计	100.0	100.0	100.0	100.0	100.0

1996-2000 年台湾各银行和邮汇局放款市场占有率变动情况如下表：

单位：%

	1996	1997	1998	1999	2000
当地一般银行	70.2	74.1	78.7	81.7	83.0
中小企业银行	10.1	10.1	7.2	5.8	5.6
外国银行在台分行	3.1	3.2	2.9	2.8	2.7
信用合作社	8.6	5.9	5.0	4.0	3.4
农渔会信用部	7.7	6.7	6.2	5.8	5.3
邮政储金汇业局	0.03	0.04	0.05	0.03	0.03
合计	100.0	100.0	100.0	100.0	100.0

资料来源：台湾“中央银行”年报。

（五）各银行税前盈余

1998 –2000 年台湾各银行税前盈余情况如下表：

单位：新台币亿元、%

银行机构	税前盈余			资产报酬率		
	1998	1999	2000	1998	1999	2000
当地一股银行	11 180	1 052	968	0.71	0.58	0.47
中小企业银行	32	-10	—	0.23	-0.08	—
外国银行在台银行	69	47	106	1.00	0.62	1.09
信用合作社	57	40	7	0.49	0.39	0.08
农渔会信用部	69	37	9	0.46	0.24	0.06
邮政储金汇业局	39	43	-272	0.15	0.15	-0.88
合计	1 446	1 209	818	0.61	0.47	0.30

资料来源：台湾“中央银行”年报。

注：① 2000 年当地一般银行含中小企业银行。

②资产报酬率 = 税前盈余 / 资产总额。

就这 3 年各银行的税前盈余来观察，可以说是一年不如一年，如 1998 年全体银行和邮汇局税前盈余合计为 1 446 亿元，1999 年为 1 209 亿元，2000 年则降为 818 亿元，呈逐年下降趋势；资产报酬率也是逐年下降，如 1998 年为 0.61%，1999 年为 0.47%，2000 年更降至 0.30%。

就 2000 年来观察，除了外商银行外，各银行的税前盈余都比上年大幅减少，甚至有的出现严重亏损。

当地一般银行，是台湾金融业的主体，2000 年税前盈余为 968 亿元，较上年减少 74 亿元，主要是银行提存呆账准备金和买卖票证券利益减少所致。其中更有 10 家银行出现亏损，是历年银行亏损最多的。

外国银行在台分行，仍是表现最佳者，在 2000 年，无论是税前盈余还是资产报酬率，均为各银行之冠。主要是外商银行承做保证业务增加手续费收益，由于新台币贬值，汇兑收益增加。

信用合作社、农渔会信用部，受放款业务持续缩减的影响，2000 年税前盈余的减幅最大。

亏损最严重的是邮政储金汇业局，2000 年税前盈余不仅成为负数，而且金额高达 272 亿元。主要是由于该局为五大稳定股市基金之一，2000 年股价持续下挫，该局亏损惨重，又是不受官方补贴的单位。

综观2000年各银行和邮汇局税前盈余下降或负数的主因：一是近几年企业不断出现财务危机，2000年更是景气不佳；二是逾期放款比率不断升高，银行增提呆账准备；三是股市下挫，影响部分银行认列股票投资跌价损失；四是银行业机构日增，过度竞争，也是资产报酬率日低的原因之一。

三、逾期放款

（一）逾期放款之划分

所谓逾期放款，指已届清偿期而未清偿之各项放款，包括以下几种情况：银行贷款本金超过清偿期3个月以上而未办理转期或清偿者；本金未到期而利息延滞6个月以上未缴者；中长期分期偿还的放款，未按期摊还超过6个月以上者，均应列入逾期放款。

所谓催收款，指逾期放款届满6个月内，经转入催收科目之各项放款。

所谓呆账（或称坏账），即逾期放款和催收款，经“财政部”所订处理办法积极清理而收回无望者。

（二）逾期放款有增无减

金融机构逾期放款比率居高不下，一直困扰着财金主管机关，也是媒体和各界关注的焦点问题。许多财金学者都认为，问题如果持续恶化，将严重影响金融业的经营体质，进而威胁台湾未来经济的发展。财金当局曾采取多项措施，希望有效改善逾放的现状，但成效不彰。

观察1996年至2001年6月金融机构逾放比率，呈逐年上升趋势，如下表：

单位：%

年份	全体金融机构	当地银行	基层金融机构
1996	4.26	3.78	缺
1997	4.37	3.82	7.43
1998	5.09	4.47	9.10
1999	5.67	4.88	13.70
2000	6.20	5.34	15.68
2001.6	7.44	6.47	18.50

资料来源：台湾《经济日报》。

注：①当地银行包括当地一般银行和中小企银。
②基层金融机构包括信用社和农渔会信用部。

以上官方公布的统计数字，舆论认为是保守偏低的，实际数字要大得多。一般估计，截至2001年6月底，全体金融机构的逾放比率在10%以上，有的估计为15%到20%；同时期官方公布的逾放金额为10 623亿元，也是偏低的，认为应在1.5万亿元至2万亿元之间。至于“财政部”曾指示所有银行，须于2003年以前将逾放比率降至2.5%，也有待观察。

官方公布的逾放比率偏低，有关分析资料指出，有的是来自上面主管机关的命令，例如“9·21”大地震后，受灾户可以申请延缴本息5年；又如要求银行参加股市护盘，对股票质押放款部分可以从宽计算；还有一些企业发生财务危机，为了纾困，对其放款可以一再展期；甚至主管机关下令，银行逾期放款比率不得高于1999年4月的水准，等等。至于银行本身的问题，有隐匿违法贷款的，有以多报少的，有弄虚作假的，等等。

官方公布的版本与岛内外媒体的看法，总是有落差，针对舆论指责官方对银行的逾期放款、有问题的资产和坏账等资讯不彻底透明的问题，尽管“财政部”和“中央银行”一再澄清，也难以消除人们的疑虑；人们对官方说的逾放的损失率只有四成，也不认同。

由于金融机构潜藏的逾放比率居高不下，一直饱受争议，舆论指出，真正的逾放比率有多高，坏账有多少，只有少数人知道。并指出，尽管各种数字的定义及计算方式不一，但都质疑官方统计的逾放数字失真，凸显隐藏性逾放及坏账的严重性。

（三）逾放比率不断升高的原因

逾放比率不断升高的原因比较复杂，与整体客观环境、经济景气的变化、金融监管的缺失、采取措施的力度都有关系。除了上面所提到的以外，还受下面一些因素的影响。

——金融机构数量过多，规模小，业务重叠性高，体质参差不齐，由于争相获取市场占有率，导致过度竞争，不仅获利不易，而且授信风险高，势必引发不良资产。

——景气持续低迷，总体经济恶化，厂商营运不佳，甚至停业关厂，加之失业率不断攀升，企业和个人无力偿还贷款，必然要影响银行的债权及资产品质，尤其是2000年以来问题最为严重。

——银行放款的担保品多为不动产抵押，由于房地产市场长期低迷，担保品处置不易，或者价值大打折扣。还有许多用股票质押的借款，由于股市持续低迷不振，也拖累了银行。

——一些基层金融机构（信用社和农渔会信用部），本来就体质不佳，不良资产有增无已，挤兑事件时有发生，所谓“银行不能倒”只好由财金主管机关责成大型行库概括承受，收拾烂摊子。

——各银行提存的备抵呆账准备偏低，1999年6月虽将这项准备由占债权余额的1%提高至2%，但由于逾放比率不断升高，呆账率也随之增大，提存的呆账准备能发挥的作用有限，而打消呆账的速度赶不上逾放比率增加速度。

——为了纾解有困难的企业渡过难关，财金主管机关甚至高层，经常道德劝说甚至强令银行不得收紧银根，银行虽抱谨慎态度，但也不得不配合上面的要求。

——银行内部控管不严，也有来自外部的压力，如人谋不臧、政商勾结、民代施压、特权介入、人情关系、利益输送、制度缺失、专业人员素质等问题，在各银行和基层金融机构都不同程度地存在，自然会影响资产的质量。

——有的研究机构指出，1991年迄今，台湾的不良金融资产没有一年是下降的，从金融机构催收款的比率来看，1992年每1元可回收0.78元，2000年降到0.22元，显示并非完全是景气循环使然，而是有金融结构性及管理方面的问题。

（四）处理逾期放款之措施

金融机构的逾期放款比率急剧上升，反映台湾的金融面存在相当严重的问题，如果解决不好，很难恢复人们对金融业的信心，也很难避免演变成难以控制的全面金融危机。

有关当局也采取了一些措施，如1999年2月大幅调降银行的存款准备率，1999年7月起，将金融业的营业税由5%调降为2%，1999年6月，将金融机构提列备抵呆账准备的比率由1%提高至2%。以上这些，只能是增加银行转销呆账的能力，不能大幅改善银行的资产品质，而且采取以上措施后，并未能改变逾放比率持续上升的趋势。

2000年以来，由于金融机构经营环境持续恶化，财金当局复进一步推动金融机构合并、引进资产管理公司、研拟金融控股公司法等措施，以加速促成金融改革与稳定。

关于资产管理公司有如下几种情况及做法：

资产管理公司（AMC）和资产再生公司（RTC），都是引进海外的做法。

资产管理公司（AMC）就是扮演“泻药”或者“清道夫”的角色，清理银行的坏账。将银行的不良债权和优良债权区分开来，前者交给具有专业技术的AMC处理，银行一方面可以立即降低逾放比率，一方面才能专心开拓核心业务。

资产再生公司（RTC），则是处理净值已经是负数的金融机构，必须由当局拿钱出来解决这类金融机构的问题，即接管这类机构，这种办法民营企业不会有兴趣。

简单地说，资产管理公司（AMC）解决的是尚属健康金融机构的不良债权；资产再生公司（RTC）则是直接解决不良金融机构的问题。

海外一些国家设立AMC或RTC等机构，都是在金融情势岌岌可危、银行及企业频频倒闭的情况下所采取的措施。

（1）美国的做法

金融机构出现坏账、甚至倒闭，是常见的现象，是世界各国都必须面对的问题。解决这类问题的实例，一是美国，一是日本，都面临过银行危机，美国的经验被认为是成功的。

规模最大、牵连范围最广的金融机构倒闭风暴，是发生在20世纪80年代末期、90年代初期的美国，1981-1990年共有2 250家金融机构因经营不善而倒闭，最多的1989年一年就有533家，平均每天有1.5家金融机构倒闭，其中绝大部分为基层储贷公司。

这些倒闭的金融机构，其衍生的不良资产，由于损失金额庞大，负责储贷机构存款保险业务的存保公司，也因财力不继而关闭。1989年1月，国会通过立法，将该存保公司改组成立资产再生公司（RTC），即相当于公营的资产管理公司，有权有钱，在技术上，以能否证券化为标准，把资产分成两类，一类利用证券次级市场处理，另一类则通过合伙的方式消化。

RTC在1995年底完成阶段性任务，总共处理了747家基层储贷公司，资产为4 025亿美元，历时6年，耗费875亿美元，成本相当可观。

比较其他国家处理相关问题，美国解决金融业问题的经验，一是由国家出面成立资产再生公司（RTC），有权有钱；二是RTC专业性、独立性强，可以要求银行关门，银行的抵押品不惜降价出售；三是资本市场比较健全，透过市场机能将资产证券化，再重新包装；四是成本高，能付出极高的代价；五是订有落日条款，在一定时期内撤销 RTC。

（2）日本的做法

1996 年日本也曾仿效美国处理两家类似的机构，负责处理住宅金融专门公司及信用合作社不良资产的清理工作；1998 年将两机构合并，成为一家整理回收机构（一般称为日本版的 RTC），其收购不良债券的资金，在存保公司“特列业务账户”支应。

日本的做法效果不理想，RTC 买了银行的问题资产，却卖不出去，消化不了。接下来采取第二步骤，进行金融机构合并，但仍然未见成效，金融股在市场交易的价位不见上涨，合并后的银行逾放比率一样高；还因为合并后的规模扩大，业绩不佳，逼得政府在民间找钱放到银行里。

（3）台湾的情况

台湾酝酿成立资产管理公司的过程相当长，下面是截至 2001 年 6 月底以前的情况。

——1997 年亚洲金融风暴之后，就有人提议成立资产管理公司，当时的“财政部长”邱正雄表示，“台湾的金融机构体质健全，成立资产管理公司反而会增加市场的疑虑”，此案胎死腹中。

之后，台湾的财政主管当局总认为，台湾的金融局势还没有到爆发危机的地步，成立公营的资产再生公司 RTC，有碍国际观瞻。

——“行政院长”张俊雄在2000年的年终记者会上宣布，台湾将成立 RTC。“行政院”政策急转弯的真正原因是，台湾银行业的坏账问题，已经到了今天不解决，明天会后悔的地步。

在 2000 年底前后，各界一直在酝酿成立什么样的公司和如何成立的问题。

——台湾的财政主管当局，原本打算成立 AMC，不愿成立官方介入的 RTC，等于当局不必出资，由民营公司出资解决金融机构的坏账，台湾也不会背上金融危机爆发的恶名。但这种处理模式和心态，被一位重量级的外商金融机构负责人批评为“敷衍”。

——一位银行主管也表示，AMC 只会低价购买还有机会获利的逾期放款，那种要不回来的债权，将本求利的 AMC 不会有兴趣，也不可能替当局解决问题。

还有的人以垃圾比喻不良资产，处理得好，垃圾可以变黄金，好像再生纸；处理得不好，会变成垃圾大战，所有人避之唯恐不及。

——资产管理公司在台湾是一个新兴行业，需要具有法律、会计、产业、证券及不动产鉴价等专业知识人才，相互配合，业务才能顺利进行。涉及配套措施和有关法令的修订与新订，要有周密的规划。

——2001 年 2 月，“财政部”委托银行公会筹设的第一家资产管理公司筹备处的林振国表示：①筹设 AMC 以来，会员银行杂音不断，参与意愿也不高，最后约有 35–40 家会员银行愿意出资支持 AMC，资产额暂定新台币 250 亿元。②银行会员筹组的 AMC，主要是处理会员银行的不良资产，若不能有最好的表现，比不过其他 AMC，大家要共同承担责任。③资产管理公司主要的客户来源，就是 30–40 家会员银行的不良资产，岛内主要银行几乎都涵盖在内。④金融机构不应过分期待，AMC 只是处理不良债权的管道之一，银行要真正起死回生，必须进行全面改革。

——为配合资产管理公司的设立，“财政部”还委托银行公会筹组资产管理服务公司，作为公正拍卖及鉴价的第三人机制，以防止乱砍资产价格，或者银行把劣质资产倒给 AMC；也避免外资进入处理不良债券市场，使岛内银行债权过度折价受损，并影响岛内不动产市场行情。未来银行处理不良资产抵押品，可以不需经过法院拍卖，通过金融资产管理服务公司来执行。

依照银行公会的规划，金融资产管理服务公司的资本额，比原定提高至新台币 10 亿元，其中 2/3 由岛内银行投资，余由外国投资银行参与。

以上都在议定之中。

四、金融改革

2001 年初，台湾当局宣布今年是“金融改革元年”要推动金融机构合并、成立金融控股公司与设立金融监督管理委员会。台湾延宕已久的金融改造，终于提上日程，形势所迫，有不可阻挡之势。下面是截至 2001 年上半年之前的情况。

（一）推动金融机构合并

1991–2000 年台湾金融市场的发展变革，在金融机构方面，自 1989 年银行法部分条文修正后，出现了一波开放的浪潮，16 家新银行、13 家票券金融公司的设立，以及信用合作社改制为商业银行，结果形成了现在银行过多的局面，问题不少。

据有关资料，如果以 1991 年为基期（该年新银行开始营业），观察 10 年来金融机构家数、服务人口数、直接金融与间接金融的比率、获利能力以及资产品质等各项指标之消长，问题确实相当严重，如下表：

指标 / 年份	服务人口数		直间接金融%		存放利差%	银行获利能力%		逾放比率%	
	金融机构（家）	服务人口（人）	间接金融	直接金融		资产报酬率	净值报酬率	全体金融机构	基层金融机构
1991	4357	4717	87.2	12.8	2.81	0.62	14.22	1.9（1994）	2.5（1994）
2000	5930	3745	76.7	23.3	2.45	0.30	4.60	6.2	15.7

注：①服务人口为每一金融机构平均服务人口数，2000 年服务人口数为截至 2000 年 9 月底的统计，金融机构数不含寿险公司。

② 2000 年存放款利差为截至 2000 年 9 月底的统计。

③逾期放款比率 1994 年前缺资料。

④银行获利能力为当地一般银行。

2000 年与 1991 年比较：

——每一分支金融机构服务人口，机构增加，服务人口减少。

——直接金融比重上升，侵蚀间接金融，银行传统存放款业务受到影响。

——存放款利差缩小。

——当地一般银行获利能力，无论是资产报酬率还是净值报酬率都大幅下降。

——由于过度竞争等因素，银行资产品质显著下降，逾放比率大幅上升。

以上情况表明，金融市场需作结构性变革，已非人们之意愿问题。

于是金融机构的重组与合并被提上日程，有的说是金融变革第二次浪潮的来临，官方强调 2000 年是金融改革年。

2000 年年底，“立法院”三读通过“金融机构合并法”，有了金融机构合并的法源依据。实际上在立法之前已有多次金融机构合并，主要银行购并基层金融机构如信用合作社；有的基层金融机构发生挤兑，“银行不能倒”，财金主管就派出“救火队”，并责成大型行库概括承受；有的基层金融机构难以生存，由银行并购。这种以大并小，以强并弱的做法，并不减少银行的数量和承受的压力。这一次则是要求银行之间合并，扩大银行规模，提高品质，减少数量，有的权威人士估计，再过二三年，银行机构将会减少一半。

2000 年底前后，纸上的议论很多，概括所谓银行合并的“互补效益”，一是降低成本，增加收益；二是规模扩大，增强实力；三是分散风险，提高声誉；四是银行机构精简后，有利于官方的监管，提高总体水平。然而银行合并的过程相当复杂，难度很大，谁也不服谁。银行合并涉及一连串的协议与整合，概括其难度和问题，一是谁并谁的问题；二是股权组合的问题；三是裁员的压力；四是管理文化的差异；五是员工的任免；六是谁当老大的问题；还有须经双方董事会通过、“财政部”批准的问题，整个合并过程，需要时间。

截至2001年6月底，无论是“财政部”主导撮合的，还是“自由恋爱”的；无论是公营银行和民营银行的“相亲”，还是公营银行之间的合并重组；无论是“三合一”或“二合一”的几宗合并案，没有一宗是定案的。公营的台湾银行、台湾土地银行、“中央”信托局“三合一”的合并案，遭到员工强烈的反弹，数百名员工“五一”劳动节走上街头，喊着“反对台银、土银、中信局三行局合并”的口号，高举“合并＝裁员＝失业”标语牌，到“财政部”抗议，要颜庆章下台，甚至闹到“行政院”。

（二）金融控股公司的成立

经过较长时期的酝酿过程，“金融控股公司法”，终于在2001年6月27日经“立法院”通过完成立法，定于11月1日起施行。

——根据“财政部”的规划，金融控股公司制度，将使台湾金融体制朝“股权集中化、组织大型化、经营多角化、监理透明化”方向发展。台湾的金融业将从现在的分业经营、各守本业，变成跨业经营、争抢地盘，不同业者合纵连横、互相兼并，最后形成几家金融巨人。

——“金融机构合并法”鼓励金融机构合并，但只准同业合并，“金融公司控股法”则是准许金融业通过控股公司，进行异业合并，大大提高合并、兼并、收购的诱因。由于银行、保险、证券、期货、工业银行、投资银行等金融服务全部并入金融控股公司，现有金融版图必将出现激烈重组。

——“金控法”明定，欧系或美系大型金融控股公司，将给予国民待遇，不必在岛内新设金控公司，可以直接百分之百并购台湾的金融机构，台湾加入WTO后，市场将全面开放，外商集团可以经营银行、保险及证券业务，这都会对岛内的金融业造成强大竞争压力。必须使台湾的金融业更加现代化、国际化、提高金融集团的国际竞争实力，也是金融业转型金融控股公司的动机之一。

——金融控股公司拥有多种金融事业，通过共同行销、资讯交叉运用、产品组合，客户只要在一家金融机构开户，就可享有一次办妥相关业务的便利；还可共同使用营业场所、设备，以减轻成本。

“金控法”并非万灵丹。一是，不是所有的金融业都适合转型控股公司，经营规模不大、市场占有率有限，转型控股公司后只是叠床架屋，没有效益，一样活不下去。

二是，跨业经营后，控股公司旗下的银行、保险、证券等子公司之间有利益冲突，利益输送；单一企业发生问题，可能冲击其他事业，进而波及金融市场，形成系统风险。

三是，台湾金融业的病症还主要在于行库除金融本业外，尚担负当局尤其是执政党特殊的政策任务，加上政商关系纠缠不清，不少经营者将自家银行视为账房，导致不当放款，呆账与利益输送等遗害，积弊难返。

四是，有了上述法令，台湾的金融业是否真能脱胎换骨，将取决于执政当局有无执行的魄力和决心，否则徒法不足以自行。

五是，有关“金融控股公司法”相配套的 11 项子法，尚在订定的过程中，需要时间。原来预计在 2001 年年底之前核准设立第一家金融控股公司，是否能够实现，以及今后的进展情况，现在还难预计。据台湾《经济日报》报道，目前有意申请转型金融控股公司的集团不少，如下表：

有志转型金融控股公司的主要集团

集团	相关金融事业	集团	相关金融事业
新光集团	• 新光人寿 • 新光产险 • 台新银行 • 台新证券	霖园集团	• 国泰人寿 • 东泰产险 • 汇通银行 • 玉山银行（20% 股权）
宏泰集团	• 安泰证券金融公司 • 安泰银行 • 安泰人寿 • 金安泰保险代理人公司	和信企业集团	• “中国信托商银” • “中国人寿” • 迪和租赁 • 中信证券 • 中信投顾
中华开发	• 中华开发银行 • 大华证券（持股 18） • 锁定华信银行 • 锁定中兴票券	统一集团	• 万通票券 • 万通银行 • 统一安联产险 • 安联投信

续表

集团	相关金融事业	集团	相关金融事业
日盛集团	• 日盛租贷 • 日盛银行 • 日盛期货 • 日盛证券 • 日盛证券投顾 • 日盛创投 • 日盛投信 • 日盛资产管理 • 宝岛银行保险 • 代理人公司	远东集团	• 远东大联投信 • 远东银行 • 远东银保险代理人公司 • 亚东证券 • 远东租赁 • 远东建筑经理人公司 • 大华票券（持股 22.6%）
华信金融集团	• 华信银租赁 • 华信银行 • 金华信银证券 • 华信银财务顾问 • 华信财务公司（香港） • 华信安泰信用卡公司 • 金华信银证券投顾 • 华信银财产保险代理人公司 • 华信银寿险代理人公司 • 美国远东国民银行	富邦集团	• 富邦证券 • 富邦银行 • 富邦票券 • 富邦保险代理人公司 • 富邦租赁富邦投信投顾 • 富邦产险 • 富邦寿险 • 富邦期货 • 富邦建筑经理人公司

五、股票市场

（一）2000 年股市基本情况

截至2000年年底，股票上市公司的家数为531家，比上年的462家增加69家；上市公司的资本额为新台币 37 000 亿元，比上年的 31 000 亿元增加 19.4%；上市公司股票总市值为 81 915 亿元，比上年的 117 873 亿元减少 30.5%。

2000 年股票成交量为 630 914 百万股，比上年的 678 064 百万股减少 7%；总成交值为新台币 305 266 亿元，比上年的 292 915 亿元增加 4.2%，平均日成交值 1 126 亿元，比上年的 1 101 亿元增加 2.3%。

截至 2000 年年底，投资人开户户数为 12 465 748 户，比上年的 10 913 054 户增加 14. 2%，投资人数 6 839 613 人，比上年的 6 127 608 人增加 11. 6%。实际有交易的户数为 4 316 168 户，比上年的 3 565 843 户增加 21. 0%，有交易的人数为 3 153 086 人，比上年的 2 931 069 人增加 7.6%。

截至 2000 年年底，股价指数为 4 739 点，比上年底 8 448 点下跌 43.9%。

（二）2000 年以来股市一蹶不振

受台湾政经恶化的影响，2000 年 12 月 30 日，台北股市集中市场最后一个交易日的封关指数为 4 739 点，与 1999 年的封关指数 8 448 点比较，下跌了 3 709 点，跌幅高达 43.9%，创下历年来第三大跌幅，仅次于 1990 年的 53% 和 1974 年的 61%。在全球股市中，跌幅仅次于泰国的 45.0% 和韩国的 50.9%，排名最大跌幅第三名。

据台湾证券交易所统计，2000 年底，股票总市值为新台币 81 985 亿元，比上年底减少 36 050 亿元，减幅达 30.5%，使投资人惨遭财富缩水之苦，投资人无不叫苦连天，对股市前景信心尽失。

股价大幅下跌主要是在下半年，上半年还表现不错。

从股市成交值来看，也反映了上下半年高低差异的情况，如上半年成交值为新台币 206 365 亿元，占全年成交值 305 267 亿元的 67.6%，下半年为 98 902 亿元，仅占全年成交值的 32.4%。

全年观之，股价下跌 43.9%，新台币对美元汇率贬值 4.9%，金融痛苦指数高达 48.8%。

2001 年上半年股市被喻为是天寒地冻，一片凄惨景象。苦寒过后，并未见春天的到来。

2001 年上半年，由于国际经济继续走缓，岛内政治纷扰不已，两岸关系迟迟无法获得突破，企业投资不振，失业率继续攀升，第一季度经济增长率只有 1.1%，第二季度更降为负增长 2.4%。由于各种政经因素的影响，股市持续低迷，股价指数一直在 5 000 点上下徘徊。

2001 年上半年股市成交值大幅衰退为 97 988 亿元，比 2000 年上半年的 206 365 亿元减少 52.5%；到 2001 年 6 月底，股价指数为 4 883 点，比上年 6 月底的 8 265 点下跌 40.5%。如按陈水扁就职的时间来计算，2000 年 5 月 20 日股价指数为 8 820 点，到 2001 年 5 月底跌至 5 048 点，跌幅达 42.8%，这就是陈水扁就职一年来的“政绩”。

就是这个政治吹鼓手，在竞选时曾鼓吹：“总统选阿扁，股市上万点”，而务实的统一企业总裁高清愿则认为“总统选阿扁，股市下挫 5 000 点”，看来高清愿的预言是正确的。

（三）当局采取的措施

2000年下半年股价一路惨跌，跌得“扁政府”手忙脚乱，加以用才失当，忙乱变更游戏规则，更加搅乱了市场交易秩序。

——2000年10月3日，“财政部”宣布，自10月4日至11日止的6个营业日，台股跌幅限制由7%减为3.5%，眼看时间太短，复于11月20日又宣布将截止时间延长至2000年年底。

——2000年10月19日“财政部”宣布，对单一外资机构投资台湾有价证券的上限由12亿美元提高为15亿美元，单一外资及全体外资对单一公司持股比率上限由50%提高为75%；复于11月20日又宣布，将上述的前者由15亿美元提高至20亿美元，后者由75%提高至100%，实际是取消后者的限制。

——要求“国家安定基金”进场为股市护盘。自10月15日至11月15日，“国安基金”共买进股票1 200亿元，至2000年底，共进场买进1 720亿元，由于涉及泄密、内线交易和缺乏专业经验，不仅未起到护盘的作用，到年底账面亏损达400多亿元，还遭到“监察院”的纠正。

——2000年11月20日，“财政部”宣布，商业银行投资证券占净值的比率上限，由20%提高为25%。

——“财政部”决定，自2001年1月2日起，股市交易时间，周一至周五为上午9时至下午1时半，比原来的交易时间延长一个半小时，各方面认为此时延长时间非适当时机，也无济于事。

有关主管当局忙乱采取的应急措施，从结果来看，每一次干预的措施，都形成反弹，并导致另一波下挫的开始，使人民的信心和财富都造成更大的伤害。

有关上述“国安基金”等的详情分述如下：

1.关于“国家安定基金”

1996年台海危机时期，1998年年底岛内发生本土金融危机时期，财金部门曾两度设立“股市稳定基金”，由四大基金（劳保基金、劳退基金、退抚基金、邮政储金）为股市护盘。为防患于未然，1999年6月有关当局规划设立更庞大的“国家安定基金”，同年9月，“行政院”通过“国家安定基金设置及管理条例草案”为当局护盘股市有了法源依据，得以名正言顺。

条例草案的主要内容有：

——“国家安定基金”只用于资本市场及其他金融市场，不得用于汇率、利率及外汇操作。

——“国安基金”规模为新台币 5 000 亿元，其中 2 000 亿元是以“国库”持有的公民营事业股票向金融机构借款，3 000 亿元来自邮政储金、劳工退休基金、劳工保险基金、公务人员退休抚恤基金，以及经“行政院”核定的基金。

——“国安基金”自负盈亏，并给予借用各基金合理的补偿及收益。

——“国安基金”动用的时机有三，即股票指数连续下跌，国际资金大幅移动或投机客意图狙击，以及岛内外发生重大事件时。

——设置“国安基金”管理委员会，运用及操作基金。

——“国安基金”平时以现金、存款及购买债券等方式保存。

——“国安基金”结束时，由“国库”概括承受资产负债。

以上条例草案经过立法程序，于 2000 年 2 月 9 日“国安基金”正式成立。3 月开始运作，当月即进场买进股票 560 多亿元，以拉抬“总统”选举行情，随后于 10 月 15 日至 11 月 15 日，由于股价持续下挫，获受权再进场买进 1 200 亿元，至 2000 年年底，共进场买进 1 720 亿元。但股市持续低迷，“国安基金”不仅未起到护盘的作用，而且亏损累累，账面亏损 400 多亿元，投资报酬率为负数。

“国安基金”原为稳定股市及投资人心理的产物，由于运作不当，招致“监察院”纠正。2001 年 4 月 17 日，“监察院”通过对“行政院”主管的“国安基金”纠正案，质疑其运作过程欠缺机密性、机动性与专业性，操盘人员经验不足，导致操作失利，“国库”受损，显有失当。由于“国安基金”护盘不灵，投资人不满，一些民意代表及学者不断抨击当局以行政干预股市。曾担任“国安基金”操盘手的“财政部长”颜庆章则表示，2000 年有许多非经济因素冲击股市，护盘是不得已的选择，但“政府”基金在 2000 年 11 月下旬以后，就未介入股市。

2. 关于外资投资台湾股市

台湾的外汇管制自 1987 年以来，经过多次放宽，迄今对短期性的外汇收支仍有设限，外资投资台湾股市就是其中的一个方面。

台湾于 1990 年 12 月开放外国专业投资机构投资台湾股市，1996 年 3 月进一步开放境外法人及自然人投资台湾股市。关于外国专业投资机构投资台湾股市，开始限制很严，经过逐步放宽后的情况是：

1998 年 1 月 7 日，有关当局规定，对每一外国专业投资机构投资台湾任一发行公司股票的股份总额，占该公司已发行股份之比例上限由 10% 提高至 15%；全体外资投资任一发行公司的股份总额，占该公司已发行股份之比例，由 25% 提高至 30%，每一外国专业投资机构投资岛内证券之限额为 6 亿美元。

1999 年 4 月 1 日起，对每一外资及全体外资投资任一发行公司股票之股份总额，占该公司已发行股份之比例上限均为 50%；每一外国专业投资机构投资岛内证券之限额为 12 亿美元。

2000 年 10 月 19 日起，单一外资及全体外资对单一上市公司持股比例上限由 50% 提高至 75%，单一外资机构投资岛内有价证券上限由 12 亿美元提高至 15 亿美元。

2000 年 11 月 20 日起，单一外资及全体外资对单一上市公司持股比例上限由 75% 提高至 100%，单一外资机构投资岛内证券最高限额由 15 亿美元提高至 20 亿美元。

截至 2000 年年底，“中央银行”同意的外国专业投资机构投资岛内证券有 543 件，额度为 472 亿美元。

外国专业投资机构投资台湾股市汇入的金额近 5 年的情况是：1996 年为 62 亿美元，1997 年为 113 亿美元，1998 年为 103 亿美元，1999 年为 180 亿美元，2000 年为 254 亿美元。截至 2001 年 6 月底，全体外资累计汇入净额达 358 亿美元，九成以上投入台湾股市。至于外国专业投资机构持有台股的价值占台湾股票总市值的比重，1996 年底为 3.4%，到 2001 年 5 月底为 7.4%。

以上数据表明，外资是台湾股市的重要参与者，但外资每日交易金额，仅占股市总成交值的 5% 左右，对股市整个盘市的影响并不大。而外资的本质是逐利而居，哪里有获利的机会资金就往哪里流，不可能成为稳定股市的力量。

2000 年全球 38 个主要股市涨跌幅如下表：

排名	国家／地区	涨跌%	排名	国家／地区	涨跌%
1	中国上海 A 股	43.0	20	英国	-12.0
2	爱尔兰	11.7	21	芬兰	-12.4
3	瑞士	5.4	22	香港	-13.1
4	加拿大	4.2	23	西班牙	-13.3
5	意大利	3.2	24	瑞典	-13.4
6	以色列	1.5	25	巴西	-13.4
7	澳洲	-0.3	26	新西兰	-14.8
8	波兰	-1.4	27	马来西亚	-16.3
9	法国	-2.9	28	墨西哥	-23.0
10	南非	-3.6	29	印度	-23.6

续表

排名	国家 / 地区	涨跌%	排名	国家 / 地区	涨跌%
11	捷克	-5.8	30	新加坡	-23.7
12	俄罗斯	-5.9	31	阿根廷	-23.7
13	智利	-5.9	32	日本	-26.0
14	荷兰	-6.6	33	菲律宾	-31.5
15	挪威	-8.4	34	土耳其	-38.0
16	德国	-10.2	35	印尼	-38.5
17	比利时	-10.3	36	台湾	-43.9
18	美国	-10.5	37	泰国	-45.0
19	奥地利	-11.7	38	韩国	-50.9

资料来源：台湾《中央日报》据美林证券公司所作统计。

1962 年 2 月台湾证券交易所成立，1968 年 4 月公布“证券交易法”，1969–2000 年来股价指数及涨跌幅如下表：

年份	收盘指数（点）	年涨跌%	年份	收盘指数（点）	年涨跌%
1969	110	3	1985	835	-0.3
1970	123	12	1986	1 039	24
1971	135	10	1987	2 340	125
1972	228	69	1988	5 119	119
1973	495	117	1989	9 624	88
1974	193	-61	1990	4 530	-53
1975	330	71	1991	4 600	2
1976	372	13	1992	3 377	-27
1977	450	21	1993	6 071	80
1978	532	18	1994	7 125	17
1979	550	3	1995	5 174	-27
1980	558	2	1996	6 933	34
1981	551	-1	1997	8 187	18
1982	443	-20	1998	6 418	-22
1983	762	72	1999	8 448	32
1984	838	10	2000	4 739	-44

资料来源：台湾中华投信公司。

六、外汇业务

（一）外资进出

在外资进出管理方面，台湾自1987年放宽外汇管制以来，迄今在不涉及新台币的外币资金进出已完全自由，而在涉及新台币的外币资金进出方面，除有关商品、劳务的外汇收支及贸易有关的收支已完全自由外，资本账中经主管机关核准投资的外汇收支也已完全自由，仅短期性之金融外汇收支尚有管制，例如：

——对单一外国专业投资机构投资岛内有价证券的最高限额为20亿美元，单一外资及全体外资对单一上市公司持股比率上限已由75%提高至100%，截至2000年年底，"中央银行"同意外国专业投资机构投资岛内证券有543件，同意额度为472亿美元。

——每一境外华侨及外国自然人投资岛内证券的限额为500万美元，每一境外法人及非公司型基金受托人投资岛内证券的限额为5 000万美元。

——对公司、行号及个人团体结汇限额仍维持前者（公司行号）每年5 000万美元，后者（个人团体）每年500万美元。

截至2001年6月底，上述全体外资累计汇入净额达358亿美元，九成以上投入股市。

（二）汇率变动

2000年以来，由于台湾政经形势不断恶化，和全球景气走缓的影响，反映在新台币兑美元的汇率方面，上半年有升有贬，下半年则一路走贬，2001年上半年更是迭起风波。

2000年上半年：1月底新台币兑美元的汇率为30. 74元，3月底为30. 55元，但在3月20日"总统"选举结束后，由于政治性的因素严重干扰汇市，汇率一度贬到5月底的30. 85元，由于抢汇人潮仍然不断，"中央银行"紧急喊话，展现捍卫汇市的强势作风，到6月底新台币才又回稳至30. 85元的价位。

2000年下半年：全球经济走缓，尤其是陈水扁上台后，政局动荡不安，经济景气转坏，人们忧心政经乱象；加之外界预测新台币汇率将走贬，甚至可能发生金融风暴，加重了人们的预期心理，一窝蜂抢购外汇，新台币汇率一路走贬。7月19日跌破31元大关，10月17日跌破32元大关，11月30日更跌破33元关卡，到年底新台币美元汇率为33. 06元，比上年底31. 44元贬值4.9%。

由于新台币兑美元的汇率一路走低，民间争相持有美元资产，进口商避险意愿提高，提前预购远汇，出口商惜售外汇，将资金转存利率较高的外汇存款，以致银行的外汇存款逐月升高。如1999年年底外汇存款为新台币6 539亿元，2000年6月底为7 086亿元，到12月底上升到11 769亿元，比1999年年底增加80%，比2000年6月底增加66.1%，增长速度惊人。

为减缓外汇存款持续激增及新台币贬值压力，期使外汇存底（即外汇储备）不再持续下降，“中央银行”决定自12月8日起，对银行新增及到期续存之外汇存款提存5%的外汇存款准备金，复于12月29日再将此项准备金提高为10%，这是“中央银行”首次对外汇存款提存准备金，并指出，增提外汇存款准备金，以促使各银行因成本增加调降美元利率，缩小美元和新台币利差，汇市可望因提存外汇存款准备金而渐趋稳定，外汇存款增加速度可望得到有效控制。但实施以后，由于预期心理太过浓重，成效不彰。

2001年上半年：由于“中央银行”坚守33元关卡，1–4月份新台币汇率一直在33元以内浮动，但是压力很大。为提振景气，“中央银行”从2000年12月到2001年4月的5个月内，曾5次调降银行利息，但都成效不彰，于是就有新台币贬值之说，接着就是风波迭起。

陈水扁“5·20”就职一周年的前夕，台报披露：陈水扁委请台湾综合研究院体检台湾经济，该院幕僚提出让新台币汇价一次贬足至40元，并称此举是提振当前景气的唯一之途，同时也向吕秀莲“副总统”提出此项建议案。对此，立即引起了轩然大波，遭到各界的质疑和反对。

各界反映强烈：认为一次贬足40元太过离谱，明显背离市场法则，可能未蒙其利，先受其害，后患无穷；汇率贬值表面上对出口有利，但也会垫高进口成本，抵消竞争力，还可能带动岛内物价上涨；汇率大贬必然会影响股市，使股价大跌，外资也会卖出台股，汇走资金，岛内资金也会跟着外流；台湾正准备加入WTO，该组织有汇兑协议，除非有特殊严重状况，否则台湾不可以也不应该放任新台币一次贬到40元；即使现在也会遭到贸易对手国的反弹，如果引发亚洲其他国家起而效尤，还很可能引发另一波亚洲金融风暴；认为在现行浮动汇率制度下，汇率完全取决于市场供需，其变动是微小的，渐进的，一次贬足论者，既缺乏常识，也缺乏经济学的知识；甚至有的语带讥讽地说，现在满街都是“中央银行总裁”。

在综合研究院宣称让新台币汇率一次贬足至40元的冲击下，5月21日新台币汇率即贬值0.51元，由前一日的32.95元贬为33.46元。随着汇市抢汇的影响，股市也跟着重挫，大跌153点，跌破5 000点关卡。由于汇市出现恐慌性抢汇，股市出现失望性卖压，以致股汇市联袂下挫的局面，真所谓“未蒙其利，先受其害”。

一波未平，一波又起。

综合研究院传出新台币汇率贬足40元之说所引起的风波还未完全平息下来，接着又出现了陈师孟关于汇率的谈话，再一次引发了一场外汇抢购风波。

5月26日，“中央银行”副总裁陈师孟（陈布雷之孙，入“央行”前为台湾大学经济系教授）接受媒体访问时说：“考虑到未来的经济状况，新台币是否有贬值空间的问题，我个人认为，可能有一点贬值空间，但绝不是1美元兑40元新台币的价位。”

陈师孟的这席公开谈话，由于他是“中央银行”高级官员的特殊身份，影响非同一般，很快就发酵起来。5月28日，汇市抢汇达到了疯狂的程度，一位汇银主管说：“印象中，连金融风暴时都没有见过厂商如此疯狂抢汇”，有的散户则是“蚂蚁雄兵”般地购进美元，有的上班族甚至银行的行员都离岗去买美元，美元存款也随之大幅增加。28日这一天，由于客户蜂拥抢汇，使银行人员忙得不可开交，外汇交易员一天下来也累瘫了。

就在5月28日这一天，台北汇市爆出逾20亿美元的巨量，“中央银行”全天力守33.5元关卡后，终于在尾盘弃守让汇率贬至34.5元。一次就贬了1元，贬幅达2.9%，“中央银行”为护盘也砸下了20亿美元。汇市爆量重贬，反映了人心惶惶的程度和岛内经济情势的险峻。

这一波汇市剧烈震荡，各界指责陈师孟的乱发言是造成汇率恐慌性贬值的主要原因，是罪魁祸首，他忘了自己是谁？陈师孟则不以为然，认为部分媒体喜欢断章取义，表示以后再不对外发言。

一波接一波的汇率风波，就在2001年5月21日至28日，新台币共贬值1.5元。

（三）外汇交易

“中央银行”为增加办理外汇业务单位，持续核准银行国外部或分行为指定办理外汇业务银行，并接受外汇指定银行申请或报备开办衍生性金融商品。截至

2000年年底，共核准外汇指定银行947家，其中当地银行总行40家，分行838家，外国银行在台分行69家。

截至2000年年底，已开业营运之国际金融业务分行（OBU）共68家，其中本地银行38家，外商银行30家。

2000年台北外汇市场有关外汇指定银行及国际金融业务分行的外汇交易，经剔除银行间交易重复计算部分后，全体交易量净额为12 051亿美元，较上年增加15.5%。平均每日交易量为48.8亿美元，亦较上年增加17.1%，主要系因新台币对美元交易量大幅增加所致。

依交易对象分，2000年全年银行与顾客间外汇交易量占全体外汇交易量净额的44.5%；银行间交易量占55.5%，其中岛内银行间交易占20. 0%，岛内银行与岛外银行间交易占34.5%。

依交易币别分，2000年全年第三种货币交易量占全体外汇交易量的42. 5%，其中美元对日元交易占20.8%，美元对欧元交易占12. 3%；新台币对外币交易占57.5%，其中以新台币对美元交易占57. 5%为主。

依交易类别分，以即期外汇交易为主，占全体交易量的65. 8%，其次依序为：换汇交易占14. 6%，选择权交易占9.3%，远期交易占8.3%，保证金交易占1. 7%，换汇换利占0.3%。

截至2000年底，银行已开办之衍生性金融商品，除上述类别外，尚有外币换利、外币远期利率协议、外币利率选择权、外币信托资金投资国外证券、商品价格交换、商品选择权、外币利率证券、商品价格交换、商品选择权、外币利率期货、股价指数选择权等10种新种金融商品。相对于上述类别之外汇交易，这些新种商品的交易量都不大，2000年交易量合计仅为525亿美元，唯较上年大幅增长85.5%，其中以外币信托资金投资海外有价证券交易金额395亿美元为最大，其余新种商品的交易量都很小。

（四）外汇存底（即外汇储备）

1. 外汇存底“大失血”

2000年下半年，由于岛内政经形势恶化的影响，新台币汇率贬值压力沉重，“中央银行”大举抛汇，稳定汇率，使得外汇存底“大失血”。据“中央银行”统计，截至2000年年底，外汇存底为1 067亿美元，比1999年年底1 062亿美元仅增加 5 亿美元。问题主要发生在 2000 年的下半年，从 7 月起，外汇存底连续 6 个月下降，由 6 月底的 1 138 亿美元，降至 12 月底的 1 067 亿美元，共减少了 71 亿美元。

2001 年上半年，到 5 月下旬，先是综合研究院传出让新台币汇率贬足至 40 元，随后“中央银行”副总裁陈师孟关于汇率有贬值空间的谈话，影响所及，汇率连续两次大幅贬值，“中央银行”大举抛汇，干预汇市，至 5 月、6 月两个月外汇存底又减少 25 亿美元，由 4 月底的 1 116 亿美元降至 6 月底的 1 091 亿美元，外汇存底再一次“大失血”。2001 年 6 月底与 2000 年同期比较，则减少 47 亿美元。

2. 外汇存底降至第四位

2000 年 12 月底，台湾的外汇存底降至 1 067 亿美元，世界排名首度落后于中国香港，降至世界排名第四位。第一位仍是日本为 3 472 亿美元，第二位是中国大陆为 1 656 亿美元，香港跃居第三位为 1 075 亿美元。截至 2001 年 6 月底的情况是，全球外汇存底首位为日本的 3 626 亿美元，以下为中国大陆 1 808 亿美元，香港 1151 亿美元，台湾 1 091 亿美元，韩国 943 亿美元，新加坡 762 亿美元。

台湾外汇存底减少，降至世界排名第四位，据认为，就 2000 年而言，是由于厂商和民间将抢购的美元大量移向外汇存款，和厂商资金大量外移。

3. 外汇存底的币别组合

“中央银行”的外汇存底，均存入国际信誉卓著的海外联行与本岛银行的海外分行，之所以将部分外汇存底存放本岛银行海外分行，是便于协助拓展国际金融业务及协助台湾在当地投资厂商之需要。

关于存放海外之外汇存底的币别组合，随着欧元汇率回稳，外汇存底的币别组合也有所变动，据截至 2001 年 2 月的情况，仍以美元比重最高，占 65%，欧元之比重占 25%，日元占 6% –7%，其他币别占 3%–4%。

4. 黄金准备没有变动

2001 年 6 月，“中央银行”公布持有的黄金准备与以前没有增减变化，仍为 1 353 万英两，排行世界第 1 1 名，折算价值约为 36 亿美元。

“中央银行”的官员指出，为安定民众信心，并作为发行新台币的准备，台湾的黄金准备多年来并没有大幅增减。但是受到黄金价格波动的影响，“中央银行”持有黄金账面折算价值，由于先前购进的金价较高，约合 50 亿美元，因此，“中央银行”账面的损失近三成。

1991–2001.6 台湾与外汇有关的资料统计如下表：

年度	新台币对美元汇率	外汇存底（亿美元）	外汇存款（亿台币）
1991	25.80	824	564
1992	25.47	823	829
1993	26.72	836	1 113
1994	26.26	925	1 275
1995	27.32	903	2 155
1996	27.54	880	3 099
1997	32.62	835	5 699
1998	32.26	903	6 035
1999	31.44	1 062	6 539
2000	33.06	1 067	11 769
2001.6	33.48	1 091	12 410

资料来源：台湾“中华民国”统计月报，台湾“中央银行”金融统计月报。

七、主要指标

台湾地区主要经济金融指标统计表（1999-2003 年）

序号	项目	单位	金额或%				
			1999	2000	2001	2002	2003
1	国民生产总值 GNP	亿美元	2 905	3 139	2 868	2 893	2 959
	平均每人 GNP	美元	13 235	14 200	12 876	12 916	13 157
2	实质岛内生产总值 GDP	亿台币	90 297	95 694	93 499	96 814	99 912
3	出进口贸易总额	亿美元	2 323	2 883	2 301	2 431	2 715
	出口值	亿美元	1 216	1 483	1 229	1 306	1 442
	进口值	亿美元	1 107	1 400	1 072	1 125	1 273
	出超	亿美元	109	83	157	18	169
4	核准对外投资	亿美元	33	51	44	34	40
5	侨外来台投资	亿美元	42	76	51	33	36
6	消费物价指数上涨率	%	0.2	1.3	0	-0.2	-0.3
7	失业率（平均）	%	2.9	3.0	4.6	5.2	5.0
8	“中央”财政收入	亿台币	12 286	20 354	14 172	13 053	
	“中央’财政支出	亿台币	11 640	22 309	15 597	15 522	
	财政收支余绌	亿台币	646	-195 5	1 425	2 469	
9	年末存款总余额	亿台币	180 643	193 087	201 607	206 098	217 556
10	年末放款与投资总余额	亿台币	157 984	163 108	163 676	159 257	163 588
11	年末一般银行逾放比率	%	4.9	5.3	7.5	6.1	4.3
12	年末新台币兑美元汇率		31.4	33.1	35.0	34.8	34.0
13	年末外汇存底	亿美元	1 062	1 067	1 222	1 617	2 066
14	年末黄金储备	万英两	1 353	1 353	1 353	1 353	1 353
15	年末通货发行额	亿台币	6 112	5 277	5 257	5 273	6 082

资料来源：“中华民国”统计月报，台湾“中央银行”金融统计月报，台湾“中央银行”年报等。

注：①核准对外投资不包括大陆。

②2000 年财政收支统计口径有变动，包括 1999 年下半年及 2000 年共 18 个月数字，2000 年之前的年度为七月制，之后改为历年制。

③年末新台币兑美元汇率为 1 美元合新台币。

第三章　两岸金融篇

两岸交流与两岸货币互动问题

（1991 年 8 月参加两岸关系学术研讨会提交的论文）

一、两岸货币隔绝是怎样形成的

在货币经济时代，社会上的经济联系都要通过货币来进行，这种联系可以说是无所不在，货币的渗透也是无孔不入，纵观中国的近代史上，虽然经历了几次战乱的复杂环境，但是并未能使货币经济完全隔绝，只是到了 1949 年以后，海峡两岸之间的一切联系包括货币联系才完全中断了。

先从 1937 年抗日战争爆发以后这段时期说起。当时的中国虽然暂时被分割为国统区、沦陷区和解放区，而且相互封锁，相互隔绝，但是并未能完全阻碍得了经济上的联系，在十分困难的条件下，仍有人冒着极大的危险，通过各种途径，越过封锁线，从对方地区取得极为匮乏的物资。当时，国统区使用的法币、沦陷区使用的储备券、解放区使用的各种地方货币，虽然互不联系，然而也能自发地解决货币清算的问题。

1945 年 8 月，抗日战争胜利，台湾回归祖国以后，当时的国民政府考虑到台湾地区不致受到大陆通货膨胀的影响，大陆使用的法币没有进入台湾，而是发行了一种地区性的货币——台币（后称旧台币）。虽然如此，并没有隔绝两地货币的联系，而是通过汇率，将大陆使用的法币和以后使用的金圆券与台币联系起来。这种汇率开始是固定的，后来由于大陆的通货急剧膨胀，台币也不稳定，于是将两地货币的汇率改为机动汇率制，根据上海和台北两地物价的变动随时进行调整，直到 1949 年以前，两地货币一直保持着联系，没有隔绝。

1947 年全面内战爆发以后，大陆处于激烈的交战状态，已经解放了的地区与国统区形成块块式的隔绝，然而也未能完全阻碍两个地区的经济联系，仍有居间商人通过地下管道，越过封锁线，来往于两个地区之间进行经济活动，国统区直到后来使用的金圆券，解放区后来使用的人民币，两种敌对的货币也能自发地解决货币清算的问题。

只是到了 1949 年新中国成立，国民党退到台湾以后，才出现了与以前大不相同的变化，两岸开始处于严重的分离状态，大陆和台湾的一切联系包括货币联系，就完全隔绝中断了，可谓鸡犬之声相闻，老死不相往来。这一不幸局面的形成，主要有两方面的原因：

一个原因是，两岸在政治上的严重敌对和军事上的交战状态。这是以前历史因素的继续，更严重的问题是，两岸的政治禁令都十分严格，造成两岸人民极大的恐惧心理，以致连书信往来都完全断绝了，遑论其他。但仅此还不能使两岸完全隔绝。

还有一个很重要的原因，就是地域环境的隔离，所谓隔山容易隔水难，即使居间商人哪怕是有再大的利益可图，也无法通过互相封锁的台湾海峡，不像以前，即使封锁再严，也有缝隙可乘。

由于以上人为的政治上的敌对，加上地域上的自然隔离，使两岸之间的任何联系都难以逾越了，人民不能往来，经济无法渗透，货币也乏无孔不入之力了。这一时期一直僵持到 70 年代末。

二、两岸货币政策迄今仍然未能互动

天下大事分久必合，没有永久的敌对。

到了 20 世纪 70 年代末 80 年代初，两岸关系终于出现了可喜的变化，大陆方面先后提出了两岸和平统一，三通四流（通邮、通航、通商，经济交流、文化交流、体育交流、科技交流）和“一国两制”（一个国家两种制度）的构想。台湾当局以“不接触、不谈判、不妥协”的三不原则作了回应。看来尽管是各说各话，但其本身表明，两岸开始在间接地表达意见，此后两岸逐渐出现了缓和的形势，尽管还是早春天气，乍暖还寒，但两岸已在朝着解冻的方向靠近，直到 1986 年这段时间，有的称之为“两岸和平对峙时期”。

在此期间，福建前线的炮声已经听不到了。两岸的间接贸易往来，开始从无到有，从暗到明，并在逐步发展之中。两岸在文化体育方面的接触，已在某些场合出现。但由于两岸关系还仅仅是开始，还没有形成互动的形势，因此，两岸货币障碍的问题也就没有显现出来。

1987 年，是两岸关系进一步发展的转折点，从此，两岸开始进入了交流互动时期。

1987 年 11 月，台湾当局宣布开放大陆探亲，开创了两岸互动的新里程，两岸人民为之欢欣鼓舞。随着台商自动地前来大陆投资设厂，并逐步形成了大陆投资热，两岸经香港的转口贸易，也有了大幅度的增长。两岸文化、体育、经贸、科技交流，已日趋频繁。据有关统计资料，截至 1990 年止，台胞来大陆探亲、观光的人数，累计已超过二百万人次。两岸经香港的转口贸易额，仅 1990 年就超过 40 亿美元。台商来大陆投资，据台湾《中央日报》1991 年 5 月 14 日的报道，根据台湾经济研究院提供的数字，近几年台商赴大陆投资的实际金额，累计约 20 亿美元左右，投资的厂商 2 800 百余家。

上述的各种交流，尽管还主要是民间的，间接的、单向的，但都与货币密切相关，都会伴随着货币的运动，这是货币经济的现实。但由于台湾当局一直坚持“三不”政策，不准许两岸直接发生货币联系，因而两岸的货币障碍就成为一个十分突出的矛盾。官方不准许两岸货币直接互动，而实际又有需要，于是就出现了走弯路、走暗路、走小路等许多不正常的管道，派生出这样那样的问题。

（一）民间汇款

1990 年 5 月台湾当局开放了一个唯一的管道，准许台湾的华南商业银行与英国渣打银行台北分行合作，办理民间对大陆的间接汇款业务，据截至 1991 年 5 月一年的统计，此种汇款共办理了 30 000 笔，金额 3 000 万美元（约 8 亿多新台币）。

此种汇款的问题很多：

一是费用高。一笔汇款汇款人要付手续费 600 元新台币，其中 200 元归华南商业银行，400 元归渣打银行。

二是周转时间长。其作业流程是：汇款人→华南商业银行→渣打银行台北分行→台湾境外的渣打银行→大陆的银行→付汇行→收款人。周转时间长达三个月之久。

三是肥水落了外“银”田。仅上述一年的汇款业务，渣打银行收取的手续费即达 1 200 万新台币，还可占用资金。

这种汇款不可能受到民间的欢迎。

（二）走地下管道

由于两岸的货币障碍，上述华南、渣打银行的做法，收费高，又旷日持久，于是地下管道应运而生，甚至公开刊登广告：大陆汇款 48 小时可达。这种以快速招揽顾客的做法，实际上是采取垫款的方式，收到顾客的汇款，立即通知大陆有联系的管道。这种地下管道所收取的费用无法得知，汇款金额更是难以掌握，安全可靠性也无保障，还助长了台湾本来已经十分猖獗的地下经济。

（三）委托旅行社代为汇款是另一个非正式的管道

汇款人乘台湾旅行社来往大陆之便，将款项委托带到大陆汇出，或者台湾的旅行业委托香港的同业，将顾客的钱在香港汇入大陆，这样等于是旅行社除了主业外，还兼营汇款业务。问题是，据说也有可能变相吸收存款违反台湾银行法之嫌，旅行社托带的钱多了要担一定的风险，还有，在大陆通过银行将款汇出后，因故投递不到或者发生差错，追踪、查询、退汇都成问题。

（四）商务性的大额汇款

商务性的大额汇款，一般具有很大的自发性，都是台商自寻管道，通过香港或其他第三地的外商银行转汇到大陆。这样，必然要增大投资厂商的资金成本，延缓资金周转速度，还使外商银行获利。更大的问题是，台湾的货币当局对台商汇往大陆的资金流量都不清楚。

以上仅是台湾报章报道的资料，从中可以看出，货币的渗透无孔不入，合法的不准做，就会出现不合法的；公开的不准做，就会出现地下的；不准走直线，只好被迫走曲线；不准两岸金融机构发生联系，只好依赖外商银行，如此种种，于民间不便，于两岸无益，违反了客观经济规律，削弱了银行的服务功能，不宜再继续下去。

三、两岸货币互动正常化的建议

一切从实际出发，并考虑到现实的可能性和今后发展的前瞻性，对如何推动两岸货币互动逐步走向正常化，提出如下的建议：

（一）关于两岸邮局直接通汇的问题

在中国历史上，邮局和银行办理汇兑业务，就有原则的分工，属于民间小额汇款，主要是赡家汇款，大都是通过邮局办理的。邮局汇款，机构普遍，手续简便，收费低廉，安全可靠。

两岸开放探亲以后，长期隔绝的家属亲友，多已取得联系，身在台湾的大陆同胞，老家都在大陆，定期或不定期往大陆汇款，赡老抚幼，接济亲友，完全属于民间的正常需要。据台湾华南商业银行和英国渣打银行合办两岸民间间接汇款，近一年来的统计资料表明，平均每笔汇款的金额仅为 1 000 美元，汇款者大都是在台退伍的老兵和赡家汇款之类，不存在大额商务资金流向大陆的问题，完全没有再加管制的必要。

鉴于民间汇款的实际需要，1991 年 3 月，台湾“行政院大陆委员会”又核准台湾的邮政总局与美国的花旗银行合作，办理两岸民间间接汇款，并拟开放类似华南银行与渣打银行的做法，但又提出对汇款金额设限的问题。这种固守通过外商银行绕大圈和设限的做法，有无必要，很值得研究。何不开放两岸邮局直接通汇，舍繁就简。

两岸邮局直接通汇，从台湾邮局受理民间汇款开出汇票，通过挂号信传递到大陆的归口邮局，再传到付款邮局通知收款人取款，大体只需 7 至 10 天的时间，大大减少了汇款的流程和加速了周转时间。

至于两岸邮件传递的方式，就要有所突破，有以下几种方式可以选择：

一是，两岸的邮局委托各自的红十字会在金门交接两岸的邮件，类似台湾遣返大陆越海赴台人员在马祖交接一样。这也属于间接行为。

二是，台湾的航空器经由香港直飞大陆，不再在香港转机。这样既可避免台胞在香港中转容易遭受的困扰，也解决了邮件传递的问题。这种通过第三地区到大陆，也应属间接行为。

三是，两岸直接通邮。通过香港转寄邮件的做法，实在没有什么实际意义，徒增加不必要的麻烦，而且台湾还处于不利的地位。据 1991 年 3 月 23 日台湾《民众日报》报道，两岸间接通邮 2 年来迄今，大陆寄台信件累计为 1735 万余件，台寄大陆信件累计为 1 340 万余件，台湾处于亏损的地位。如此既费钱，又不便民，何不改进。

以上无论采取哪一种方式，都是于民方便，于政治无妨，应属可行。

邮寄汇票的问题解决了，至于两岸邮局实际办理邮汇业务，自然会有许多具体问题有待研究，可由海峡交流基金会和海峡关系协调会从中沟通两岸的邮局协商解决，这也属民间事务范畴。或者通过两岸的红十字会从中沟通。

两岸邮局直接通汇，地下管道就失去了存在的条件，通过外商银行绕大弯的做法也会受到挑战，还有，主动权在握，通过统计资料，如发现有非民间小额汇款行为，随时可以调整作业规定。

（二）关于两岸银行间接通汇的问题

两岸从 1978 年开始有间接贸易往来，迄今已 13 年了，从 1987 年起台商开始到大陆投资迄今也 3 年多了，然而两岸之间商务性的间接汇款，台湾当局没有开放一条管道，这是不可思议的。更难以理解的是，既然承认两岸间接商务活动的合法性，又不开放两岸间接通汇管道；既怕流向大陆的资金失控，又不纳入金融管理；既不主动地掌握资金流量，又被动地花大气力进行“报备”工作；既在形式上固守不接触的框框，又在实际上坐视资金在眼底下流过，如此等等。反映了台湾当局在两岸经贸汇款政策上的矛盾状态，反映了主观脱离客观，政策落后于实际。

面对现实，该是正视这个问题的时候了。总不能让客观实际拖着政策走，再说流向大陆的钱也不是跳海过去的，何不变被动为主动，在开放管道上从宽，在管理上掌握主动，这比做形式上的官样文章要实际得多。

开放两岸间接汇款，也不必弄得很复杂。只需解决一个关键性的问题，那就是何谓“间接”，要有一个明确的原则性的定位；这个定位应从实际出发，宜宽不宜严，宜简不宜繁，可明确为：台湾的银行只要通过第三地区（如香港）的任何一家金融机构，将商务性的汇款转汇到大陆，都应视为间接汇款，不宜再附加其他的条件限制，这样台湾的银行办理两岸间接汇款就有多种方式可以选择。

一是，台湾的银行可与中国大陆在香港的任何一家中资银行发生转汇关系。

三是，台湾的银行可与香港任何一家非大陆中资银行发生转汇关系。

三是，台湾在香港并购一家银行，作为转汇大陆汇款的据点。

四是，台湾的银行在香港设立分行，台湾所有汇往大陆的商务性汇款，都归口由其转汇到大陆。这一方式最为可取。

40 年来，台湾的银行一直没有在香港设立一家分行，与其说是过分保守，不如说是一种失策。迄今是否在香港设银行据点的问题，仍然还摇摆不定，存在顾虑。早期不在香港设分行的顾虑，是怕避免不了与大陆的中资银行发生接触和业务联系，最近的顾虑，是怕香港“九七”以后，台湾银行的安全问题，这种顾虑实在没有必要。

台湾当局如果能采取后者，对台湾是十分有利的。

第一，台湾对大陆的商务性汇款，可以通过在香港的分行统筹归口管理，可以主动掌握台资的流动情况，善作因应。

第二，可与台湾1991年4月在香港设立的“香港台湾贸易中心”互相配合，对台商与大陆的商务活动，进行辅导服务。一般而言，银行应该跟着贸易走。再说在香港设立银行据点，也不违反台湾金融国际化自由化的原则。

第三，不仅对台湾的厂商办理间接汇款提供了方便，还由于不再通过外商银行中转，省去了许多费用和时间，利在自己，肥水不落外“银”田。

（三）关于两岸货币互动正常化的问题

所谓两岸货币互动正常化，就是在两岸发生货币经济行为时，直接由两岸的金融机构发生联系，不再通过外商银行、通过第三地区间接发生联系。从发展的观点看，两岸货币互动正常化，将是历史发展的必然趋势，当然，要有一个相当的过程。

两岸货币互动如何正常化，如何发生直接联系，需要逐步向着以下的方向推进：

一是，实现两岸金融机构直接发生业务联系，建立两岸直接通汇网，使两岸之间发生的一切经济往来，均能通过两岸的银行直接办理汇款业务，等于是在一国之内办理异地汇兑业务一样，包括信汇、票汇、电汇、押汇、托收等种类，均能畅通无阻，

二是，实现两岸货币通过汇率直接发生联系。现在大陆使用的人民币，台湾使用的新台币，就是在两岸和平统一之后，也会长期同时并存，不能再继续隔绝，互不联系。至于如何确定两种货币的兑换率，那就要到时两岸协商研究。

三是，两岸的金融机构可以互相发生借贷行为。两岸的银行也可以在对方地区互设机构。

至于大陆使用的人民币，台湾使用的新台币，可否在两个地区互相流通使用，则涉及两岸的货币政策，涉及两岸管理货币流通的规定，需要到时由两岸进行具体研究。

关于两岸货币互动如何才能实现正常化，如何加速这一进程，关键的问题，是希望台湾当局能够早日实现“三通”，早日实现两岸双向交流，这一进程加快了，则推进两岸货币互动正常化的时机就能早日到来。

两岸金融往来

两岸的金融业隔绝了40年。直到1990年台湾才开放个人对祖国大陆的间接汇款业务，之后逐渐有所发展，但迄今仍然限制很多，不利于两岸金融业的进一步交流与合作。

一、两岸间接汇款

1. 开放民间个人间接汇款

1990年5月以前，台湾向大陆亲友寄钱，主要是通过地下管道进行。有鉴于实际需要，1990年5月，开始准许台湾的华南商业银行与英国的渣打银行台北分行合作，试办民间个人对大陆的间接汇款业务。1991年8月，“行政院大陆委员会”决定，经“中央银行”指定办理外汇业务的银行和邮汇局，均可以与外国银行台北分行合作，办理民间个人对大陆的间接汇款。

台湾对大陆的民间间接汇款，主要是通过美国花旗银行在台湾的分行办理，其市场占有率近70%。截至1992年年底，台湾有19家外汇指定银行、全省有19个地区的邮汇局与花旗银行合作办理此项业务，几乎涵盖台湾各地。花旗银行为加强服务，编印了大陆汇款指南手册，免费提供汇款人利用。

花旗银行办理信汇业务，在大陆的付汇行主要是中国工商银行，其次是中国农业银行。其在大陆的付款据点共有60处，其中中国工商银行在各地的付款据点约40余处，中国农业银行在各地的付款据点有10余处。花旗银行与中国工商银行总行于1991年8月签订付款协议，中国农业银行签订此项协议在后。

花旗银行办理电汇业务，是通过大陆的中国银行办理，付款据点有490处。使用电汇，尤其对内陆偏远地区的受汇人迅速方便。

花旗银行办理信汇的流程如下：

汇款人→与花旗银行合作的台湾指定银行或全省各地区邮汇局→花旗银行台北分行→花旗银行香港分行→花旗银行深圳分行→中国工商银行、中国农业银行总行或分行（付汇行）→收汇人。

花旗银行办理电汇的流程如下：

汇款人→与花旗银行合作的台湾指定银行或全省各地区邮汇局→花旗银行台北分行→花旗银行香港分行→香港集友银行→大陆中国银行→收汇人。

从以上可以看出，办理间接汇款的环节很多，尤其是信汇，自然时间也快不了。还有的汇款人不熟悉大陆的地理情况，只是从地图上看付汇行的远近，实际上隔着崇山峻岭。如果收汇人要求付美元，付汇行一时没有，还得等待。此类情形，往往需要 3 个月的时间，收汇人才能拿到汇款。

由于两岸不能直接通汇，间接汇款环节多、时间长，非正式的地下管道不可避免地会以各种新的形式出现。台湾的银楼业（即买卖金银首饰的行业）也经营大陆的汇款业务，包括经营商务性的汇款，他们在大陆以各种名义设有据点。据说通过银楼业汇款，手续简便，时间快速。

两岸汇款，除了对民间个人可以办理间接汇款外，商务性的汇款至 2000 年一直连间接都不通，台湾对大陆的汇入款也一直没有得到解决。

2. 放宽两岸间接汇款的限制

到 1993 年 5 月中旬，“行政院大陆委员会”通过了“台湾地区金融机构办理大陆地区间接汇款作业要点”，取代 1991 年 7 月开始实施的“现阶段金融机构办理对大陆地区间接通汇作业要点”。

新的作业要点最大的改变有两点：

（1）两岸间接汇款由单向改为双向。即由单向对大陆汇款修改为可以受理大陆的汇入款。之所以作如此的改变，一是“财政部”不再觉得大陆汇款的进入会扰乱台湾金融秩序；二是赴大陆投资厂商的资金回流，有利于平衡台湾与大陆双向资金流动。有关规定是：

——允许岛内经指定的银行可以受理从大陆地区间接汇入款，不再局限于汇出款。

——间接汇款所通过的银行管道，也不再限定于过去所规定的大陆资本占 50% 以下的第三地区之银行，凡大陆地区银行设置在海外的分行，或是外商银行设置在大陆的分行，都是合法的间接汇款管道。

——台湾地区银行可以收兑大陆地区金融机构或海外分支机构为发票银行或是付款银行的票据。但收兑均以新台币及人民币以外的货币为限，应经第三地区之银行收款。

（2）放宽对大陆间接汇款的对象。过去只开放个人对大陆的间接汇款，后来则放宽为办理“大陆出口，台湾押汇”的厂商也可以办理对大陆的间接汇款。如此，间接汇出款业务共有 3 项：

——原有个人接济或捐赠大陆亲友之汇款。

——“大陆出口，台湾押汇”厂商的再汇出款，但汇款金额不得大于押汇金额。

——其他法人、团体经有关主管机关，洽经“大陆委员会”许可之汇出款，诸如1991年华东发生水灾等意外事件，可依以办理汇出款。

——相关的押汇、汇款等业务，仍然以新台币及人民币以外的货币为限。

（3）关于“大陆出口，台湾押汇”

“大陆出口，台湾押汇”业务的本身，并不直接涉及两岸的汇款关系，只是如前文所述，与台湾放宽对大陆的间接汇款有关，故在此将“大陆出口，台湾押汇”的情况作一简单介绍。

①台商在大陆投资经营的方式

台商在大陆投资经营的方式大体是：

——台湾接单或者在香港接单。

——在大陆生产，大陆出口。

——大陆出口产品收回货款，可以在大陆办理押汇，可以在香港办理押汇，后来规定可以在台湾办理押汇。

在未开放可以在台湾押汇之前，多在香港押汇，因为台商在香港多设有子公司。子公司收到押汇款，将其中一小部分汇往大陆生产厂作工资费用等开支，大部分留在香港子公司，以便资金调度。如果要汇回台湾，则要通过香港的银行转到台湾。

②开放“大陆出口，台湾押汇”业务

所谓“大陆出口，台湾押汇”，是指台湾厂商在大陆加工的成品出口，销往美国等第三地区，所收到的信用状，虽然单据上记载的出口港是大陆地区港口，但可以直接在台湾的指定银行办理押汇，不必通过香港的银行。

“大陆出口，台湾押汇”的交易流程是：

台商从台湾出口原料→经香港→转运大陆加工的产成品→在大陆出口卖给美国等国→台商将收到美国开出的信用状与大陆的相关文件→直寄台湾的指定银行办理押汇→收取货款。

1991年底经“中央银行”向“行政院大陆委员会”提出建议，并经“陆委会”同意，决定于1991年12月16日开放外汇指定银行开办“大陆出口，台湾押汇”业务。开放这项业务，据认为：

——为台商在大陆出口产品提供押汇的方便，由于不再绕道香港，可以节省押汇的时间和费用。

——鼓励台商资金回流，确保“根”留台湾，维持台湾经济繁荣发展。

——便于掌握厂商赴大陆投资的动向与资金流向。

——认定大陆出具的证明文件可以在台湾办理押汇，使过去实际存在的资金回流管道化暗为明。

截至 1997 年年底，台湾办理对大陆的汇出款累计为 30 亿美元，受理大陆间接汇入款累计近 5 亿美元。如下表：

两岸间接汇款统计表（1990-1997 年）

单位：万美元

年度	对大陆间接汇出款	自大陆间接汇入款
1990	1 890	
1991	8 200	
1992	20 447	
1993	25 434	2 600
1944	45 410	8 800
1995	54 179	7 800
1996	65 950	9 600
1997	74 200	21 000
合计	301 402	49 800

注：1990-1992 年为台湾个人对大陆间接汇出款，1993-1997 年为台湾个人和对大陆台商的汇出款。

二、两岸金融业务往来

1993 年 4 月 30 日，“财政部”正式公布“台湾地区与大陆地区金融业务往来许可办法”，规定：台湾地区银行海外分支机构可与外商银行在大陆地区之分支机构、大陆地区银行海外分支机构及其在海外之大陆地区法人、团体、其他机构、个人进行金融业务往来。业务往来范围包括收受客户存款、办理汇兑、签发信用状、进出口押汇、代理收付等。

但是上述办法公布后，“财政部”以种种理由未能实施，直到 1994 年 7 月，华南商业银行首准开办以来，截至 1997 年年底，已有 12 家岛内银行的 40 家海外分行获准办理上述业务，累计承作业务量 2.5 万余笔，总计金额 17 亿美元。

1995 年 7 月，“财政部”发布“台湾地区银行办理大陆地区间接进出口外汇业务作业准则”，规定岛内指定办理外汇业务的银行和国际金融业务分行，得经由台湾地区与大陆地区以外之第三地区银行，与大陆地区金融机构海外分支机构办理间接进出口押汇、托收等外汇业务。截至 1997 年底，指定银行共承作业务量 7.8 万余笔，总计金额约 53 亿美元，国际金融业务分行共承作 8150 笔，总计金额约 4.8 亿余美元。

三、两岸金融交流

除了两岸的金融业组团互访或参加有关会议外，由中国金融学会和台北金融研究发展基金会共同举办的两岸金融学术研讨会，从 1994 年起，轮流在两岸举行。第一届于 1994 年在台北召开，第二届于 1995 年在北京召开，第三届于 1996 年在台北召开，第四届于 1997 年在上海召开。

通过几次研讨会的召开，对促进两岸金融业的接触和相互了解，交流学术经验，都具有积极的意义；也是现阶段两岸金融交流的一种很好的形式，有必要延续下去。问题是，由于会议的功能性所限，还由于两岸存在着过于戒备的心理，以致每次会议太过于学术化，几乎是各说各的，也不够轻松活跃。这种状况今后似应有所改变，有所发展。

台湾银行在大陆设机构问题

台湾的银行业到祖国大陆设机构一直是个禁区。虽然 1994 年和 1997 年在大陆有两家台资银行，但都是台湾的企业家以不公开身份迂回来大陆进行的，而没有一家台湾的银行直接来大陆设分支机构，这是一种很不正常的现象。有关情况分述如下：

（一）禁止银行业到大陆设机构

1993 年 3 月，台湾“经济部”公布“在大陆地区从事投资或技术合作许可办法”，其中将金融业列为禁止在大陆投资的项目。之后有关当局多次重申这个禁令。

台湾的银行业、企业界、学者专家不断发出呼声，要求有关当局开放银行业赴大陆设机构。企业界提出的理由是：①在大陆的台商有 3 万多家，取得融资困难，台湾银行登陆，有利于为台资企业服务；②当局的禁令，违反金融自由化、国际化的原则；③银行不跟着企业走，是违背世界潮流；④所谓在大陆设银行有风险之说，业者愿意自担风险；⑤台湾的银行业如果迟迟不进驻大陆，会失去商机。

台湾有关当局一再重申禁令的说法是：①怕资金流向大陆；②怕失去谈判筹码；③不能经营人民币业务；④要承担政治风险。

（二）关于台商在大陆筹组信用社

由于各方面反映强烈，台湾有关当局又不乐见银行业登陆发展，于是在大陆设信用的问题上大做文章。

1994 年初，“陆委会”委托学者到大陆考察设立信用社的可行性，有关当局乐观其成，认为在大陆设信用社是吸收大陆的资金，不涉及资金流出；没有政策是否开放的问题；可形成台商中小企业自助互助体系；如有风险台湾不承担责任。

深圳台商协会于 7 月成立筹组信用社的筹备委员会，并希望台湾省合作金库能够提供协助，予以贷款便利。但“陆委会”的官员表示：支持台商成立信用社的构想，但不赞成信用社向台湾借钱，也不同意台湾省合作金库提供支援。以后就不了了之了。

（三）关于以台湾银行公会名义在大陆设机构

1995 年底，“财政部”曾要台湾银行公会研究，以台湾银行公会的名义赴祖国大陆设置办事处的可行性；认为由银行直接赴大陆投资风险太高，政策上有意让不具营利色彩的公会组织到大陆设机构，负责资讯的收集和联络工作。

1996 年元月底，台湾银行董事长、台湾银行公会理事长罗际棠，率省属行库副总以上阶层所组成的金融访问团，访问了北京、上海、深圳，探询以台湾地区银行公会的名义，在大陆主要城市设立办事处的可行性，未获结果。

银行公会是一种行业公会性质，外设机构可谓是新鲜事，实际上也是一种应付。

（四）关于台资在大陆设立的协和银行

1994 年台资在浙江宁波设立的协和银行，也是台资在大陆设立的第一家银行，引起了台湾方面的关注，立即展开调查。台湾当局认为，在大陆已开业的台资银行——协和银行，是在当地投资有贡献的美籍华人所设立，是通过特案方式核准的，资金大多不是来自台湾，其资本规模、资产净值远低于中方的规定。这个模式曾引起台湾企业界的关注，一度出现“协和银行”效应，但未能突破当局的禁令。

（五）关于两岸合资在浦东设立华一银行

两岸合资在上海浦东设立的中华第一银行，于1997年6月26日正式开业。这家合资银行的注册资本额为1亿人民币，台商持股占80%，上海浦东发展银行持股占20%。参与合资的不是台湾的银行业，而是通过第三地的公司，来大陆投资超过1亿美元的台商。

这家台商有说是台湾的宝成集团所投资，但经过台湾方面的调查，并未查获宝成集团涉嫌的相关资讯，该集团也在台湾的报端上公开否认。

这一事件引发对台湾官方是否应该开放企业赴大陆投资设立银行的争议，更有不少业者积极作登陆的准备。台湾官方重提“戒急用忍”政策。

（六）关于华信银行在北京设立办事处

中国国民党投资的华信商业银行，于1996年10月向台“财政部”申请收购美国的远东国际银行。由于美国远东国际银行已在北京设有办事处，而台湾尚未准许岛内银行在大陆设机构，此案备受各界关注。1997年5月，“财政部”正式核准了这个收购案。

“财政部部长”邱正雄表示：美国远东国际银行被收购前在大陆已设有办事处，这是既成事实，并认为办事处并不涉及营业行为，因此同意了这个收购案，“中央银行”和“陆委会”都不反对。至于未来有类似的购并行为，将以个案处置；但如所购并的银行在大陆已设立分行，“财政部”将不会核准。

（七）关于王玉云撤销在大陆设银行的计划

最早取得祖国大陆核准，并准备在福建省福州市设立营业单位的台资银行，其发起人为台湾中兴商业银行董事长王玉云。

王玉云家族申请案是由台资与中资合作共同出资，中方出资者担任董事长，台资方面担任总经理。这一核准案，一直没有落实行动。到1997年年底前，王玉云家族因故撤销该案。

（八）关于外资银行经营人民币业务

由于人民币还不能自由兑换，内外金融机构所得税率不统一（外国金融机构的所得税率为15%，大陆的股份制商业银行为33%，国有商业银行高达55%），以及对外国金融机构的有关法规尚待完善等因素，大陆尚不具备向外资银行全面开放经营人民币业务的条件。

为了方便外商取得人民币融资贷款，中国人民银行决定在上海浦东开放外资银行经营人民币业务的试点工作，于1996年底制定了《上海浦东外资金融机构经营人民币试点暂行管理办法》，1997年4月，被核准的8家外资银行正式开始运行。这8家外资银行是：美国花旗银行、英国汇丰银行、英国标准渣打银行、日本三菱银行、日本兴业银行、日本第一劝业银行、日本大和银行、上海巴黎国际银行。

对外资银行试办人民币业务，台商认为将有助于提高汇兑效率，吸引台湾中小企业来大陆投资；但也认为，开放的范围有限，如何将此项业务的融资落实给台湾企业才是最重要的；还有的认为，即使台湾的银行能在大陆设分行，对于办理人民币业务，并没有特别优惠，“同等优先”，但不能优先办理人民币业务。

（九）关于香港东亚银行在台设分行

1996年10月15日，“财政部”核准具有祖国大陆资本的香港东亚银行在台办事处升格为分行。这是第一家含有大陆资本的银行获准在台营业。

东亚银行是在两年前向“财政部”申请将办事处升格为分行，根据台湾两岸人民关系条例的规定，大陆资金比例超过20%的企业不得来台投资。由于对东亚银行的股权结构不清楚，申请案一直遭“财政部”搁置。经过查证，陆资占东亚银行的持股比例约为11.7%，并未超过20%的上限；加之香港金融管理局因东亚银行申设分行案迟迟未通过，也搁置台湾在香港的5家银行升格为分行的申请案，“财政部”只好放行，创下陆资来台的先例。

银行、保险登陆

（一）台湾银行业登陆问题

1. 十年空转原地踏步

——台湾自1990年10月正式发布“对大陆地区从事间接投资或技术合作管理办法”以后不久，在台资银行登陆的问题上，岛内的官方和民间不断地有限制和反限制的两种声音存在，但一直未能突破这个禁区，可以说是空转了10年，至今仍是一个悬案。

——1991–2000年，台湾的银行业组团的、分散的、以各种方式来大陆考察探路或起沟通促进作用的，可以说是不计其数。在两地多次轮流召开的两岸金融学术研讨会上，每次会议都几乎涉及台资银行登陆的问题；甚至有台方知名的人士向中国人民银行行长亲自递件，申请来大陆设机构。但是这些台湾的金融界人士返台后，不是挨批，就是低调处理，最后不了了之。

——1991-2000 年，尽管两岸的贸易额不断增加，台商到大陆投资的家数和金额与日俱增，台湾的银行业不配合经贸登陆存在诸多的实际问题，尤其是在大陆台商融资难的问题；尽管台湾的银行业发出高分贝的呼声，台商不断地强烈提出要求，大陆多次表示欢迎台资银行登陆并给予优先照顾，而台湾当局总是以种种理由设限。

——台湾银行登陆问题，一直停留在口头上，不见行动，有关当局终于道出了实情，并明确表示：所谓金融业到大陆设机构是宣传意义大于实际意义。但又迫于岛内各方面的压力，于是有关当局祭出台湾银行业公会在大陆设办事处的问题上喧闹一时，这种明知其不可行而为之，完全是为了宣传，应付岛内舆论的压力。

——台湾有关当局不让金融业登陆的种种理由，归纳起来，主要有如下几个方面：怕资金流向大陆，失去控制；大陆设机构不能经营人民币业务，银行去了要亏本；银行去了还不能设分行，设代表处没有实际意义；大陆的法制不健全，缺乏保障；两岸关系具有不确定性，要承担政治风险；业者如果自乱阵脚，会失去谈判的筹码，等等。台湾当局始终以负面的观点去思考台资银行登陆的问题。实际上有的问题并不存在，有的是前进中的问题，并不影响台资银行登陆。目前已有 170 多家外资银行在大陆设机构，为什么外银能，台银就不能？关键问题还是政治因素。

——目前在大陆有两三家台资银行都是迂回拐弯进来的。1994 年在浙江宁波设立的协和银行，据台湾官方讯息：这家银行是在大陆投资有贡献的美籍华人所设立，是大陆通过特案方式核准的，资金大多不是来自台湾；有的说是美资银行。1966 年台湾的华信商业银行在北京的办事处，是该行收购美国的远东国际商业银行之前，美国的远东国际商业银行在北京已设有办事处，非后来新设的。1997 年在上海设立的华一银行，是台湾的宝成集团收购美国一家银行的股份，以美商身份成立的名为外资实为台资与大陆合资的银行，注册资本额为 1 亿美元，台商（宝成）持股占 80%，上海浦东发展银行持股占 20%。以上都不是直接来自台湾的银行，亦即至今在大陆还没有一家真正来自台湾的银行。

2. 新世纪初出现转机

2000 年 10 月底，第六届两岸金融学术研讨会在北京召开。据香港《大公报》报道，会议期间，中国人民银行行长戴相龙在会见台湾金融代表团时的表示，大陆加入世贸组织前，基于两岸都是中国人的立场，对台湾的银行赴大陆设立分支机构的审批“仍给予特殊考量”。

国台办公室副主任王富卿会见台湾金融界人士时，表示台湾当局应放弃戒急用忍政策，开放金融业赴大陆设立分支机构，准许两岸直接通汇，进行务实合作交流。

代表团团长，台湾前“财政部长”陆润康表示，台湾民间要求开放金融业赴大陆投资的呼声越来越高，台湾工商企业要求开放金融业赴大陆投资的呼声也很高。现在的关键是时间问题，台湾越早开放银行赴大陆投资越好，因为大陆加入 WTO 后，对所有外资银行必须一视同仁，台湾银行到那时候，就很难享受一些优惠条件。

3. 提上日程凝聚共识

2000 年下半年，对于台资银行登陆的问题，台湾的相关部门开始提上议事日程。2000 年 8 月下旬，“财政部”、“中央银行”和“陆委会”成立专案小组，并达成共识，决定采取阶段性方式开放银行业到大陆设立办事处。所谓阶段性是指开放的家数将慢慢增加，初期不会太多。由“财政部金融局”研订相关的开放标准，并提出 4–6 个月内开放业者申请。大原则好说，涉及相关实际问题，则意见纷纭。

问题之一：银行业到大陆设办事处，代表处将来升格为分行，承作业务时，可能涉及两岸监理机制问题，届时大陆方面是否会尊重此机制，以目前形势来看，显然不太可能。就是设办事处，只能搜集资料，但“财政部”仍然担心银行在大陆的办事处可能从事许可外的业务，导致风险过高，可能出现使金融监理单位不易监督的弊病。

问题之二：关于设立子银行的问题。大陆及台湾金融主管机关均在研究，双方倾向以设立子公司（子行）作为折中方案，避免设立分行必须牵涉到两岸政治原则差异未解决的情况下，影响到两岸金融往来。申请设立子公司，母公司总资产仅需 100 亿美元，申请子行资本额仅需 3 亿人民币，门槛较设立分行的标准，即总行资产需 200 亿美元的规定低了许多；而分行与子行的业务范围并无差别，子行则视为财务独立的公司。

问题之三：关于在大陆设分行的问题。“财政部”反对金融机构到大陆设分行，认为目前两岸关系仍不明朗，“财政部”金检官员能否到大陆执行检查，都是未知数，故现阶段仅以开放金融机构到大陆设办事处为宜。此言一出，遭到“立法委员”和学者强烈的批评和不满。

一位亲民党的“立法委员”指出，哪有可以进行金融检查，才同意成立分行的惯例？她要“财政部”放弃意识形态，正视大陆台商迫切的需求；只设办事处，不能承办业务，根本不符合目前在大陆4万多台商的需求，质疑“财政部”的政策缓不济急。

一位政治大学的教授指出，当局应把握双方尚未加入WTO的机会，尽快开放金融业到大陆设分行，大陆将会同意，一旦两岸都加入WTO后，就不能有例外的优惠了。还指出，大陆对于外商银行的金融检查，比台湾现行制度还严，“财政部”官员没有必要过度担心，以不能到大陆金检为借口，不同意银行业到大陆设分行。

一位知名的金融人士认为，金检不是大问题，就像台湾的银行在海外设立的分行，“财政部”怎么管，未来对设在大陆的分行就怎么管。

“财政部”的官员仍强调，到大陆设金融机构是政治问题而非金融问题，现阶段对大陆的政策既然是逐步开放，当然只能先办事处，后分行。

问题之四：关于资金外流大陆的问题。有的意见认为，金融业到大陆设分行，资金恐有外流之虞，当局也不乐见。产业外移大陆后资金再外流，台湾不仅产业的根被掏空，资金也会被掏空。这种看法业者并不认同，认为台湾的银行业到大陆广设据点后，因可以吸收当地资金——人民币，反而会减缓资金外流的速度。

问题之五：关于两岸银行名称重复的问题。大陆的中国工商银行，简称ICBC，与台湾的“中国国际商业银行”简称一样，一旦台湾开放银行业到大陆设办事处，台湾的ICBC，要以什么英文简称登陆。同样的问题发生在交通银行上。大陆的交通银行重组后，其名称标志与台湾交通银行四字的字体一模一样，就是书写的方向不一样。未来台湾的交通银行要登陆除了名字与大陆交银重复，字体也一样，怎么与大陆的交银分辨，还是大问题。

问题之六：台湾银行业是否能顺利实现登陆的问题。多数金融界人士认为，台湾的银行业到大陆设办事处及分行，实务上不是问题，重点还是政治大原则，如果难以突破，即使设据点，承作人民币融资业务，短期也难实现。还有业者提醒说，大陆官方“说很多做很少”，不要有过多的期望。在登陆以前，最重要的是作好可能的准备。大陆长期在社会主义思想下，不论官方、当地人、做事方式和想法都与台湾不同，了解大陆，因应大陆，是登陆的第一课题。

实际上，台湾的主管机关“中央银行”也在研拟因应方案，若短期内无法开放金融业赴大陆设据点，计划逐步开放与大陆金融往来，首先开放国际金融业务分行（OBU）与大陆银行直接通汇，允许境外银行与大陆通汇，不需经过第三地、第三者（多为外商银行）汇款，暂时解决台商现在汇款必须“一只牛被剥三层皮”的问题。之所以做出这项考量，也是顾及台商融资需求及减少汇款手续。

4.“戒急用忍”反复多变

2001年4月中旬，“台湾地区与大陆地区金融业务往来许可办法修正草案”已完成专案审查，“中央银行”、“财政部”和“陆委会”达成共识，未来将开放台湾银行赴大陆设置代表人办事处，以便在大陆搜集资料。在讨论“修正草案”时，“中央银行”虽持审慎保留态度，最后还是同意开放。

随后，受两岸关系低迷的影响，“行政院”高层决定，院会暂不讨论开放台湾银行赴大陆设代表办事处。“行政院”秘书长邱义仁指出，此一政策将与调整戒急用忍政策一并考量。这意味开放银行赴大陆设办事处的时程又将延后。

原因之一，高层认为，岛内景气不佳，失业率升高，资金流出严重，目前并非放宽戒急用忍政策的好时机，即使5·20陈水扁就职满一周年，也不会因此配合调整戒急用忍政策。

原因之二，李登辉访日不顺利，陈水扁与吕秀莲提高分贝批评日本及中共，两岸关系陷于低潮，“行政院”原在院会中已排入讨论的“台湾地区与大陆地区金融业务往来许可办法草案”的议程，“行政院”决定撤销这项议程，台资银行赴大陆设办事处的问题又搁置下来。

“行政院”秘书长邱义仁表示，“行政院”内部会议讨论的结果，认为开放台湾银行赴大陆设办事处，应与戒急用忍政策通盘考量，或一并开放，因此，“修正草案”，“行政院”院会虽已排入议程，决定不予讨论。

5. 完成修法有所松绑

金融业登陆松绑，完成了修法程序，两岸金融业务往来向前推进了一步。但这还是纸上作业，还要看后续行动的进展。

（1）完成修法

——2001年5月30日，“行政院”院会通过“台湾地区和大陆地区金融业务往来许可办法”修正案，允许岛内银行赴大陆设置代表人办事处，并同意国际金融业务分行（OBU）与大陆进行金融业务往来。至于岛内银行登陆设立分行，因主客观条件尚未成熟，现阶段只开放岛内银行登陆设办事处。

——“行政院”秘书长邱义仁指出，允许岛内银行赴大陆设置代表人办事处，可从事两岸金融往来相关资讯收集，为未来前往设分行作准备。允许国际金融业务分行与大陆进行金融业务往来，则方便大陆台商筹措调度资金，发展国际金融业务分行成为海外台商资金调度中心，也方便岛内银行掌握授信客户在大陆经营实况。

——邱义仁指出，“戒急用忍”政策已在分批开放，不可能一次把所有的政策开放。“陆委会”的官员指出，“行政院”通过“许可办法”修正案，是“戒急用忍”政策调整跨出小小的一步，将有助于资金回流台湾，也是台湾方面善意的表达。并指出，这种善意的措施，等于是“变通的两岸直接金融往来”，将在兼顾风险管理的原则下，循序放宽两岸金融往来限制。

——岛内银行赴大陆设代表人办事处应具备的资格和条件包括：①守法、健全经营，且申请前3年未有重大违规情事；②前1年度资产与净值在岛内银行排名前10名以内；③最近半年自有资本与风险资产的比率达8%以上；④具备国际金融业务专业知识与经验；⑤已在台湾地区以外国家或地区设立分支机构。

岛内银行符合上述资格条件者，有台湾银行、第一商业银行、华南商业银行、彰化商业银行、世华联合商业银行、“中国国际商业银行”、台湾土地银行、“中国信托商业银行”、台湾省合作金库等9家。

（2）各方反应

对台湾当局此一开放措施，有各种反应：业者均乐观其成，开放比不开放好；认为开放脚步太慢，已有许多银行迂回登陆，有必要尽速开放银行赴大陆设分行；大陆对台湾符合申请资格的9家银行不是很满意，没有回应，其中“绿化”（代表民进党）银行要抢得先机，恐难上加难，如第一商业银行；现在外资银行在大陆申请设机构的很多，规模较小的台资银行已难抢占先机；台湾的保险业到大陆设办事处，将近1年的时间才核准三四家，大陆对台湾银行设办事处的态度如何，仍有待观察，等等。

最大的难题还是政治因素。2001年8月21日，中国人民银行副行长史纪良在会见台湾前“财政部长”邱正雄率领的访问团表示：在一个中国原则下，两岸任何事情都可以谈，大陆会给台湾银行优惠待遇，及早承作人民币业务。但台湾方面如果不承认一个中国原则，台资银行不可能享有任何优势，加入WTO以后，一切比照外资银行办理。对此，“财政部次长”陈冲认为，大陆的说法只是社交语言，很空泛，也不见白纸黑字。一个中国，又以“入世”前为前提，这是逼迫台湾赶快做出决定。

（3）进展情况

“台湾地区与大陆地区金融业务往来许可办法”修正实施以后，截至2001年8月上旬，“财政部金融局”已接获银行的申请案共有10家，其中有部分银行不合规定，“财政部”初审过关的只有4家，已送“中央银行”再审查，“中央银行”签注意见后再返回“财政部”，最后还要通过“财政部”核定，何时能够到达大陆，还有待观察。

（二）台湾保险业登陆问题

保险业登陆，相对于银行业登陆就比较容易得多，按照台湾有关当局的说法，保险公司登陆，是去收取保费，不会有将资金带出去的问题。

——2000年3月2日，“行政院”批准修改的“台湾地区与大陆地区保险业务往来许可办法”。“行政院代院长”刘兆玄强调，开放保险业赴大陆设办事处，只限于搜集商情、搜集资讯，现阶段还不能在大陆招揽业务，并不违反两岸人民关系条例的规定。

——根据“行政院”核定的方案，保险业者须符合下列条件：①最近3年具有健全业务经营绩效及安全财务能力；②最近3年来未受保险法第149条第二项处分者，就可向主管机关申请在大陆设立办事处。申请时应检具申请书、董事会议记录、最近3年财务报告与其他规定资料或文件。

——“财政部”保险司副司长刘明璋指出，截至2000年2月，岛内共有11家保险公司先后向“财政部”申请赴大陆设办事处，寿险方面，有国泰、新光、台湾寿险、富邦寿险和正在补件的国华人寿等5家；产险方面，有新光、富邦、友联、明台、“中央”及东泰等6家。“财政部”已核准10家登陆，还有一家待核准的国华人寿尚在补件中。

——据台报报道，权威消息人士指出，大陆官方第一批核准名单即将出炉，已知包括国泰人寿、新光人寿及富邦产险等多家大型保险公司，皆获大陆主管部门核准在大陆设立办事处的许可，有资格领取申请表格的保险公司，已原则上准许其申设办事处，可望在2000年或2001年年初获得批准。

新光人寿保险公司，是继拿到台湾第一号批准函，又于2001年2月9日自大陆国家工商行政管理局拿到第一张工商登记证的驻北京市代表处，该公司已正式营运作业，主要服务项目为，对保户做急难服务、一般咨询、安排医疗、理赔查证等。

——对台湾的保险公司申请设立办事处，大陆官方以何种身份看待台湾保险业者，有台湾保险业者高层表示，大陆方面现阶段是将台湾、香港及澳门视为外资办理，按照大陆现行对外资审核处理办法，台湾的保险公司必须在大陆设立办事处达3年后，才能申请升格为分公司。

（三）台湾银行在港设机构

台湾的金融业纷纷抢进香港，放眼大陆；部分金融业者可通过香港据点迂回对大陆台商间接融资；可以吸取这个国际金融市场的经验。近几年来，截至2000年年底，包括证券、银行、保险等在港营业据点已增至32处。就银行而言，目前台湾的主要银行几乎多已设立据点。

——第一商业银行、华南商业银行、彰化商业银行、台湾银行、中国信托商业银行、台湾中小企业银行等大型银行，已取得香港全方位分行执照。

——台北国际商业银行在香港的分行为限制型分行，同时该行在澳门设有分行，是唯一的一家在港澳都设有据点的台资银行。

——世华联合商业银行、玉山商业银行、中国国际商业银行、台湾省合作金库、万通商业银行、华信商业银行、联邦商业银行、台新商业银行，在香港都设有办事处。其中世华联合商业银行和玉山商业银行2000年曾先后向香港金融局申请将办事处升格为分行，由于台湾银行业的不良放款比率偏高，引起了香港金融局严重关切，申请升格为分行，审查特别严格。还有在港已设办事处的万通商银、华信商银、联邦商银、台新商银，都先后成立财务金融公司，以弥补办事处无法对企业放款的问题。

香港金融局对于外资在港设立分行有相当严格的规定，母银行总资产要达160亿美元以上，才能够符合成立全方位分行的条件；未达该标准，设立限制型分行，只能吸收50万港币以上的定期性存款，资金成本相对较高。

台湾银行业在香港设立营业据点，可分为全方位分行，限制型分行及财务金融公司3种，其中以财务金融公司的资金成本最高，等于是一手借钱，另一手放出去。这些财务金融公司由于非属分行性质，在香港拆款市场借钱，加码幅度较高。

新台币外流和两岸货币兑换

一、新台币流入大陆的情况

台湾一直在关注台湾资金流入大陆的情况，新台币现钞流入大陆有多少，也在关注之列，下面是有关资料的分析：

1. 新台币在大陆流通是一个事实

台湾自 1987 年底开放大陆探亲以后，新台币流入大陆逐渐增多，形成的原因：——两岸经贸关系日益密切。

——台湾地区人民到大陆探亲观光者众。

——两岸沿海走私、私渡现象不断。

——新台币币值升值。

2. 新台币流往大陆的数额不大

目前流往大陆的新台币有多少，有关部门认为很难统计，也找不到确切的数据参考。据“中央银行总裁”谢森中在 1993 年 3 月答复“立法委员”质询时表示，“中央银行”估计，流到台湾地区以外的新台币现钞约为 200 亿元，主要流通地点为大陆及东南亚地区，以流向大陆最多。

——外流新台币 200 亿元，只占目前新台币发行总额 5 600 多亿元的 3.6%，而流向大陆的还不到 200 亿元，影响非常有限。

——按规定台胞到大陆探亲每人只能带出新台币 4 万元，不可能每人都携带这个数目，因此也不会有太多的新台币流到大陆；何况大陆方面并未提供优惠的兑换率或利率，以吸收新台币资金。

3. 新台币外流是正常现象

官员们说：台湾正在大力推动金融自由化、国际化，新台币又是强势货币，流往海外是正常现象，对台湾发展成为国际金融中心有正面意义。未来外流的数量也会愈来愈多，逐渐成为区域性货币。并指出，在推动金融自由化、国际化之际，要防止新台币大量流到大陆，并不是一件容易的事，“就像两岸贸易一样，如果新台币到大陆有利可图，要挡也挡不住”。

4. 新台币在大陆流通是自然形成的

针对新台币在大陆地区流通的情形，一位熟悉两岸经贸的专家认为，新台币在大陆流通是一个自然形成的状况。

这位专家指出，世界上没有一个国家愿意自己的货币成为国际货币，因为成为国际货币后，该货币就会有相当大的数量在国外流通，该国要维持其货币政策之自主性将受影响，所以任何货币变成国际货币都是自然形成。

这位专家还指出：目前新台币的价位攀升，当新台币越来越值钱时，自然在各地都会日益抢手，除了大陆地区，还会在东南亚各国流通。对于目前的情况，新台币在大陆流通，主要是对台胞在大陆期间提供方便。不过，大陆有意加以"默许"，就不免令人觉得在利用推行"一国两制"。

5. 新台币流向海外也有问题

新台币外流的主要问题是：

一是新台币扩大流出，对台湾会有不利的影响，将会减弱"中央银行"控制货币供给量的能力。

二是新台币外流的数量很难掌握，如果不能统计出比较确实的流通数量，对异常流出现象预为防范，就可能在货币政策上出现盲点。不过真要防范也很难。

三是"货币是政府的债务，太多的货币被敌对政治实体所掌握，对台湾不是一件很安全的事。"

二、没入人民币的处理

关于大陆人民私渡、两岸走私所没入的人民币、外汇券如何处理的问题，1992年7月10日，"行政院大陆委员会"曾邀集"财政部"等相关单位进行了讨论，得到如下意见：

1. "财政部关政司"的官员表示：目前两岸走私所没入的大陆人民币，外汇券；还有海关所查获旅客入境携带的人民币、外汇券，现都保留在海关，约有数万元人民币，不知如何处理。

2. "财政部"的官员说，法院已认定人民币为有价证券，因此没有必要把这些人民币烧毁，而应积极处理这些人民币。

3. "财政部金融局"的官员认为，大陆人民私渡所携带的人民币、外汇券，基本上是属于大陆人民所有，对此讨论结果，都认为这部分没入的人民币不做处理。

4. 对查获两岸走私所使用的支付工具，都要一律没入。但对这些支付工具中没入的大陆人民币、外汇券等，会议讨论后认为，对此仍无法处理。有人建议，可在没入的人民币、外汇券积累到一定金额之后，将这些人民币拿到香港换成美元，再换成新台币归入公库。

“财政部关政司”的官员也表示：只要“两岸人民关系条例”通过后，行政机关就可以订定相关的处理规则，到时候“财政部”即可名正言顺地把人民币当作公库的资产，并合法地处理人民币资产。

“台湾地区与大陆地区人民关系条例”，1992 年 7 月 17 日公布于报章。其中第 38 条的规定如下：

“大陆地区发行之币券，不得进入台湾地区。但于进入时自动向海关申报者，准予携出。主管机关必要时，得订定法，许可大陆地区发行之币券，进出入台湾地区。前项许可办法，由“财政部”订定，报请“行政院”核定后发布之。”

三、两岸货币兑换问题

随着两岸交流日益频繁，经贸往来日益增加，两岸货币可否直接兑换，常有议论。下面是有关两岸的情况。

1. 台湾方面的情况

1992 年台湾综合所得税结算申报，于 1993 年 2 月开始。“财政部”赋税署的官员指出，申报扶养大陆亲属的免税额为新台币 6 万元。但受扶养的大陆亲属在大陆如有所得，其所得额亦应计算在免税额内。如何计算大陆亲属的所得，只能以美元为中介来换算，通过人民币兑美元、新台币兑美元的汇率来换算出人民币与新台币的比价。

“中央银行”已算出 1992 年新台币兑美元的年平均汇率为 25.16（即 25.16 元新台币兑 1 美元），而依据 1992 年 1–11 月人民币兑美元每月平均汇率预测，人民币兑美元的年平均汇均率为 5.40（即 5.40 元人民币兑 1 美元），由此换算出 1 元人民币约为 4.70 元新台币。

据强调指出，之所以计算新台币与人民币的汇价比率，主要是为了提供岛内民众申报大陆地区受扶养亲属所得税的汇率转换之便，纯属便民措施。

据有关资料指出，上述事实的背后，真正透露的讯息是台湾在两岸经贸往来的热浪中，必须正视货币流通对两岸经贸活动的实际影响。

据指出，“财政部”基于岛内民众纳税之便，采取两岸货币同时盯住美元，再换算两岸货币的汇率，此举事实上与现在外汇市场上，新台币与其他外汇汇价变化率的计算方式无异，在某种程度上已透露出，人民币未来在外汇市场上挂牌的可能性。此举也反映了在两岸交流日益发展的情况下，台湾正在一步步地承认人民币的货币价值。毕竟两个地区的人员、货物、资源的往来都需要有货币交易作为流通的支柱，否则会带来许多不便。因此，台湾在逐步认定人民币为货币价值。

2. 大陆方面的情况

据台湾 1993 年 2 月的有关报道：对于有关外传人民币和新台币可以直接挂牌兑换的说法，大陆金融界高层权威人士透露了如下的意思：

——人民币与新台币肯定是要交流的，单从经济自由交换的角度来看是可行的。

——但从政治角度来说，若准许人民币与新台币直接兑换，就等于承认台湾为一个政治实体。因此人民币与新台币的直接兑换，是不可能用政治方式解决。

——撇开政治因素，单从经济发展、市场交往的角度，人民币与新台币的兑换，在自然交往中就解决了。好像现在大陆的南方，特别是福建一带，经常有人用台币买东西。厦门的商店，往往写着人民币、新台币和港币三种币值的价格，在大陆的南方使用台币，早已是很平常的事了，这就是在自然交往中解决了两种货币的兑换问题。

四、两岸三地“一国三币”

据台报报道，1993 年 5 月，香港《经济日报》刊登“一国三币”的文章，主要内容如下：

1. 虽然政治上的“一国两制”尚未在中国实施，但是经济上的“一国三币”已在两岸三地展开，新台币、港币和人民币的互相流通日趋活跃。这种观象反映了中国大陆改革开放以来的对外经贸交流，已经深入到金融领域，势必对三地的经济合作产生深远的影响。

2. 两岸三地货币互相流通表现在：

——目前在大陆流通的港币现金，在深圳、珠海、广州、厦门接受港币的店铺随处可见。

——台湾涌向大陆和香港的资金大为增加，造成数量可观的新台币流向大陆，新台币已可在福建流通。

——与此同时，人民币也在香港进入流通阶段。在台湾，不少台胞前往大陆探亲带回人民币，据说台北市已可用新台币换到人民币。

3. 对于“一国三币”的经济现象，经济学家的看法不一：

——海外学者大多担心港币和新台币过量流入大陆，将会对大陆的金融市场产生不稳定因素，并可能诱发通货膨胀。

——大陆的学者则认为，由于人民币不是自由兑换货币，几种货币同时在大陆流通，容易造成黑市投机行为。

——但不少专家都赞成，两岸三地货币互相流通，有助于经济合作的深化，同时，对华南经济圈的形成，也将会有推动的作用。

大陆资金进入台湾的问题

一、两岸投资仍是单向行为

截至 1998 年，10 年来，台商来大陆投资已具相当规模，然而这种投资行为至今仍是单向的，有来无往。台湾不仅不开放祖国大陆的资金（以下简称陆资或中资）进入台湾，就是外国公司中有陆资股份的，也有限制规定。台湾 1992 年 9 月实施的“台湾地区与大陆地区人民关系条例”第 73 条规定：“大陆地区人民、法人、团体或其他机构，持有股份超过 20% 的外国公司，得不予认许。经认许的，得撤销之。外国公司主要影响力的股东为大陆地区人民、法人、团体或其他机构者亦同。”

因此，目前在大陆的台资企业已达 4 万家，但是还没有一家陆资企业在台湾投资。含有陆资的外企入台的也仅有个别的案例，如香港东亚银行，先是在台湾设代表处，后申请升格为分行，历经两年多台湾都不核准，原因是东亚银行有陆资股份，后经查明并未超过 20% 的规定，才于 1996 年 10 月核准其申请，1997 年 5 月台北分行正式开业。

还有个别事例，或许是基于政策的考虑，如台湾曾同意陆资持股超过 50% 甚至 60% 的国泰航空、港龙航空在台湾设立分支机构，而对含有陆资不到 2% 的香港奇华饼干去台湾投资却打了回票。

经贸往来本来是相互的，只有谁多一些谁少一些的问题，而只准一方有投资的行为，拒绝另一方的行为，是很不合情理的。来而不往非礼也。台湾之所以不开放陆资入台，纯属人为的因素。

二、大陆资金介入台湾时有传闻

据台湾媒体报道，近几年来，不断有陆资流入台湾的传闻，有关当局十分关注。传闻较多的有如下几方面：

一是介入台湾的选举。如 1998 年 12 月“三合一”选举（台北、高雄市长、市议员及“立法委员”选举），传闻有政党及若干候选人接受来自大陆的捐赠。对此，“法务部”表示，在此前两个月，即已掌握可疑资金由海外汇入，但无确实证据，也未查获有特定人员接受陆资捐赠。

二是介入台湾的股市。这类传闻较多。“调查局”的官员透露，确有陆资介入台湾股市情事，方式是：通过香港或东南亚等海外的子公司，迂回将陆资投入台湾的股市；通过收购股权渗入外商公司，披上外资的外衣在台湾进行投资；将陆资以辗转合股方式，借台商返台投入台湾股市；台湾部分公营事业民营化释股的过程中，也疑有中资介入。

针对外传岛内上市公司有大陆资金介入，“经济部投资审议委员会”表示，大陆的资金活动已相当国际化，如果通过其他外国公司名义进入台湾股市，根本无从查起。“经济部”官员并指出，包括英属开曼群岛、维京群岛等免税岛，都有不少台商和外商在当地设立投资公司，再把资金转到其他地区，如果大陆资金也用这种方式转投资台湾股市，很难查出来。

对于陆资是否已进入台湾股市，“财政部证券管理委员会”指出，何者谓陆资或外资，很难确定，因为资金是无国界的，且进出快速。并表示：外国法人投资岛内股市，有一定的限制，即使有陆资混在外资中进入台湾股市，也很难有发挥的空间。

三是不明资金流入台湾。1998 年底，外传有 3 000 亿台币的不明资金流入岛内，以企管公司的名义提供企业贷款，有人怀疑是陆资借此控制上市公司，并有扰乱金融的企图，引起各界关切，“财政部”也密切注意不明资金的动向。

对此，“中央银行”表示，未发现资金异常流入。“调查局”也认为，这么大一笔资金，无论是“中央银行”或“调查局洗钱防制中心”，都未发现有此巨额资金流动的资料。官方查证，怀疑 3 000 亿元的借贷集团是噱头。

三、台湾对陆资入台的政策走向

香港主权移交祖国大陆，在种种压力下，促使台湾正视开放陆资入台的问题。

1997年下半年，有产、官、学参加的、就台湾开放陆资来台的政策等相关的问题，进行了多次讨论，下面是主要官员和学者的意见。

1.“行政院大陆委员会”的官员表示：开放陆资来台通盘检讨，渐进松绑。

（1）开放陆资来台已是无法避免的趋势，前提必须先考虑如何维护台湾的权益，先确定开放陆资来台的利弊得失。开放后将会引起一连串的经济和社会层面的问题，因此，“陆委会”必须多次评估，并与主管机关“经济部”、“财政部”和“中央银行”会商后再做决定。

（2）在没有新的政策出台前，仍依“两岸人民关系条例”第73条的规定办理。但为因应实际需要，仍有弹性处理方式，如国泰航空、港龙航空，虽陆资比例超过20%，仍得在台设立分支机构。“陆委会”目前对于陆资来台的对象，初步认定标准，是大陆以外地区含大陆资金的企业为主，并依产业别、资金结构、资金额度、可投资项目等方面进行区分，逐步开放。

（3）为因应情势变化，“陆委会”已就放宽开放陆资来台进行全面性的通盘检讨。至于开放的时间表，目前情况仍不明朗，预估两岸都加入世界贸易组织后，经由双边咨商过程，才能有较确定的时间表。

2.“经济部”的官员表示：维持经贸现况，弹性处理。对港澳来台含有陆资的企业，将严加把关。

（1）台湾与港澳关系条例于1997年7月实施，未来港澳企业来台投资，将比照侨外投资“负面表列”（即只列不准许的，其他都是准许的）进行管理。

（2）港澳企业若含有陆资超过20%，原则上禁止登台，除非报请特案核准（如获准设置的香港电讯）。对于“陆委会”有放宽限制的说法，由于两岸事务都由其处理，“经济部”不愿发表看法，仅乐观其成。

（3）不论是港澳地区或其他地区，都可能含有陆资持股的外资企业，在持股比例方面，即使陆资占5%以下，都可能是具有影响力的单一股东，对类似的投资活动，“经济部”都会严格把关。

（4）为因应港澳变局，对含有陆资的港澳企业会有较为弹性的做法，弹性有多大，考量的因素主要是来自两岸政治因素，在“陆委会”确定大方针之后，“经济部”才会就细部进行研议。

3.中华经济研究院的学者表示：开放应朝选择性和阶段性角度规划，对高科技、金融、证券、通信、传播媒体等宜从长计议。

（1）“九七”后，香港由于政治地位的转变，台港之间的经济关系实质上已发生变化，过去将香港视为第三地区，依一般运用于外国法令规范来处理台港经济交流事务的做法，势必重新思考。

（2）从现实考量：①中共接收香港后，在港的陆资与港资、台资或其他外资的融合势必加深加速，如不开放陆资来台投资，将会影响台港经济关系的发展。②外资参与是发展台湾成为亚太营运中心的重要条件，刻意排除在港陆资来台，将不利于吸引外资。③台湾即将加入 WTO，援用排除条款将窒碍难行。因此，目前讨论陆资来台，重点不应是该不该开放，而应是如何开放的问题。

（3）从安全与稳定考量，为了减低怀有政治企图的外资流入，开放陆资来台的架构，似应朝选择性开放和阶段性开放的角度进行规划。所谓选择性开放，对高科技产业、金融、证券、通信、传播媒体等宜从长计议。所谓阶段性开放，要随着两岸关系的发展，和台湾自由化、国际化的进程，有计划地逐步进行。

（4）若陆资来台投资一旦出现严重的负面作用，可以采取暂停或中止开放的做法，甚至必要时可以采取征收手段。

4. 各方面代表的意见，都集中在如何开放和开放的限度问题，没有相反的看法，可归纳为以下方面：

（1）视两岸关系的发展，逐步放宽门槛。陆资只要不构成实质控制力，可与岛内资金相辅相成。

（2）陆资来台有正面影响，若挡不住，就应鼓励。两岸问题不能以武力解决，来台陆资愈多，对台湾愈有保障。

（3）可刺激投资意愿，但须防范炒作，严防颠覆台湾经济，影响岛内安全和社会安定。

（4）重视策略性考量，两岸关系若有变动，可作谈判筹码。

（5）守住科技大门，保住台湾最后本钱。金融、房市，极具敏感，都应设限。

第四章　两岸经贸篇

两岸交流简况

以下是2000年至2001年6月底的情况：

——两岸人民往来人次：据台湾“内政部警政署出入境管理局”的统计，截至2000年台湾人民前往大陆为51万余人次，连前1988年起累计为274万余人次。此系依台湾“入出境申请书”及“赴大陆地区登记表”统计，台湾人民持护照及出入境许可未报备登记者，未列入统计，故与实际前往大陆人数差距甚大。

另据香港中国旅行社、新华通讯社的资料，申请台胞证的人次，从1988–2000年累计约为1 800万人次。

关于大陆人民去台人次，据台湾“内政部警政署出入境管理局”的统计，2000年为11.7万人次，连前1988年起累计为56.6万人次。

——两岸信件往来：据台湾“交通部邮政总局”的统计，2000年台湾寄往大陆的信件为540余万件，挂号信件43万余件，连前累计台湾寄往大陆的信件为4 446万余件，挂号信件为271万余件。2000年大陆寄往台湾的信件为933万余件，挂号信件27万余件，连前累计大陆寄往台湾的信件为11 847万余件，挂号信件为212万余件。两岸信件往来，台湾寄往大陆的信件自1988年4月18日起开通，大陆寄往台湾的信件自1988年3月19日起。挂号信件往来自1993年6月起。

——两岸来往电话：2000年台湾去大陆电话11 160万余次，34 299万余分钟，连前累计为54 205万余次，164 416万余分钟。2000年大陆去台电话9 505万余次，24 111万余分钟，连前累计为46 143万余次，124 418万余分钟。两岸电话于1989年6月开放。

以上资料来源：台湾中华电信公司国际电话分公司。

——台湾对大陆个人间接汇款：据“中央银行外汇局”的统计，2000年为14.3万件，比上年增加16.8%，金额为51.1万美元，比上年增加40%。自1990-2000年累计件数为103.2万件，累计金额为331.6万美元。台湾对大陆个人间接汇出款自1990年5月21日开始办理，包括赡家汇款、捐赠及其他移转性支出，不包括由结汇人自行携带旅行支票。

——台湾对大陆厂商间接汇出款：2000年为1.8万件，比上年增加64. 4%，金额为69.7万美元，比上年增加46.1%。自1993-2000年累计件数为6.4万件，累计金额为243.6万美元。对大陆厂商间接汇出款，限于“大陆出口，台湾押汇”之再汇出款，于1993年7月29日开始办理。

——自大陆间接汇入款：2000年的件数为2.1万件，比上年增加159.5%，金额为77万美元，比上年增加51.3%。自1993 -2000年累计件数为4.3万件，累计金额为206.8万美元。大陆间接汇入款自1993年7月29日开始办理。

两岸间接贸易

两岸经过30年的隔绝，终于在1978年开始有了贸易往来。

一、台湾开放大陆贸易之过程

下面是1977年以后台湾开放大陆贸易的历次规定。

——1977年发布“取缔匪伪物品管理办法”，规定除了中药材或某些农工原料可自香港进口外，其余货品如经海关认定来自大陆地区，一律没收。

——1984年放宽自港澳转口输入大陆产品之限制，允许民间经由转口形式与大陆地区进行贸易。

——1985年7月，宣布“对港澳地区转口贸易三项基本原则”：禁止与大陆直接通商；厂商不得与大陆机构或人员接触；对转口贸易不予干涉。

——1987年8月，首次开放27项大陆农工原料进口，免受“警备总司令部”输入检查。

——1988年8月，订定“大陆产品间接处理原则”，规定开放大陆地区产制之农工原料，须符合以下3项原则：不危害岛内安全；对岛内相关产业无不良影响；有助台产品外销竞争之提升。

——1989年6月，发布“大陆地区物品管理办法”，正式开放大陆地区物品间接输入，公告准许输入之大陆地区物品项目，并可标明在大陆地区生产制造。

——1990年8月，发布“对大陆地区间接输出货品管理办法”，对大陆间接输出物品，除部分高科技产品应依有关出口的规定办理外，其余不加限制。

——1994年7月，发布“台湾地区与大陆地区贸易许可办法”，明订两岸贸易应以间接方式为之，须经由第三地区；正面表列准许输入台湾地区之大陆地区物品；对间接输出大陆之货品，如属高科技产品，应依有关出口管制规定办理；开放加工出口区或科学工业园区之厂商间输入大陆地区物品。

从以上台湾开放大陆贸易的历次规定可以看出，自1977年开始两岸经贸关系有所松动，不再称大陆产品为“匪伪”产品。迄后仍然管制较多，而是行政式的。直到1987年开放大陆探亲之后，才逐步有了较大的开放，并逐步纳入正式管理。这个历史发展过程，反映了两岸形势的发展变化，也反映了两岸贸易确有实际需要。

两岸间接贸易经历了从无到有，从暗到明，从小到大，从少到多的发展过程。

1978年两岸开始有间接贸易往来，但金额很小，仅有4 768万美元，主要是台湾对大陆产品的转进口，多为大陆的中药材、土特产之类，台湾对大陆的转出口仅5万美元。而这种往来还是不公开进行的。随之到了1979年之后，两岸贸易往来开始进入双向交流，也逐渐化暗为明，贸易额逐步扩大。

此后20多年间，两岸贸易一直是以间接方式，通过香港或其他第三地进行。此种方式给两岸贸易带来许多不便，但由于互补互利的实际需要，两岸的贸易额越往以后的年代越是快速发展，金额不断扩大。

二、2000年两岸间接贸易

近在咫尺，两岸至今还不能直接贸易往来，不仅交流不便，也影响到统计数据的可靠性，给研究工作带来了复杂性。

据台湾“行政院大陆委员会”印行的《两岸经济统计月报》，其中对两岸贸易列有4种数据：香港海关的统计，台湾海关的统计，大陆海关的统计，“陆委会”的估算。此外，还有“经济部国贸局”公布的数字。各种统计互有差异，有的差异甚大；就是“陆委会”估算的数字与“经济部国贸局”公布的数字，也不一致。常见于台湾报端的，多为“国贸局”发布的统计，有时也引用大陆海关的统计，本文是以这两种数据交叉使用。

根据大陆海关的统计，2000 年两岸双边贸易总额为 305 亿美元，年增率为 29.8%，其中大陆对台进口为 255 亿美元，年增率为 30.8%，大陆对台出口为 50 亿美元，年增率为 25.0%，进出口相抵，大陆对台湾贸易逆差 205 亿美元，比上年的 155 亿美元增加 50 亿美元。

据台湾“经济部国贸局”发布的统计，2000 年两岸双边贸易总额为 323 亿美元，年增率为 25.7%，其中台湾对大陆出口为 261 亿美元，年增率为 23.2%，台自大陆进口为 62 亿美元，年增率为 37.5%，出进口相抵，台湾对大陆贸易顺差 199 亿美元，比上年的 167 亿美元增加 32 亿美元。

2000 年两岸贸易各自的统计列表如下：

大陆海关统计			台湾“国贸局”统计		
大陆对台贸易	亿美元	年增％	台对大陆贸易	亿美元	年增％
贸易总额	305	29.8	贸易总额	323	25.7
大陆自台进口	255	30.8	台对大陆出口	261	23.2
大陆对台出口	50	25.0	台自大陆进口	62	37.5
大陆逆差	205	32.3	台湾顺差	199	19.2

从上表可以看出：

1. 2000 年两岸贸易各自的统计，都是呈大幅增长的趋势，反映了两岸互补的需要，也反映了并未因台湾岛内政局动荡而影响两岸贸易的正常进行，而且是在继续发展。

2. 两岸各自的统计互有差异，台湾“国贸局”的统计，无论是对大陆的出口进口金额，都大于大陆的统计。

3. 两岸各自统计的双边贸易差额，略有差异，相差仅 6 亿美元，还是比较接近的。

三、台对大陆出口占第二位

对外贸易是台湾经济的支柱。据统计资料，2000 年台湾的外贸对象，以双边贸易额来看，美国占第一位，日本占第二位，大陆占第三位。以单边贸易额来看，则是对美国的出口占第一位，对大陆的出口占第二位，大陆已成为台湾第二大出口市场，台湾为大陆第四大进口来源地。

以往台湾的出口市场主要是美国，在20世纪80年代，台对美出口占台湾出口总额的比重，最高的年份曾达到近50%，而那时台湾对大陆出口占的比重微不足道。

到了2000年，台湾对美国出口虽仍占第一位，但占台湾出口总额的比重已降到23.5%，对大陆出口的比重上升至17.2%，占台湾出口的第二位。见下表：

单位：亿美元、%

年份	台湾出口总额	对美国出口	占比重	对大陆出口	占比重
1985	307	148	48.2	10	3.3
1990	672	217	32.3	33	4.9
1995	1 117	264	23.6	148	13.2
1996	1 160	269	23.2	162	14.0
1997	1 221	296	24.2	164	13.3
1998	1 106	294	26.6	166	15.0
1999	1 216	309	25.4	195	16.0
2000	1 483	348	23.5	255	17.2

资料来源：台湾海关统计，对大陆出口为大陆海关统计。

四、两岸贸易台湾常年出超

两岸贸易不平衡，是多年存在的老问题，自有两岸双边贸易以来就已存在，一直未见改善。

2000年据大陆海关统计，台湾对大陆的出口额为255亿美元，而台湾自大陆的进口额仅为50亿美元，出口额为进口额的5倍，自然就形成了台湾对大陆的巨额出超，成为台湾外贸出超的主要来源地。就2000年观之，台湾对外贸易出进口总额相抵后，为出超83亿美元，其中对美国出超为97亿美元，对日本入超220亿美元，如果没有对大陆出超205亿美元，则台湾的出进口外贸差额就不是出超83亿美元，而是出现外贸赤字。

由于在两岸贸易中台湾对大陆常年出超，从两岸各自受益的角度来看，就有点很不合情理了。台湾当局对大陆经贸坚持实行“戒急用忍”政策，但台湾对大陆常年出超，似乎就不适用了。因为是大陆的资金流进台湾，增加台湾的外汇存底。

形成两岸贸易台湾常年出超的主要原因，也是多年存在的老问题，就是台湾对大陆出进口贸易，采取不同的政策，即对大陆的出口几乎没有什么限制，而自大陆进口则限制很多。

截至2000年底，台湾对大陆共开放间接进口的农工产品为5 804项，开放比率占总货物项目10 246项的56.6%，其中农产品为483项，占农产品开放的比率仅为23.4%，是开放得最少的；工业产品为5 321项，占工业产品开放的比率为65.1%。这种状况如不改变，两岸贸易的不平衡还会继续存在。要真正改善两岸贸易状况，使之真正正常化，还在于台湾方面开放直接“三通”。

五、2001年上半年两岸贸易

2000年国际经济环境尚好，岛内尚处在政党轮替转换的过程中，不稳定的因素尚未浮现，所以2000年两岸间接贸易有了较大幅度的增长。但从2000年第四季度开始，美国经济出现走缓的趋势，台湾岛内因新执政者坚持停建正在施工中的“核四”，因而爆发“核四”风波，政坛恶斗不止，愈演愈烈，岛内开始出现了动荡不安的局面。

到了2001年上半年，岛内政经形势进一步恶化，影响所及，整体经济下滑，外贸出口大幅衰退，股市暴跌，失业率攀升，工厂关闭，企业出走，两岸关系紧张加剧，整个社会出现了一片混乱，岛内人民怨声载道，对前途悲观失望。台湾当局者只是沉醉于意识形态挂帅，面对岛内的政经乱象束手无策。

台湾的政经乱象，必然要反映到对外贸易方面。2001年上半年以来，出进口贸易双双衰退，其幅度都在两位数以上。

大陆是台湾第二大出口市场。台湾整体外贸衰退，必然要反映到两岸贸易方面。据台湾“经济部国贸局”发布的统计，2001年上半年两岸间接贸易比上年同期都双双衰退，如下：

两岸贸易总额	144亿美元	比上年同期	–5.8%
台对大陆出口	115亿美元	比上年同期	–6.0%
台自大陆进口	29亿美元	比上年同期	–5.2%
台对大陆出超	86亿美元	比上年同期	–6.2%

出现这种状况，是台湾岛内政经环境恶化所造成的，展望2001年后半年，不可能比上半年好，将会继续衰退。

两岸间接投资

一、台商间接投资简况

1. 由非法到合法

自 1987 年 11 月台湾开放赴大陆探视之后，即有个别少数的小型台资企业，不顾当局的禁令，自发地来大陆投资设厂，自然是不公开进行的。

直到 1990 年 10 月，台湾正式发布“对大陆地区从事间接投资或技术合作管理办法”，开放厂商得经主管机关许可，经由第三地区对大陆地区间接投资。

1993 年 3 月又发布“在大陆地区从事投资或技术合作许可办法”，明订对大陆地区从事投资或技术合作之产品或经营项目，分为准许、禁止和专案审查三类。

2. 台商的足迹已遍布祖国大陆各地

十多年来，台商到大陆投资经历了所谓“摸索期”、“蜜月期”和“调适期”。投资的规模、范围、层级在不断发展变化：由中小型企业到大企业集团，由沿海地区到大陆内地，由加工出口到扩展大陆的内销市场，由夕阳产业到电子电器制造业。如今台资企业投资的足迹，遍布广东、江苏、福建、河北、浙江、山东、辽宁、四川、湖南、湖北，以及上海、北京、天津等主要省市，有的甚至远达新疆。

3. 台商看大陆投资环境

台商来大陆投资不断增加，甚至不顾当局的禁令，和“戒急用忍”等限制阻挠，究其原因，除了台商本身“在商言商”的因素外，最主要的还是看好大陆的投资环境，从比较利益考虑，在许多方面大陆有其独特的优越条件。下面是台湾厂商的看法：

关于有利条件方面：

——具有人缘、血缘、地缘的历史背景，语言相通，文化相同，习俗相似。

——大陆劳力充沛、工资低廉，土地租金便宜，工厂用地取得容易。

——资源丰富，可以就地取得原料；市场广阔，有利发展内销；地域辽阔，发展潜力大。

——大陆坚持改革开放政策，大力吸引外资台资，并享受优惠待遇，保障台资权益。

——有利于台湾经济转型，处置和淘汰闲置设备，在台湾不具生存条件的夕阳产业，到大陆具有发展空间，得以创造第二春。

在台商看好大陆投资环境的同时，也暴露出不少问题，有以下一些方面：

——基础设施不足，行政效率不高，法令不完善，政策多变，人治大于法治。

——巧立名目收费，企业不堪负荷，地方保护主义，人情关系不易处置。

——资金周转困难，无法直接通过台湾的金融机构取得资金，大陆的银行由于征信困难，融资不易。

——大陆三角债严重，台企也被卷入。不重视智慧产权，仿冒遍地开花，台资也受其害。经贸纠纷愈来愈多，不少涉及台商人身安全。

——国企、外资、台资过度扩充投资，市场竞争激烈，甚至台商之间也争夺市场; 加之大陆内需不振，都在削价竞争，一些以内销为主的台商，面临严峻挑战。

二、2000 年台商间接投资

依据台湾“经济部投资审议委员会”的统计，2000 年核准台商到大陆间接投资的件数为 840 件，比上年增加 72.1%，核准投资金额为 26.07 亿美元，比上年增加 108.1%。

依据大陆对外贸易经济合作部的统计，2000 年台商间接来大陆投资的项目为 3 108 项，比上年增加 24.4%，协议投资金额为 40. 42 亿美元，比上年增加 19.8%，实际投资金额为 22.96 亿美元，比上年减少 11.7%。

两岸统计列表如下：

单位：亿美元、%

台“经济部”核准	2000	1999	年增率	大陆外经贸部	2000	1999	年增率
台商投资件数	840	488	72. 1	台商投资项目	3 108	2 499	24. 4
台商投资金额	26. 07	12. 53	108. 1	实际投资金额	22. 96	2 599	-11. 7

两岸统计的差异很大。台湾的统计，2000 年核准台商到大陆投资的金额比 1999 年增加一倍以上，如果加上不经申请核准而采取各种方式迂回到大陆投资的还要大于此数。这与台湾的政经动荡不安，两岸政策不明，岛内投资环境恶化，企业出走增多有关。大陆的统计，台商实际投资金额 2000 年比 1999 年减少 11.7 %，与协议投资金额到位率只有 56.9% 有关，而 1999 年实际资金到位率为 77%。

三、10 年间台商间接投资

台商到大陆投资始于 20 世纪 80 年代初期。这时由于大陆已宣布改革开放，台湾尚未宣布解除戒严，来大陆投资的厂商很少，而且是不公开进行的。自 1987 年以后，随着台湾宣布解严，放宽外汇管制以及开放台胞赴大陆探亲以后，台商来大陆投资开始由暗到明，快速增长。

台商到大陆间接投资，自 1991 年开始两岸才有正式统计，截至 2003 年，两岸各自的统计如下表：

台商对大陆间接投资金额统计表（1991-2003 年）

单位：亿美元

期间	台湾“经济部”核准		大陆外经贸部统计			
	件数	金额	项目数	协议金额	实际金额	资金到位率 %
1991	237	1.74	3 446	27.83	8.44	30.3
1992	264	2.45	6 430	55.43	10.50	18.9
1993	1 262	11.40				
1993	（8 067）	（20.28）	10 948	99.65	31.39	31.5
1994	934	9.62	6 247	53.95	33.91	62.9
1995	490	10.93	4 778	57.77	31.62	54.7
1996	383	12.29	3 184	51.41	34.75	67.6
1997	728	16.15	3 014	28.14	32.89	116.9
	（7 997）	（27.20）				
1998	641	15.19	2 970	29.82	29.15	97.8
	（643）	（5.15）				
1999	448	12.53	2 499	33.74	25.99	77.0
2000	840	26.07	3 108	40.42	22.96	56.8
2001			4 196	69.00	31.40	45.5
2002			4 853	67.40	39.70	58.0
2003			4 495	86.00	34.00	39.0
合计			60 168	700.56	366.70	52.0

资料来源：①台湾的统计为“经济部投资审议委员会”。

②大陆的统计为对外贸易经济合作部。

注：①大陆 1991 年的统计含 1991 年以前的数字。

②台湾统计的件数和金额，1993、1997、1998 括号内的数字，为台商事先未经申请“经济部”核准，事后按要求补办登记许可的数字。

如果以 1991–2000 年两岸的统计资料来观察，其差异甚大：

1. 依据台湾“经济部”核准的数字（包括补办登记，下同），1991–2000 年共核准台商间接投资的件数为 22 934 件，10 年间增长 96 倍，共核准投资金额 171 亿美元，增长 97 倍。依据大陆对外贸易经济合作部的统计，1991–2000 年，台商投资的项目数为 46 624 项，10 年间增加 13 倍，台商实际投资金额 261.6 亿美元，增长 30 倍。

2. 两岸统计比较，在台商投资件数方面，10 年间台湾核准的件数只相当于大陆统计的 49.3%，在台商投资金额方面，10 年间台湾核准的金额只相当于大陆统计的实际金额的 65.3%。就绝对金额而言，10 年间，台湾核准台商赴大陆投资的金额为 171 亿美元，远低于大陆统计的到位资金 261.6 亿美元，显示还有 90 亿美元的台商投资案，未经核准而径赴大陆投资。

3. 两岸统计差异的主要原因，是由于台湾至今不开放直接三通，而是通过第三地间接进行，台商不经申请径以各种管道迂回赴大陆投资，台湾有关当局也控制不了。10 年间，台湾“经济部”虽 3 次要求台商补办登记，台商也不可能如实补报，据说这些“偷跑”而未“自首”的台商，径赴大陆投资的项目，大部分是台湾尚未开放的产品。由于人为的障碍，即使明知统计不实，有关当局也无法核查。因此，台湾统计的数据，只具参考意义。

四、台商投资的地区和行业

台商来大陆投资总的趋势，一是投资的金额逐渐增大，二是投资的地点由沿海地区逐渐向内陆地区发展，三是投资的产业由劳动密集型转向资本与技术密集型。

投资的地区：

据台湾“经济部投审会”的统计，1991-2000 年台湾核准台商到大陆投资的地区如下表：

1991-2000 年台湾核准台商对大陆间接投资统计表（地区别）

单位：百万美元、%

地区	1991-2000 年			2000 年		
	件数	金额	金额占比重	件数	金额	金额占比重
广东	8 165	6 035	35.3	288	1 020	39.1
江苏	5 315	5 889	34.4	388	1 251	48.0
浙江	1 164	724	4.2	36	69	2.6
福建	3 099	1 670	9.8	32	100	3.8
河北	1 646	973	5.7	53	93	3.6
四川	368	249	1.5	5	27	1.0
湖北	407	175	1.0	1	1	—
山东	657	382	2.2	8	14	0.5
辽宁	404	214	1.3	10	14	0.5
湖南	250	117	0.7	1	0.2	—
其他地区	1 499	676	4.0	18	18	0.7
合计	22 974	17 104	100.0	840	2 607	100.0

资料来源：“陆委会”印行《两岸经济统计月报》。

投资的行业：

根据同一资料来源，1991-2000 年，台湾核准台商到大陆投资的行业如下表：

1991-2000 年台湾核准台商间接投资大陆统计表（行业别）

单位：百万美元、%

行业	1991-2000 年			2000 年		
	件数	金额	占总金额比重	件数	金额	占总金额比重
电子及电器制造业	3 611	4 796.3	28.0	343	1 464.7	56.2
化学品制造业	1 481	1 116.5	6.5	37	110.8	4.3
基本建设制品制造业	1 973	1 422.9	8.3	97	183.8	7.1
塑胶制品制造业	2 072	1 340.2	7.8	48	184.8	7.1
食品及饮料制造业	2 209	1 279.9	7.5	10	43.3	1.7
纺织业	1 010	827.0	4.8	14	39.6	1.5
非金属及矿产物制品业	1 159	950.0	5.6	8	83.5	3.2
运输工具制造业	705	724.1	4.2	23	53.3	2.0
机械制造业	770	527.0	3.1	29	60.4	2.3
精密器械制造业	2 208	856.7	5.0	41	84.8	3.3
其他产业	5 776	3 261.9	19.1	190	298.0	11.4
合计	22 974	17 102.5	100.0	840	2 607.0	100.0

资料来源："陆委会"印行《两岸经济统计月报》。

五、台商大陆投资的重要地位

台湾的对外投资，始于 1959 年，当时的金额很小，直到 1986 年，每年的对外投资额，都未超过 1 亿美元。1987 年以后，台湾企业向外发展，对外投资逐渐增多，主要集中在东南亚的新加坡、中国香港、马来西亚、泰国、印尼、菲律宾、越南等地。20 世纪 90 年代后才开始大量进入大陆地区，先是集中在广东的深圳、东莞和福建等地。1995 年后才逐渐往华东的长江三角洲地区移动。在这期间，也开始向英属中美洲地区发展。

根据以上资料来源，1959-2000 年台湾核准对外投资的国家和地区的投资总额为 440.60 亿美元，其中占比重大的为祖国大陆、英属中美洲、美国和新加坡。

台湾核准对外投资的国家/地区

单位：百万美元、%

国家/地区	1959-2000年			2000年		
	件数	金额	比重	件数	金额	比重
英属中美洲	914	9 190.7	20.9	224	2 248.0	29.2
中国大陆	22 974	17 102.6	38.8	840	2 607.2	33.9
美国	2 829	5 430.1	12.3	801	861.7	11.2
新加坡	316	1 391.0	3.2	40	219.5	2.9
巴拿马	52	804.3	1.8	12	212.1	2.8
日本	234	615.1	1.4	39	312.3	4.1
泰国	285	1 043.5	2.4	15	49.7	0.7
香港	581	1 122.0	2.5	53	47.5	0.6
韩国	67	188.8	0.4	34	93.0	1.2
越南	203	798.2	1.8	23	54.0	0.7
菲律宾	143	575.8	1.3	4	13.0	0.2
德国	85	88.8	0.2	4	8.4	0.1
其他地区	1 381	5 709.3	13.0	141	959.5	12.5
合计	30 064	44 060.2	100.0	2 230	7 685.9	100.0

资料来源：同前。

台商遍布大陆

用台商的话来说，大陆究竟有多少开发区，说不清楚。只是感到市场潜力大，商机无限。

据转引自大陆对外贸易经济合作部的统计，截至2000年年底的情况，直属国务院管辖的开发区有13个保税区、15个出口加工区、51个经济技术开发区及53个高新技术开发区，此外，还有福建的马尾、厦门的集美、海沧、杏林四个台胞投资区，共计135个国家级的开发区。至于各省、市、县镇办的开发区多得不计其数。

台商在大陆投资的236家上市公司（占台湾岛内531家上市公司总数的44.4%）中，有九成在这些开发区投资。台商说：“有开发区的地方就有台商，有台商的地方包准开发成区。”至于台湾非上市公司在开发区内投资的台商，多得不计其数。

台商的足迹遍布祖国各地，顶新企业集团和统一企业集团是在大陆分布面最广的，也是颇具知名度的，略概述之。

顶新国际企业集团

顶新国际企业集团，是在大陆内销市场发展最成功的台商企业。顶新集团旗下的顶益康师傅方便面，从城市到青藏高原，都可以发现康师傅方便面的足迹。2000年大陆共生产了14亿包方便面，而康师傅就占4.9亿包，市场占有率达35%。在台湾，整个市场所有厂家生产泡面（大陆叫方便面）的总和，还不及顶新在大陆生产方便面的尾数。

1. 康师傅面的来历

顶新魏家四兄弟魏应州、魏应交、魏应充、魏应行，原在台湾彰化地区经营制油厂。1989年进入大陆市场，先是以顶好清香油转战华北均告失败，资本亏掉十分之九。1992年开始试卖方便面，一举获得成功，创造了康师傅面王国。康师傅，在台湾、在大陆并无其人，取此名“康”是健康的意思，“师傅”代表专业。

2. 跳跃式快速发展

1992年7月，康师傅产品才上市，当年营业额即达人民币2 700万元，1993年跳升至4亿人民币，1994年达14亿人民币，1996年高达48亿人民币，顺利以“顶益控股”在香港上市。康师傅方便面目前仍有20%的增长速度，其利润，在低价面市场，毛利为20%，高价面市场，毛利高达40%。

截至2000年年底，顶新在大陆的大城市哈尔滨、沈阳、天津、广州、武汉、西安、重庆、青岛、大连、昆明等地，都设有生产基地，在6 000个城市有代理商，大陆有202个营业处，141个物流仓库，54万个零售点，聘雇4 000多营业员，绵密的行销网，是顶新获利的关键。

顶新在1998年建立了另一个流通事业，即乐购量贩店，经营也相当成功。顶新旗下的顶津饮料事业，也具发展潜力。

3. 买股权与卖股权

由于有了较多的资金积累，顶新决定回台湾以高价位买下老牌味全食品公司的股权，扩增产品线。味全产品线完整，尤其是饮料及乳品具有竞争力，能补足顶新产品线的空缺，期能在大陆食品界称霸一方。

就在1997年顶新开始进行通路革命，建立自己的通路系统时，由于脚步的调整，购并味全食品，大量进口设备，低估亚洲金融风暴的冲击，造成顶益银行负债过高，发生严重的财务危机。1998、1999年是顶新集团最艰困、充满危机的两年。加之前有风暴，后有追兵，使顶新兄弟喘不过气来，迫使决定让售香港顶益股权。

4. 与统一“化敌为友”

康师傅方便面正在如日中天时，台湾的统一方便面和康师傅面大陆市场上杀得尘土飞扬，“统一100”和康师傅“面霸100”从城市打到乡镇，从沿海拼到内地新疆、西藏，直到现在还打得难解难分，真是商场如战场。就是经销商也动辙闹“兵变”，加入对方的阵容。

顶新面临财务出现前所未有的困境，在1999年春夏之交，负责食品事业的魏应州飞回台北，和统一集团总裁高清愿“化敌为友”，洽商顶新让售香港顶益股权33.1%给统一。由于统一出价也精打细算，价格始终谈不拢，顶新只有找上日本的三洋食品集团完成这笔股权买卖，以1.43亿美元成交，让顶新的财务调度才松了一口气。顶新卖掉三分之一的金母鸡，魏氏兄弟只好忍痛。

5. “卧薪尝胆”再起跑

老大魏应州以“卧薪尝胆”的毅力大刀阔斧精简集团人员30%，降低成本费用。老二魏应交马不停蹄一个省接一个省，一个城市接一个城市调查研究，花了4000万美元重新建立网状销售通路，做到一个星期在各大城市铺货，两个星期在全国各地铺完货。坚持“款到发货”，使货铺与收款的风险降至最小。还准备拿5亿人民币打电视广告。由于网路通，效率高，资金周转快，从而提高了营业额和盈利。到2000年顶新税后纯益可突破5 000万美元，而前一年的1999年是亏损2 800万美元。

6. 顶新转投资事业

顶新国际集团对大陆的转投资事业，多是通过英属开曼群岛进行的。

（1）顶益控股开曼群岛商→顶益食品康师傅：

——方便食品事业群

——糕饼事业群

——饮品事业群

——配套事业群

（2）顶巧控股开曼群岛商→德克士西式速食连锁

（3）顶超控股开曼群岛商→乐购量贩店

（4）顶懋控股开曼群岛商→百老汇电脑广场

（5）味全食品→松青超市、丸九百货

统一企业集团

统一企业集团，是台商在大陆投资最多的。据台湾“经济部投审会”的统计，截至2000年年底，共核准统一企业在大陆投资的件数为29件，共核准投资金额为4.43亿美元，居核准台商投资大陆的第一位。

1. 投资概况

台湾的食品业老大统一企业，于1992年正式进军大陆设厂，开始发展速食面（台称速食面或称泡面，大陆叫方便面）的生产，逐步发展生产饮料、油脂、饲料，以及转投资的家乐福、统泰饼干等。截至2000年共有14个总厂、20多个生产厂分布大陆各地，总投资金额3.2亿美元。在大陆的台籍干部达80多位，正在落实人才本土化，建立统一与当地人的关系。

为因应大陆市场的迅速发展，统一负责产品研发工作的大陆中央研究所与负责大陆工厂建厂事宜的总工程室将从现有体制中独立出来，以因应今后大陆地区持续扩厂的需要，其中的方便面厂仍是统一事业在大陆全力发展的重点。

2. 竞争激烈

统一企业要打开方便面在大陆的知名度，同属台商的顶新集团康师傅方便面，早已抢先登陆大陆，并成功行销全大陆。比顶新晚五年的统一，要再打进大陆市场，备尝艰辛。针对大陆各地民众的消费习惯、南北口味进行市场调查，对行销通路进行研究，终于使统一方便面打下江山。统一企业以“统一100”、“统一来一桶”和打开即食用的“小浣熊干脆面”，打响了名号，成为大陆知名的方便面品牌，不再使顶新集团的康师傅方便面称霸大陆。

3. 转亏为盈

统一企业自1992年正式在大陆投资设厂，直到1999年才不赔钱，花了7年的时间才转亏为盈。1999年开始，仅是在食品本业上，就赚了500万美元，2000年获利更高达3 000万美元，获利主要来自方便面厂。

由于受到法令的限制，统一企业透过海外控股公司投入大陆市场的投资金额已逼近上限，为因应大陆持续扩厂的需要，决定将在大陆的盈余用于在大陆的转投资上，不再从母公司（台湾统一企业）拿钱。

4. 产业布局

统一企业透过英属开曼群岛统一控股公司在大陆的布局如下：

（1）1997 年在上海设立的投资公司，是统一企业集团在大陆的事业总部，负责大陆转投资事业的原料调度、资金周转及人员培训等业务。

（2）上海统一企业畜牧食品有限公司。

（3）昆山统一企业食品有限公司。

（4）哈尔滨统一企业有限公司（方便面厂、饮料厂）。

（5）沈阳统一企业有限公司（方便面厂、乳制品厂）。

（6）北京统一食品有限公司（方便面厂）。

（7）天津统一企业食品有限公司（家乐福、面粉、饼干厂）。

（8）青岛统一饲料农牧有限公司（饲料厂）。

（9）广州统一企业有限公司。

（10）广州万盛实业有限公司。

（11）中山统一企业有限公司（饲料厂）。

（12）合肥统一企业有限公司（方便面厂）。

（13）武汉统一企业食品有限公司（方便面厂、饮料厂）。

（14）成都统一企业食品有限公司（方便面厂）。

（15）乐山统一饲料油脂有限公司（饲料厂）。

（16）新疆统一企业食品有限公司（饮料厂）。

还有宁波的饲料厂、珠海的啤酒厂、张家港的油脂厂、重庆的家乐福等，属于何公司的下属，不详。统一企业的最终计划是在大陆每一个省设立一家食品厂。

两岸资金流向

两岸资金流向，与两岸贸易和台商来大陆投资密切相关。两岸贸易由于台湾对大陆常年出超，于台湾有利，持异议的不多。而台商来大陆投资则有不同的看法，官方总是持负面的态度，为坚持“戒急用忍”制造借口。需要从各方面的资料来研究澄清，究竟是台湾的资金流向大陆的多，还是大陆的资金流向台湾的多。下面是截至 2001 年上半年的资料。

一、台商大陆投资的各种看法

台商到大陆投资，总的来看，台湾的产业界和学术界多持正面的评价，而官方一直是持负面的态度。概括正负两方面的意见，认为台商到大陆投资的贡献为：①扩大台湾的出口，增加产出及国民所得。②加速台湾的出口结构的转变，促进台湾产业升级。③加速台湾企业国际化的脚步，扩大了台商对外发展的空间。认为所产生的负面影响包括：①造成对大陆经济过度依赖，经济风险高。②台湾企业出走大陆，导致台湾产业空洞化。③带走大量资金，造成台湾资金失血，甚至债留台湾。

相关问题的不同观点如下：

有人认为，台商赴大陆投资使台湾制造业的产值比例下降，导致岛内产业空洞化的问题。

持不同意见者认为，上述状况，在先进国家的发展过程中都会出现的现象，并不能当成产业空洞化的指标。而台湾的夕阳产业，转型困难，到大陆还能找到第二春。还有一些产业出走是由于岛内的投资环境恶化，即使不出走大陆，也会出走别的地方。

有人认为台商赴大陆投资带走大量资金，造成排挤效应，是岛内经济不景气与股市失血的原因。

持不同意见者认为，上述看法不仅偏颇，而且根本与事实不符。因为过去 10 年来，两岸贸易台湾自大陆赚取 1 200 亿美元的顺差，已超过台湾外汇存底的总额（2000 年台湾的外汇存底为 1 067 亿美元）。要不是对大陆的大额贸易顺差，台湾也不可能还有那么多的外汇存底？至于台商到大陆投资，是否会造成对岛内投资的排挤，实际上，台湾一直都有超额储蓄超过固定资本形成的状况，台湾一直都有超额储蓄存在，不会出现资金排挤效应的问题。

关于台商进军大陆，造成对台湾经济的冲击和对台商种种指责的问题。

在 2001 年年初召开的财经高峰会上，“副总统”吕秀莲致辞时指出，台商大举进军大陆，对台湾已经产生 6 大冲击：“投资减缓，经济增长率下降；“中央银行”持续调降存款准备金，以弥补资金缺口；金融机构存放款年增率逐年趋降；政府和民间负债与国内生产毛额（GDP）的比重大幅蹿升；房地产、股票失金，景气低迷；外汇存底大量流失。”

她还指出，“戒急用忍”政策，一定程度减缓大陆投资的热度和速度。如今情势变迁，“戒急用忍”的执行困难重重，但盲从和附和大陆热而不知身陷险境，恐怕也非智者所当为。

吕秀莲将台湾经济出现的问题，都扣在台商头上，怪罪于台商到大陆投资，借题重提“戒急用忍”，并指责台商盲从和附和大陆热，不知身陷险境，引起了与会者的反弹与不满，认为一个当政者的副手，对台湾出现的政经乱象，毫无自我反省之意，而将问题诿过于台商，还要为继续执行“戒急用忍”制造借口，实非智者所当言。

有关台商到大陆投资问题的争论，还反映在台湾2001年6月的一次研讨会上，对两岸议题相当敏感，看法迥异。

在谈到“戒急用忍”问题时，“中央银行副总裁”陈师孟（前陈布雷之孙）强调：“台湾对大陆投资在某种程度上仍应戒急用忍。没有任何一个经济学理论告诉我们，直接贸易最后的好处如何分配，成本代价有多高。即使纯粹由经济面来看，台湾对大陆投资仍应有所保留，且任何经济社会不可能没有政治考量。”

陈师孟还谈到“过去一年我讲了两个脏话，一是对赴大陆投资的台商要征收安全捐，二是新台币有贬值空间，有人说什么一言会丧邦。”但他又指出：很多人批评三通及戒急用忍政策，多是基于两岸有强烈的互补性，认为台湾有资金、人才，大陆有土地、劳工，几乎是天作之合的互补模式。他用鸡和猪合作比喻两岸经贸关系，说大陆好比鸡，可以不费吹灰之力下蛋，“台湾有几条火腿可割”？

批驳者指出，且不论此比喻是否恰当，在过去两岸10年的经济互动中，台湾并非流血割肉以为生的可怜猪，台湾庞大的贸易顺差说明了大陆对台湾经济的贡献，许多在台无法生存的传统产业，也确实在大陆找到第二春。陈师孟视大陆为充满敌意的交手对象，台商对大陆投资如同割肉，这正是台湾当局对“戒急用忍”政策始终不愿松手的心态写照。

“行政院经建会主委”陈博志主张，台湾对外投资不应超过岛内的超额储蓄，以免排挤岛内投资。他并警告说，近年台湾业者把工厂移至大陆，台湾只保留设计部分，有朝一日，大陆会取代台湾。台湾必须加速产业升级，扩大两岸产业技术差距，才能降低大陆对台湾的竞争威胁。

对于陈博志所提台湾对外投资不得超过岛内超额储蓄，薛琦不以为然地表示：没有听说过哪个国家对外投资是以超额储蓄为基准，如美国是最大对外投资国，但根本没有超额储蓄。薛琦指出，像台湾现在这样，不希望资金流出，资金进来也不放心，“这种情势根本不要想发展台湾成为亚太金融中心”。

二、钱进大陆及回流引发争议

除了上面所说的官方对台商到大陆投资一直持负面态度外，2000年底前后，台湾的财金主管部门还秉着“立委”的旨意，要求各银行彻查企业借款的资金流向大陆的情况，并要求收回有问题的贷款，一时成为焦点问题。

1. 台湾资金流向大陆众说纷纭

台湾的某些“立法委员”和财金主管部门十分关注台湾资金流向大陆的问题，纷纷提出数据，似乎问题相当严重，气氛紧张。

然而各种数据五花八门，众说纷纭：

——台湾“经济部”核准台商赴大陆投资，近10年累计金额为171亿美元。

——大陆对外贸易经济合作部公布的数字，近10年台商实际到位资金累计为262亿美元。

——“中央银行总裁”彭淮南说，保守估计，经由第三地间接流入大陆的资金约500亿美元。

——“中央银行检查处”的官员说，据“央行”近几年的统计，台商赴大陆投资的累计金额为700亿美元，非正式统计恐怕已超过1 000亿美元。

——台湾证券期货管理委员会发布的数字为1 100亿美元。

——民间估计甚至高达2 000亿美元。

台湾流向大陆的资金，众说纷纭的数字，由170亿美元到2 000亿美元，跨度太大，莫衷一是，只能说是一本说不清楚的糊涂账。

2. “中央银行”要求彻查银行贷款

在某些“立法委员”的促使下，财金主管部门为严格控制资金流向大陆的规模，“中央银行”两度要各银行全面调查“台湾贷款，大陆投资”、资金流向大陆的情形，并要各银行翔实回报。

“中央银行检查处”的官员透露，各银行首次回报的金额仅合70亿美元，明显失真。尽管“中央银行”早在预料之中，但还是要各银行重新填报。第二次回报的金额略有增加，仍不符合真实情况，这一次“中央银行检查处”的官员不愿说出具体的金额。

一些银行的主管表示：要填报具体的数字，实在有难处。一是如何定义企业借款的资金是流向大陆，银行主管认为很难掌握：二是贷款资金先汇往第三地，再间接转入大陆，银行很难追踪：三是“立委”要求彻查资金流向大陆，即使能真实反映，等于是让企业投资大陆台面化，使企业难堪甚至带来麻烦；四是银行担心回报数字过高，会招致把关不严的指责；五是要求银行收回有问题的贷款更不可能，因为这属银行与客户的契约关系，“政府”也无权介入。

有的大型银行的主管坦承，该分行向“中央银行”呈报的数字为零，“谁会老实填报数字，拿石头砸自己的脚？”财金主管部门明知不可为而为之，认为“中央银行”的做法不是太笨，就是故意演戏。

“中央银行总裁”彭淮南也认为，台湾开放外汇管制后，企业间接赴大陆投资，主管机关很难确实查核资金外流大陆的情况。他并在“立法院”坦承，银行贷款给企业，发现企业未经核准直接或间接赴大陆投资，依现行法令，“中央银行”不能规定必须终止或提前收回这些企业的贷款。

三、台湾资金有去无回引发争议

2001年3月，“财政部”向“立法院财政委员会”提供的最新资料，截至2000年第三季度，台湾的上市、上柜公司赴大陆投资家数为305家（其中上市公司236家，上柜公司69家）累计汇出金额为新台币1 228亿元（约合37亿美元），但投资有钱汇回台湾的只有18家，汇回金额为7.8亿新台币（约合2 400万美元），仅占汇出金额的0.63%，语出惊人，引各方关注。

“行政院长”张俊雄针对“财政部”公布的数据，认为“政府”将保持高度的关切，未来将规划大陆资金回流制度。“大陆委员会主委”蔡英文亦表示，台湾实际流向大陆的资金，比“财政部”统计的数字高出许多，“政府”检讨“戒急用忍”时，将一并处理资金外流大陆及回流的问题。

持不同意见者均不认同“财政部”的统计，质疑其真实性。

“经济部投审会”执行秘书蔡练生认为，“财政部”的这项统计与事实不符，台商利用各种避税管道和各种方式将资金汇回台湾，实际回流的资金绝对不低于1%，“财政部”的统计未能反映全部汇入金额；还有许多台商企业仍在发展阶段，正在进行转投资或增资，在这个阶段不可能期待台商一边投资一边将钱汇回。

“经济部次长”尹启铭指出，台商有近50%是在大陆从事来料加工，许多台商是在台湾接单、大陆生产出货、在台湾押汇，台商早已将利润留在台湾，所谓台商资金回流不到1%的说法，显然有失周全。尹启铭还认为，台湾对大陆贸易的顺差一年就达200亿美元，这部分也是台商赴大陆投资带动的贸易效果，也应该通盘考虑这些因素。

还有一些台商指出，认为台商投资获利没有回流，是以偏概全的“抹黑”，完全忽视台商在大陆设厂多是“台湾接单、大陆生产出货、台湾押汇”的做法，无视台湾每年对大陆高达100多亿美元的出超，更不同意吕秀莲指责“台商是掏空台湾资金的根源”的说法。

持不同意见还指出，台商的答案很务实，在大陆投资如果不赚钱，当然无钱汇回，如果赚了钱汇回台湾要课企业所得税，谁都会打这个算盘，即使汇回来也要考虑适当方式；钱不汇回台湾不一定都滞留在大陆，台商到大陆投资是通过第三地，家在台湾，厂在大陆，钱在第三地，资金留在开曼群岛或维京群岛免税天堂；台商的钱是往东流还是朝西走，全凭两岸的政治风向，哪儿政治稳定，投资环境好，比较利益大，决定钱的去向，说台商没有政治风险意识，那是唬外行人。

还有一些具体的事例说明“财政部”的统计与事实不符。例如台湾的统一企业集团在大陆投资统一食品方便面，1992年在大陆投资设厂，直到1999年才不赔钱，花了7年的时间才转亏为盈。为因应在大陆继续扩厂的需要，决定将在大陆的盈余用在大陆的转投资上，不再从台湾的母公司拿钱。

又如台湾顶新企业集团是在大陆发迹最快的，其在大陆经营的康师傅方便面，在大陆赚取的资金超过其由台湾汇出资金的多少倍。因此才有充裕的资金回台湾以高价位买下味全食品的股权，怎么能说资金没有回流台湾？

四、有必要澄清两岸资金流向

由于历史的原因和人为的障碍，两岸至今还不能进行直接经贸往来，而是通过第三地间接进行，经常引起台湾官方对两岸资金流向的非议。

在两岸间接贸易方面，由于台湾对大陆常年出超，大陆的资金大量流进台湾，补充了台湾外汇储备的来源，台湾的官方和民间少有负面意见的争议，但官方似乎并不领情。而在两岸间接投资方面，台湾既不开放大陆到台湾投资，又对大陆的磁吸效应感到不安。由于台商一波一波的大陆投资热，致使台湾的资金流向大陆，经常成为台湾官方的心病，经常在所谓对台湾的负面影响方面大做文章，片面的而不是全面地看待两岸资金流向。

所谓全面地看待两岸资金流向，既要看到台商到大陆投资的一面，又要看到两岸贸易往来的一面，既要看到台湾资金流向大陆的一面，又要看到大陆资金流向台湾的一面。究竟是台湾的资金流向大陆的多，还是大陆的资金流向台湾的多，这是一个需要弄清楚的问题。

资金本身并没有标签，又没有地域限制，它是长着无形的腿，要很准确弄清楚两岸的资金流向的数据是困难的，但用算大账的方式是可以做到的。

两岸资金流向主要包括：两岸间接贸易、台商间接到大陆投资、两岸间接汇款和两岸人员往来等 4 个方面。至于地下金融在两地间的资金流动，是谁也无法说清楚的，但金额不会很大，因为地下金融不像正规金融往来有保障。

——两岸间接贸易，为大陆资金流向台湾。

根据台湾"行政院大陆委员会"的估算，1979–2000 年台湾对大陆的出口累计为 1.845 亿美元，累计自大陆进口为 315 亿美元，台对大陆出超累计为 1 530 亿美元。根据大陆的统计，1979–2000 年，大陆自台湾进口累计金额为 1 593 亿美元，大陆对台出口累计金额为 306 亿美元，大陆入超累计金额为 1 287 亿美元。

两种数据，台湾估算为对大陆出超 1 530 亿美元，大陆统计为对台入超 1 287 亿美元，差异较大，台湾为估算数，大陆为实际统计数，选用大陆的统计数较妥。据此，截至 2000 年止，两岸间接贸易大陆流进台湾的资金累计为 1 287 亿美元。

——台商到大陆间接投资，为台湾资金流向大陆。

由于两岸投资至今仍为单向行为，台商到大陆间接投资有两个数据：一为台湾"经济部投资审议委员会"的数字，自 1991–2000 年核准台商到大陆投资累计金额（包括补办登记数字）为 171 亿美元。大陆对外贸易经济合作部统计的数字，自 1991 年（含以前的数字）至 2000 年止，台商在大陆实际投资金额累计为 262 亿美元。台湾的数字明显不实，采用大陆的统计 262 亿美元。估计台商以机器设备、原材料等投资占 50%，汇入大陆的营运资金占 50%，则台商投资流入大陆的资金为 131 亿美元。

——两岸间接汇款。根据"陆委会"印行的《两岸经济统计月报》，自 1990–2000 年，台湾对大陆个人间接汇款，累计为 33 亿美元，此为台湾流向大陆的资金。

台商"大陆出口，台湾押汇"之对大陆再汇出款，自 1993–2000 年累计金额为 24 亿美元，此为台湾流向大陆资金。

台湾受理大陆间接汇入款，自 1993–2000 年累计金额为 21 亿美元，此为大陆流向台湾资金。

——两岸人员往来的资金流向，计算起来比较复杂。从台湾方面来说，有来大陆探亲访友的，有来观光旅游的，有来访问和参加会议的，有来洽谈业务的。有的住在亲属家里，有的住饭店宾馆，有的接受招待，在大陆的支付不一样。至于来回往返，有经过澳门转机直航的，有通过香港中转的，香港的港龙航空、国泰航空、澳门的澳门航空已在台湾设有分公司，以及台湾的华航、长荣航空和大陆民航两岸四地之间的机票费用，是在台湾支付，还是在大陆支付，很难计算，因此，为简化起见，两岸人员往来除了往返机票均不予计算外，在两岸的支付，每人次均以 1 000 美元计算资金流向。

据香港中国旅行社、新华通讯社的资料，1988–2000 年申请台胞证往来大陆的人次累计约 1 800 万人次，有的不只往返一次，估计总共约 2 000 人次。平均每人次在大陆的花费以 1 000 美元计算，则流向大陆的资金为 200 亿美元。

另据台湾“内政部出入境管理局”的统计，1988–2000 年大陆去台人次累计约为 60 万人次，在台花费平均每人次以 1 000 美元计算，则大陆流进台的资金为 6 亿美元。以上内容列表如下：

台湾资金流向大陆（亿美元）		大陆资金流向台湾（亿美元）	
台商到大陆投资	131	大陆对台贸易逆差	1 287
台对大陆个人汇款	33	大陆对台汇款	21
对大陆厂商再汇出款	24	大陆赴台人次花费	6
台赴大陆人次花费	200		
合计	388	合计	1 314

以上数字显示，大陆流向台湾的资金多于台湾流向大陆的资金达 926 亿美元，这是一个不小的数目，澄清了两岸资金流向的各种说法。由此也说明，有必要进一步改善两岸的经贸关系，开放双向投资，缩小两岸贸易差额，使两岸经贸往来尽快实现正常化。

两岸经济比较

两岸经济的发展，都有其过程和特点。

台湾经济的发展，曾经历过 30 年高增长之后，20 世纪最后 10 年仍能维持中度增长。只是受到政权转移、“台独”意识形态理念和财经政策诸多失误的影响，使总体经济陷于低迷和衰退状态。2001年台湾的经济首度出现负增长，为历史上所仅见。昔日的“经济奇迹”和“四小龙”之首的赞誉，已不复再现而存在于人们的回忆之中。人们关切和期待改变这种状况。

中国大陆经济的发展，前30年由于种种原因，尤其是“文革”十年的浩劫，使国民经济面临崩溃的边缘。只是到了20世纪80年代以后，国家发展战略的重点才真正转移到经济方面来，随着思想观念的改变，改革开放政策的实施，经济活力的增强，使总体经济逐步走向高速发展的阶段，尤其是近20世纪最后10年发展之快，变化之大，为国际所瞩目。特别是2001年，在以美国为首的国际经济不景气的情况下，仍能维持7.3%的经济增长率，在国际上一枝独秀。

进入20世纪90年代以来，两岸经济发展的实绩和速度，已经出现反差，明显表现出消长的变化，而这种变化在继续发展和扩大之中。下面就两岸20世纪最后10年的经济增长、对外贸易、银行存款、外汇储备等主要指标做一比较，这些指标都运用两岸统计的可比口径。

一、1990-2000年10年两岸生产总值比较

据两岸统计资料：

1990–2000年两岸总体经济规模GDP（大陆为国内生产总值，台湾为岛内生产总值，下同）按汇率折成美元计算，1990年大陆GDP为3 930亿美元，台湾为1 589亿美元，大陆为台湾的2.47倍。到了2000年，大陆GDP为10 798亿美元，台湾为2 923亿美元，大陆为台湾的3.7倍。大陆GDP的增长率远高于台湾。

1990–2000年间，大陆GDP 2000年比1990年增长1.75倍，每年平均增长9.6%。同一时期，台湾GDP 2000年比1990年仅增加84%，每年平均增长6.3%。如果将2001年两岸的经济增长率作比较，则大陆的经济增长率为7.3%，而台湾为负增长，两者的差距更加扩大。

1990–2000年间，如按人均GDP折合美元计算，1990年大陆人均GDP为342美元，到2000年为856美元，增加1.5倍。同一时期，1990年台湾人均GDP为7 918美元，到2000年为13985美元，增加76.6%，还不到一倍。如果将两岸的人均GDP进行比较，1990年台湾人均GDP为7918美元，为大陆342美元的23.2倍，2000年台湾人均GDP为13 985美元，为大陆856美元的16.3倍，差距有所缩小。但由于台湾的基数较高，大陆的人口太多，东西部经济的差距太大，在这方面，两岸是不好比较的。（详见下表）

两岸生产总值及经济增长率比较（1990-2000年）

美元金额单位：亿美元、元

期间	大陆国内生产总值				台湾岛内生产总值			
	人民币（亿元）	增长率（%）	生产总值合美元	人均产值（美元）	新台币（亿元）	增长率（%）	生产总值合美元	人均产值（美元）
1990	18 548	3.8	3 930	342	43 070	5.4	1 589	7 918
1991	21 618	9.2	4 064	353	48 107	7.6	1 865	8 769
1992	26 638	14.1	4 834	415	53 377	6.8	2 096	10 274
1993	34 634	13.5	6 002	510	59 184	7.0	2 215	10 757
1994	46 759	12.6	5 534	455	64 636	7.1	2 461	11 613
1995	58 478	10.5	7 029	581	70 179	6.4	2 569	12 488
1996	67 885	9.6	8 179	671	76 781	6.1	2 788	13 073
1997	74 463	8.8	8 993	730	83 288	6.7	2 553	13 449
1998	78 345	7.8	9 462	762	89 390	4.6	2 762	12 268
1999	82 067	7.1	9 911	789	92 899	5.4	2 955	13 114
2000	89 404	8.0	10 798	856	96 634	5.9	2 923	13 985

注：大陆方面：

①国内生产总值根据《中国统计年鉴》的统计，系按当年价格计算。经济增长率按可比价格计算。

②国内生产总值合美元，按当年人民币对美元汇率折算。

③人均生产总值合美元，按当年人口数折算。

台湾方面：

①台湾岛内生产总值，根据台湾《“中华民国”统计月报》的统计，系按当年价格计算。经济增长率按可比价格计算。

②岛内生产总值合美元，按当年新台币对美元汇率折算。

③人均生产总值合美元,根据“行政院主计处”国民经济动向统计季报的统计。

二、20世纪最后10年两岸出进口贸易额比较

据统计资料，1990年、1991年，台湾的出进口贸易总额略高于大陆。如1990年大陆的出进口贸易总额1 154亿美元，为台湾出进口贸易总额1 219亿美元的94.7%，1991年大陆出进口贸易总额1 357亿美元，为台湾出进口贸易总额1 391亿美元的97.6%。

到了1992年开始出现反差，大陆出进口贸易总额超过台湾，并逐年扩大。到2000年，台湾出进口贸易总额为2 883亿美元，只达到大陆出进口贸易总额4 743亿美元的60.8%。计自1990–2000年期间，台湾出进口总额累计21 957亿美元，为大陆累计额29 035亿美元的75.6%，这期间，出进口贸易差额，大陆累计出超为1 805亿美元，比台湾累计出超1 065亿美元多740亿美元。

1990–2000年期间，两岸对外贸易发展速变，1990年大陆出进口总额1 154亿美元，到2000年为4 743亿美元，2000年为1990年的4.1倍。同一时期，台湾2000年出进口总额2 883亿美元，为1990年1 219亿美元的2.4倍。这期间，大陆出进口总额平均每年增加14.5%，台湾平均每年增加9.8%。大陆的发展速度均快于台湾。

详见下表：

两岸出进口贸易额比较（1990-2000年）

单位：亿美元

期间	中国大陆							台湾地区						
	总额	年增（%）	出口	年增（%）	进口	年增（%）	差额	总额	年增（%）	出口	年增（%）	进口	年增（%）	差额
1990	1 154	3.3	621	18.3	533	-9.8	88	1 219	2.8	672	1.4	547	4.7	125
1991	1 357	17.6	719	15.8	638	19.7	81	1 391	14.1	762	13.4	629	15.0	133
1992	1 655	22.0	849	18.1	806	26.3	43	1 535	10.4	815	7.0	720	14.5	95
1993	1 956	18.2	917	8.0	1 039	28.9	-122	1 622	5.7	851	4.4	771	7.1	80
1994	2 366	21.0	1 210	32.0	1 156	11.3	54	1 783	9.9	930	9.3	853	10.6	77
1995	2 809	18.7	1 488	23.0	1 321	14.3	167	2 151	20.6	1 116	20.0	1 035	21.3	81
1996	2 898	3.2	1 510	1.5	1 388	5.1	122	2 172	1.0	1 159	3.9	1 013	-2.1	146
1997	3 252	12.2	1 828	21.1	1 424	2.6	404	2 365	8.9	1 221	5.3	1 144	12.9	77
1998	3 239	-0.4	1 837	0.5	1.402	-1.5	435	2 153	-9.0	1 106	-9.4	1 047	-8.5	59
1999	3 606	11.3	1 949	6.1	1 657	18.2	292	2 323	7.9	1 216	9.9	1 107	5.7	109
2000	4 743	31.9	2 492	27.9	2 251	35.08	241	2 883	24.1	1 483	22.0	1 400	2.65	83
合计	29 035	平均 14.5	15 420	平均 15.7	13 615	平均 13.7	1 805	21 597	平均 8.8	11 331	平均 7.9	10 266	平均 9.8	1 065

资料来源：台湾为“财政部”统计处《“中华民国”台湾地区进出口贸易统计月报》，大陆为中国海关统计。

三、20世纪最后10年两岸金融机构存款比较

重点观察两岸存款的总规模和两岸个人存款的水平。

1. 两岸存款总额

1990–2000年两岸金融机构各项存款总额按汇率折算成美元进行比较，1990年两岸的差距不是很大，如大陆为2 969亿美元，台湾为2 387亿美元，大陆仅比台湾多582亿美元，即多24.4%。之后，差距逐渐拉大，到了2000年，大陆为14 952亿美元，为台湾5 841亿美元的2.6倍。如将近10年两岸存款总额增长的速度来观察，大陆1990年为2 969亿美元，2000年为14 952亿美元，10年间增加4倍。台湾2000年为5 841亿美元，比1990年2 387亿美元增加1.4倍，大陆远快于台湾。

2. 两岸个人存款

两岸金融机构的个人存款，有一个统计口径的问题需加说明。

大陆是将企业存款和城乡储蓄存款分开统计，而台湾是将企业及个人存款混合统计，其中包括支票存款、活期存款、活期储蓄存款、定期存款、可转让定期存单、定期储蓄存款、外汇存款、邮政储金等。而各科目中，既有个人存款，又有企业存款，很难分清。

为使两岸统计口径一致，将上述各科目中的活期储蓄存款、定期储蓄存款和邮政储金基本上都视为个人存款，而这三项据2000年的统计即占企业及个人存款的67%，加上其他科目中的个人存款，估计在企业及个人存款中，大体是个人存款占70%. 企业存款占30%。

按可比口径，1990–2000年两岸金融机构的个人存款按当年汇率折算成美元，1990年大陆储蓄存款总额为1 508亿美元，台湾为1 524亿美元，一直到1994年，都是台湾略高于大陆。1995年大陆才开始超过台湾，到2000年，大陆储蓄存款总额为7 770亿美元，高于台湾个人存款3 822亿美元的1倍。从近10年增长的速度比较，2000年大陆的储蓄存款总额为7 770亿美元，比1990年的1 508亿美元增加4.2倍，而台湾2000年为3 822亿美元，比1990年的1 524亿美元仅增加1.5倍，大陆增长的速度快于台湾。

如按平均每人存款来观察，则台湾一直远高于大陆。如1990年大陆平均每人储蓄存款为131美元，台湾的个人存款平均每人为7 489美元，为大陆的57倍，到2000年台湾为17 154美元，仍为大陆600美元的28倍，差距有所缩小。由

于大陆的人口多，东西部、城乡间收入差别大，储蓄能力的差异也大。如按人均存款比较，大陆要达到台湾现在的水平，那还需要相当长约时间，只能是逐步缩小差距。

附表 1　　两岸金融机构存款比较（1990-2000 年）

美元金额单位：亿美元

期间	中国大陆金融机构存款总余额			台湾地区金融机构存款总余额		
	人民币（亿元）	年增 %	存款合美元	新台币（亿元）	年增 %	存款合美元
1990	14 013	29.9	2 969	64 715	10.3	2 387
1991	18 079	29.0	3 398	75 765	17.1	2 937
1992	23 468	29.8	4 259	90 737	19.8	3 563
1993	29 627	26.2	5 135	104 544	15.2	3 913
1994	40 472	36.6	4 790	120 314	15.1	4 582
1995	53 862	33.1	6 473	131 309	9.1	4 806
1996	68 572	27.3	8 262	142 609	8.6	5 178
1997	2 390	20.2	9 950	154 213	8.1	4 728
1998	95 698	16.2	11 679	166 969	8.3	5 176
1999	108 779	13.7	13 138	180 642	8.2	5 746
2000	123 804	13.8	14 952	193 087	6.9	5 841

资料来源：大陆为中国人民银行统计季报。台湾为“中华民国”统计月报。

美元金额：根据当年人民币对美元汇率和新台币对美元汇率折算。

附表 2　　两岸个人存款比较（1990-2000 年）

期间	大陆储蓄存款		台湾个人存款	
	金额（亿美元）	平均每人存款（美元）	金额（亿美元）	平均每人存款（美元）
1990	1 508	131	1 524	7 489
1991	1 737	148	1 833	8 894
1992	2 134	180	2 333	11 216
1993	2 635	220	2 552	12 152
1994	2 547	211	2 964	13 994
1995	3 565	292	3 127	14 640

续表

期间	大陆储蓄存款		台湾个人存款	
	金额（亿美元）	平均每人存款（美元）	金额（亿美元）	平均每人存款（美元）
1997	5 589	449	3 079	14 163
1998	6 450	514	3 247	14 806
1999	7 200	568	3 757	17 008
2000	7 770	600	2 822	17 154

注：大陆方面：

①资料来源：中国人民银行统计季报。

②储蓄存款为城乡居民在金融机构及邮政部门的存款。

③储蓄存款的美元金额系根据当年人民币对美元的汇率折算。

④ 1994 年金额减少有汇率并轨的因素。

台湾方面：

①资料来源："中华民国"台湾地区金融统计月报。

②有关个人存款，台湾无专项统计，系根据企业及个人存款总额的 70% 估算，并按当年新台币对美元汇率折算成美元，

③ 1997 年金额减少有汇率贬值的因素。

四、20 世纪最后 10 年两岸外汇储备比较

1990–2000 年期间，两岸外汇储备的消长变化比较突出。

1990 年年底大陆的外汇储备为 111 亿美元，台湾为 724 亿美元，台湾为大陆的 6.5 倍，直到 1995 年底都是台湾多于大陆。之后开始出现消长变化，到 2000 年底，大陆为 1 656 亿美元．比台湾的 1 067 亿美元多 589 亿美元，即多 55.2%。在 1995 年年底以前，台湾的外汇储备仅次于日本居世界第二位，到 1996 年年底则在日本、中国大陆之后居世界第三位，2000 年年底，排在日本、中国大陆、香港地区之后降至世界第四位。

从两岸外汇储备增长的速度来观察，10 年间，大陆由 1990 年年底的 111 亿美元增加到 2000 年的 1 656 亿美元，增加 14.8 倍，同一时期，台湾由 1990 年年底的 724 亿美元增加到 2000 年 1 067 亿美元，仅增加 47.4%。

外汇储备的累积，主要来源于对外贸易出超。1990–2000 年期间，大陆对外贸易出超累计为 1 805 亿美元，同一时期，台湾的对外贸易出超累计为 1 065 亿

美元，台湾的外贸出超并不少，但外汇储备反而增加很少，主要是由于1995年下半年和1996年上半年台海导弹危机，以及1997年下半年亚洲金融危机，其间发生资金大量外流和新台币贬值压力沉重，“中央银行”大量抛售外汇，以稳定汇率，以致这期间的外汇储备不增反降，直到1998年才开始回升。

两岸外汇黄金储备比较（1990-2000年）

单位：亿美元、万英两

期间	中国大陆			台湾地区		
	外汇储备	年增％	黄金储备	外汇存底	年增％	黄金储备
1990	111	96.4	1 267	724	-1.1	1 353
1991	217	95.5	1 267	824	13.8	1 353
1992	194	-10.6	1 267	823	-0.1	1 354
1993	212	9.3	1 267	836	1.6	1 355
1994	516	143.4	1 267	924	10.5	1 356
1995	736	42.6	1 267	903	-2.3	1 356
1996	1 050	42.7	1 267	880	-2.5	1 356
1997	1 398	33.2	1 267	835	-5.1	1 357
1998	1 450	3.6	1 267	903	8.1	1 357
1999	1 547	6.7	1 267	1 062	17.6	1 357
2000	1 656	7.0	1 267	1 067	0.5	1 357

注：中国大陆的外汇储备依据《中国人民银行统计季报》的统计。黄金储备依据中国人民银行《中国金融展望》的统计。台湾的外汇储备依据《“中华民国”统计月报》的统计，黄金储备为台湾报纸的报道。

两岸四地合作

一、两岸四地现状

祖国大陆、香港特别行政区、澳门特别行政区、台湾地区两岸四地，均属于中国。香港特别行政区和澳门特别行政区已分别于1997年和1999年回归，只有台湾地区，两岸至今还处于分离状态，在经济上还停留在间接往来（贸易）和单向行为（投资）这种人为的因素，长期以来一直阻碍了两岸关系的正常发展。分久必合，合则两利，和为贵，这都是中国的至理名言，也是两岸追求的目标，在道理上谁也不会有异议。但要真正做到和实现这个目标，并非简单易事，有如坚冰一样，有一个相当长的融化过程，还需要适宜的气候和温度逐步加速这一过程。本文主要是从两岸四地经济合作的角度提出问题和建议，认为这是加速两岸关系正常化的一个重要途径，希望能引起广泛的关注。至于政治方面，宜由两岸的政治家们发挥高度的智慧去探索解决的途径和方法。

二、两岸四地合作的基础

两岸四地加强经济合作的条件和基础在发生变化。一是两岸四地都希望中国富强，争取早日立于世界发达国家之林；二是两岸四地都先后参加世界贸易组织WTO，在WTO的规范下，对两岸四地加强经济合作必将起到促进作用；三是经济全球化乃世界潮流，两岸四地都在经济全球化的竞争中发展国际市场；四是两岸四地有着共同的利益，更加需要密切联系与合作。这些方面，都是促进两岸四地经济发展的推动力，理应在现有的基础上有所创造，有所前进，运用中国人的聪明才智，将两岸四地的经济整合得更好。

两岸四地经济整合得好，就能优势互补，共同促进，有利于发挥各自的特长和优势。中国大陆有丰富的资源，有充沛的劳力，有广阔的市场，香港则拥有国际金融中心、投资贸易中心的重要地位，台湾有资金，有技术，有人才。发挥各自的优势，合作大有发展的空间，就能做到人尽其才，地尽其利，物尽其用，货畅其流。其发展前途必将为国际所瞩目，不仅对亚洲乃至对世界经济都会产生重大影响。

三、设置民间性的常驻机构

两岸四地经济合作，谁来主导整合，如何整合，是一个需要落实的问题，从长远考虑，有必要设置一个常驻机构，专门负责整合两岸四地的经济合作事宜。

这个机构是民间性的、经济性的、协调性的。宜由全国工商联合会、香港的中华总商会、台湾的工商协进会、澳门的中华总商会共同参与组成，由香港的中华总商会牵头，常驻机构设在香港。

这个机构的任务，就是联系、沟通、协调和推进两岸四地的经济交流与合作，发挥桥梁作用。其日常事务，围绕着两岸四地如何加强合作，发挥各自的优势，互补互利；如何适应经济全球化之形势发展变化，加强两岸四地之适应能力；如何在 WTO 的规范下，改善两岸四地之经贸关系；如何规避金融危机、共同防范金融风险；如何加强信息交流，共同打击经济犯罪活动；还可以从长计议两岸四地成立自由贸易区，乃至四币一体化的可行性的发展远景。

常驻机构可以经两岸四地的官方授权，处理有关的一般性的问题，重大经济事项和涉及政治层面的问题，提交两岸四地的官方决定。也可以召开定期与不定期的会议，邀请两岸四地专家学者参加，集思广益，推进两岸四地的经济交流与合作。

鉴于两岸的复杂关系，设置常驻机构是长期性的，促进相互经济合作将是渐进性的，不宜急于求成。可以先易后难，也可以求同存异。

四、两岸四地经济整合实力大

两岸四地的经济都有其发展的历程，有着不同的规模，只是由于种种原因，缺乏整合的条件和机制，一直处于分散的状态。现在从研究的角度来观察，10 年来，两岸四地的经济整合，已显示出强大的实力，其主要经济指标均居世界的前列。继续推进两岸四地的经济合作，加速整合的过程，假以时日，一个繁荣富强的中国，必将立于世界强国之林，祖国的完全统一终将实现。下面仅从大陆、香港、台湾三地的经济整合来观察（澳门的资料未列入）。

第一，观察国内生产总值。

国内生产总值 GDP，是衡量一个国家经济实力的重要指标。以 1990–2000 年 10 年观之，两岸三地（大陆、香港、台湾）GDP 合计，与世界主要发达国家比较，已经发生了很大的变化：1990 年，大陆、香港、台湾三地 GDP 合计为 6 237 亿美元，占美国 GDP 的 10. 7%，日本的 20. 4%，德国的 41.5%，法国、意大利、英国的 50%–60% 左右。而到了 2000 年，两岸三地 GDP 合计为 15 518 亿美元，与以上国家比较，相当于美国的 15.7%，日本的 32.7%，德国的 82.9%，超过了法国、英国和意大利。

如按以上国家 GDP 排列名次，1990 年顺序为美国、日本、德国、法国、意大利、英国，两岸三地居最后的第 7 名。到了 2000 年有了显著的变化，顺序排名为美国、日本、德国，以下为两岸三地，跃居前第 4 名。

从以上经济增长率来观察，1990–2000 年间，两岸三地合计经济增长率，平均每年增长 6.7 %，而美国为 3.1%，日本为 1.7%，德国为 2.1%，法国、意大利、英国均在 1.9% –2.0%。两岸三地合计的年增率大大高于其他国家。如果按照这个速度发展下去，再过10年、20年，将会超过德国，赶上日本现在的水平。

附表1 两岸三地及主要国家/地区GDP统计表（1990-2000年）

单位：亿美元

期间	两岸三地 GDP				主要国家 CDP					
	大陆	香港	台湾	三地合计	美国	日本	德国	法国	英国	意大利
1990	3 888	747	1 602	6 237	58 032	30 521	15 036	12 164	9 836	10 940
1991	4 069	859	1 794	6 712	59 862	34 833	17 196	12 221	10 186	11 507
1992	4 830	1 007	2 122	7 959	63 189	38 025	19 694	13 449	10 709	12 192
1993	6 011	1 160	2 243	9 414	66 423	43 752	19 082	12 766	9 580	9 934
1994	5 425	1 308	2 442	9 175	70 543	48 120	20 460	13 487	10 378	10 254
1995	7 002	1 392	2 649	11 043	74 005	52 917	24 141	15 544	11 270	10 972
1996	8 165	1 541	2 796	12 502	78 132	46 957	23 830	15 552	11 807	12 329
1997	8 982	1 710	2 902	13 594	83 184	43 133	21 144	14 059	13 283	11 669
1998	9 463	1 626	2 672	13 761	87 815	93 404	21 505	14 517	14 242	11 965
1999	9 895	1 583	2 879	14 357	92 686	44 995	21 120	14 378	14 418	11 810
2000	10 798	1 626	3 094	15 518	98 729	47 496	18 724	12 991	14 303	11 757

资料来源：台湾“行政院主计处”国民经济动向统计季报。原注明：以上资料来源系国际金融统计（国际货币基金）、香港统计月报、中国统计年鉴等。

附表2 两岸三地GDP占主要国家比重统计表（1990-2000年）

单位：亿美元、%

期间	三地 GDP	占美比重	占日比重	占德比重	占法比重	占英比重	占意比重
1990	6 237	10.7	20.4	41.5	51.3	63.4	57.0
1991	6 712	11.2	19.3	39.0	54.9	65.9	58.3
1992	1 959	12.6	20.9	40.4	59.2	74.3	65.3
1993	9 414	14.2	21.5	49.3	73.7	98.3	94.8
1994	9 175	13.0	19.1	44.8	68.0	88.4	89.5
1995	11 043	14.9	20.9	45.7	71.0	98.0	100.6
1996	12 502	14.3	26.6	52.5	80.4	105.9	101.4
1997	13 594	16.3	31.5	64.3	96.7	102.3	116.5
1998	13 761	15.7	34.9	64.0	94.8	96.6	115.0
1999	14 357	15.5	31.9	68.0	99.9	99.6	121.6
2000	15 518	15.7	32.7	82.9	119.5	108.5	144.3

资料来源：根据表1计算。

附表 3　两岸三地及主要国家经济增长率统计表（1990-2000 年）

年增率：%

期间	两岸三地				主要国家					
	大陆	香港	台湾	三地平均	美国	日本	德国	法国	英国	意大利
1990	3.8	3.2	5.4	4.1	1.8	5.3	5.8	2.5	0.6	2.2
1991	9.2	3.9	7.6	6.9	-0.5	3.1	3.6	0.8	-1.5	1.1
1992	14.2	6.3	7.5	9.4	3.3	0.9	2.2	1.2	0.1	4.3
1993	13.5	6.1	7.0	8.9	2.7	0.4	-1.2	-1.3	2.5	-0.9
1994	12.6	5.4	7.1	8.4	4.0	1.0	2.4	2.8	4.4	2.2
1995	10.5	3.9	6.4	6.9	2.7	1.6	1.6	2.1	2.8	2.9
1996	9.6	4.5	6.1	6.7	3.6	3.5	0.8	1.1	2.6	2.0
1997	8.8	5.0	6.7	6.8	4.4	1.8	1.4	1.9	3.5	1.8
1998	7.8	-5.3	4.6	2.4	4.4	-1.1	2.0	3.2	2.6	1.5
1999	7.1	3.0	5.4	5.2	4.1	0.8	1.8	3.0	2.1	1.6
2000	8.0	10.5	5.9	8.1	4.1	1.5	3.0	3.5	2.9	2.9
平均	9.6	4.2	6.3	6.7	3.1	1.7	2.1	1.9	2.0	1.9

资料来源：同表 1。原注明：货币兑换所用汇率系根据国际金融统计（国际货币基金）之平均汇率。

第二，观察对外贸易。

从两岸三地出进口贸易总额整合观之，20 世纪 90 年代以来发展很快，如 1990 年祖国大陆、香港、台湾三地出进口贸易总额为 4 020 亿美元，相当于美国的 44. 1%，德国的 50. 7%，日本的 76. 9%，与英国、法国基本相近而高于意大利。而到了 2000 年，两岸三地出进口总额合计为 11 584 亿美元，相当于美国 56.8%，均超过德、日等国。

20 世纪 90 年代，两岸三地在全球贸易中的比重也发生了显著的变化。如 1990 年主要国家在全球贸易中排列的名次为，美国第一，德国第二，日本第三，以下为法国、英国、两岸三地和意大利，中国两岸三地排名倒数第二。到了 2000 年，排列前三名的为美国、两岸三地、德国，中国两岸三地跃居全球第二名。由此观之，展望未来，两岸三地将在全球贸易中发挥越来越重要的作用。

两岸三地对外贸易统计表（1990-2000 年）

单位：亿美元

期间	祖国大陆			香港特区			台湾地区			三地合计		
	出口	进口	合计	出口	进口	合计	出口	进口	合计	出口	进口	合计
1990	621	533	1 154	822	825	1 647	672	547	1 219	2 115	1 905	4 020
1991	719	638	1 357	986	1 002	1 988	762	629	1 391	2 467	2 269	4 736
1992	849	806	1 655	1 195	1 234	2 429	815	720	1 535	2 859	2 760	5 619
1993	910	1 031	1 941	1 352	1 386	2 738	851	771	1 622	3 113	3 188	6 301
1994	1 210	1 157	2 367	1 514	1 618	3 132	930	853	1 783	3 654	3 628	7 282
1995	1 488	1 291	2 779	1 737	1 928	3 665	1 117	1 035	2 152	4 342	4 254	8 596
1996	1 512	1 389	2 901	1 808	1 986	3 794	1 159	1 024	2 183	4 479	4 399	8 878
1997	1 829	1 422	3 251	1 881	2 086	3 967	1 221	1 144	2 365	4 931	4 652	9 583
1998	1 836	1 403	3 239	1 740	1 845	3 585	1 106	1 047	2 153	4 682	4 295	8 977
1999	1 951	1 658	3 609	1 735	1 795	3 534	1 216	1 107	2 323	4 906	4 560	9 466
2000	2 499	2 061	4 554	2 019	2 128	4 147	1 483	1 400	2 883	5 995	5 589	11 584

资料来源：台湾“行政院主计处”国民经济动向统计季报。

两岸三地在全球贸易中的发展变化统计表

单位：亿美元、%

地区	1990 年				2000 年			
	出口	进口	合计	合计比重	出口	进口	合计	合计比重
全球	34 386	53 320	69 706	100.0	63 274	65 866	129 140	100.0
美国	3 936	5 170	9 106	13.1	7 811	12 576	20 387	15.8
两岸三地	2 115	1 905	4 020	5.8	5 995	5 589	11 584	9.0
德国	4 101	3 461	7 927	11.4	5 496	4 978	10 474	8.1
日本	2 876	2 354	5 230	7.5	4 792	3 795	8 587	6.6
英国	1 853	2 244	4 097	5.9	2 814	3 343	6 157	4.8
法国	2 166	2 344	4 510	6.5	2 988	3010	5 998	4.6
意大利	1 705	1 920	3 625	5.2	2 383	2366	4 749	3.7

资料来源：同上。

第三，观察外汇储备。

外汇储备或国际准备，反映一个国家在国际社会的地位及经济实力。两岸三地的外汇储备整合观之，就1998年至2000年的统计，祖国大陆、香港特区、台湾地区三地的外汇储备，超过日本而居世界第一位，如2000年两岸三地的外汇储备合计为3 798亿美元，超过日本的3549亿美元。在外汇较多的前10名的国家中，两岸三地合计均居各国之首。充裕的外汇储备，必将增强两岸三地经济实力，提高在国际社会中的地位和声誉，也有利于加快两岸三地金融自由化，国际化的步伐。

两岸三地及外汇储备较多的国家前10名如下：

单位：亿美元

地区	1998年	1999年	2000年
祖国大陆	1 450	1 547	1 656
香港特区	896	963	1 075
台湾地区	903	1 062	1 067
三地合计	3 249	3 572	3 798
日本	2 155	2 869	3 549
韩国	520	740	961
新加坡	749	768	801
德国	740	610	569
美国	707	605	566
法国	443	397	370
巴西	426	348	325
英国	322	359	439
墨西哥	318	318	355

注：①资料来源：中国统计年鉴，台湾“中华民国统计月报”。

②外汇储备不包括黄金。

附录　台湾地区有关财经统计表

表1　　　　台湾地区历年人口统计表

单位：千人

年份	人口	年份	人口	年份	人口
1946	6 091	1966	12 993	1986	19 455
1947	6 495	1967	13 297	1987	19 673
1948	6 806	1968	13 650	1988	19 904
1949	7 397	1969	14 335	1989	20 107
1950	7 554	1970	14 676	1990	20 353
1951	7 869	1971	14 995	1991	20 557
1952	8 128	1972	15 289	1992	20 752
1953	8 438	1973	15 565	1993	20 944
1954	8 749	1974	15 852	1994	21 126
1955	9 078	1975	16 150	1995	21 304
1956	9 390	1976	16 508	1996	21 525
1957	9 690	1977	16 813	1997	21 743
1958	10 039	1978	17 136	1998	21 929
1959	10 431	1979	17 479	1999	22 092
1960	10 792	1980	17 805	2000	22 277
1961	11 149	1981	18 136	2001	22 406
1962	11 512	1982	18 458	2002	22 521
1963	11 883	1983	18 733	2003	22 605
1964	12 257	1984	19 013		
1965	12 628	1985	19 258		

资料来源：

①1980年《“中华民国”年鉴》。

②“中华民国统计月报”。

附注:1969年起包括现役军人。

表2　　台湾地区历年经济增长率统计表

单位：%

项目 年份	经济 增长率	农业 增长率	工业 增长率	服务业 增长率	项目 年份	经济 增长率	农业 增长率	工业 增长率	服务业 增长率
1952	12.0	11.2			1978	13.6	0.3	22.5	15.8
1953	9.3	15.4	25.4	27.5	1979	8.2	7.9	6.4	21.2
1954	9.6	-0.03	5.7	11.3	1980	7.3	1.1	6.8	31.2
1955	8.1	2.9	12.9	18.7	1981	6.2	-1.4	3.5	22.9
1956	5.5	5.2	3.6	13.9	1982	3.5	1.8	-0.9	9.7
1957	7.3	7.9	12.6	11.7	1983	8.4	4.0	12.7	8.5
1958	6.6	7.3	8.5	12.5	1984	10.6	3.1	11.8	9.9
1959	7.7	1.7	11.9	12.7	1985	5.0	3.1	2.7	6.8
1960	6.5	0.6	14.2	18.2	1986	11.6	-0.3	13.9	13.1
1961	6.8	7.3	15.6	16.0	1987	12.7	8.0	10.7	11.5
1962	7.8	3.1	8.0	11.5	1988	7.8	1.5	4.4	10.1
1963	9.4	1.8	9.2	14.5	1989	8.2	-0.2	3.4	12.3
1964	12.3	9.5	21.1	11.6	1990	5.4	2.1	-1.2	12.1
1965	11.0	6.6	16.3	13.7	1991	7.5	1.0	7.2	8.6
1966	9.0	3.6	15.6	13.4	1992	7.5	-2.9	4.3	9.3
1967	10.7	7.1	16.7	16.0	1993	7.0	5.4	4.1	7.9
1968	9.2	7.7	22.3	15.5	1994	7.1	-4.4	5.7	7.8
1969	9.0	-1.2	19.9	16.2	1995	6.4	2.8	5.1	7.4
1970	11.4	6.9	20.1	18.7	1996	6.1	-0.3	3.4	8.1
1971	12.9	2.8	23.6	19.6	1997	6.7	-1.5	6.1	7.4
1972	13.3	4.6	21.2	12.2	1998	4.6	-6.6	2.7	6.2
1973	12.8	7.0	16.2	20.4	1999	5.4	2.7	4.7	6.0
1974	1.2	-0.4	-4.5	41.5	2000	5.9	1.2	5.7	6.1
1975	4.9	-1.4	9.5	10.4	2001	-2.2	-2.1	-6.0	-0.1
1976	13.9	12.7	23.3	15.1	2002	3.6	4.7	5.1	2.8
1977	10.2	5.5	13.3	15.6	2003	3.2	-0.2	4.7	2.6

资料来源：

①李国鼎著《台湾的人力资源与人口问题》所附统计表，1994年6月东南大学出版社出版发行。

②“中华民国统计月报”。

说 明：

①经济增长率系以GDP按1986年价格计算。

②各产业总指数1986年=100

表3　　台湾地区历年三类产业比重统计表

单位：新台币亿元、%

年份	"国内"生产净额	农业占比重	工业占比重	服务业占比重	年份	"国内"生产净额	农业占比重	工业占比重	服务业占比重
1951	105	35.7	19.2	45.1	1976	5 487	13.0	41.5	45.5
1952	146	35.8	17.7	46.5	1977	6 379	12.2	42.6	45.2
1953	194	38.2	17.3	44.5	1978	7 498	11.0	44.5	44.5
1954	206	31.6	21.8	46.6	1979	8 923	10.1	44.6	45.3
1955	244	32.7	20.6	46.7	1980	11 483	9.2	44.7	46.7
1956	278	31.4	21.8	46.8	1981	13 863	8.7	44.4	46.9
1957	321	31.5	23.2	45.3	1982	14 862	9.2	42.7	48.1
1958	357	31.0	23.3	45.7	1983	16 205	8.8	43.4	47.8
1959	413	30.3	25.0	44.7	1984	18 021	7.6	45.2	47.2
1960	504	32.6	24.2	43.2	1985	18 882	6.9	44.9	48.2
1961	569	31.3	24.4	44.3	1986	22 027	6.5	46.8	46.7
1962	614	28.9	25.2	45.9	1987	24 810	6.3	47.5	46.2
1963	703	26.6	27.5	45.9	1988	26 457	6.1	46.2	47.7
1964	828	28.3	26.3	43.4	1989	30 791	5.9	43.5	50.6
1965	909	27.1	27.9	45.0	1990	37 645	5.5	43.1	51.4
1966	1 012	26.0	28.2	45.8	1991	43 331	4.2	45.6	50.2
1967	1 165	23.6	30.0	46.1	1992	48 376	4.0	44.2	51.8
1968	1 341	21.9	31.8	46.3	1993	53 806	4.0	43.3	52.7
1969	1 517	18.6	33.8	47.6	1994	59 031	3.8	41.3	54.9
1970	1 771	17.7	33.8	48.5	1995	64 236	3.8	40.0	56.2
1971	2 081	14.6	36.0	49.4	1996	70 344	3.5	39.0	57.5
1972	2 477	13.9	39.6	46.5	1997	76 974	2.8	38.2	59.0
1973	3 207	13.8	42.9	43.3	1998	82 814	2.7	37.3	60.0
1974	4 319	14.3	40.3	45.4	1999	86 265	2.8	35.7	61.5
1975	4 588	14.6	38.2	47.2	2000	89 509	2.3	35.0	62.7

资料来源：

①《台湾银行季刊》1982年第33卷第1期。

②《国民经济动向统计季报》第95期"行政院主计处"2001年11月编。

说明："国内生产净额"按当年要素成本计算。

表4 台湾地区历年GNP统计表

年份	GNP（当年价）新台币亿元	GNP（当年价）百万美元	人均GNP 美元	年份	GNP（当年价）新台币亿元	GNP（当年价）百万美元	人均GNP 美元
1951	123	1 194	145	1978	9 893	26 773	1 557
1952	172	1 674	160	1979	11 963	33 229	1 920
1953	229	1 463	167	1980	14 890	41 360	2 344
1954	251	1 337	177	1981	17 643	47 955	2 669
1955	300	1 210	202	1982	18 993	48 550	2 653
1956	342	1 380	141	1983	21 033	52 503	2 823
1957	399	1 610	159	1984	23 685	59 780	3 167
1958	445	1 223	172	1985	25 150	63 097	3 297
1959	514	1 413	131	1986	29 258	77 299	3 993
1960	625	1 717	153	1987	32 890	103 220	5 298
1961	699	1 749	151	1988	35 853	125 316	6 333
1962	770	1 926	162	1989	39 690	150 283	7 512
1963	871	2 178	178	1990	43 270	160 913	7 954
1964	1 020	2 550	202	1991	48 291	180 270	8 815
1965	1 224	2 811	216	1992	54 598	217 004	10 506
1966	1 259	3 148	236	1993	60 322	228 578	10 964
1967	1 455	3 637	267	1994	65 710	248 337	11 806
1968	1 694	4 236	304	1995	71 291	269 125	12 686
1969	1 966	4 915	345	1996	77 876	283 599	13 260
1970	2 264	5 660	389	1997	84 174	293 289	13 592
1971	2 636	6 589	443	1998	90 066	269 176	12 360
1972	3 162	7 906	522	1999	93 758	290 544	13 235
1973	4 103	10 727	695	2000	98 033	313 908	14 188
1974	5 494	14 458	920	2001	96 980	286 840	12 876
1975	5 863	15 429	964	2002	99 889	288 872	12 900
1976	7 027	18 492	1 132	2003	103 213	295 900	13 157
1977	8 239	21 681	1 301				

资料来源：

①李国鼎著《台湾的人力资源与人口问题》所附统计表，1994年6月东南大学出版社发行。

②李国鼎著《台湾经济发展背后的政策演变》所附统计表，1993年4月东南大学出版社出版发行。

③《台湾地区国民经济动向统计季报》第95期“行政院主计 处”2001年11月编。

④“中华民国统计月报”。

表 5　　台湾地区历年消费物价变动统计表

单位 :%

项目 / 年度	消费物价指数	项目 / 年度	消费物价指数
1946	225.7	1965	-0.1
1947	293.3	1966	2.0
1948	395.5	1967	3.4
1949	4 960.0	1968	7.9
1950	383.7	1969	5.1
1951	29.7	1970	3.6
1952	29.0	1971	2.8
1953	18.8	1972	3.0
1954	1.7	1973	8.2
1955	9.9	1974	47.5
1956	10.5	1975	5.2
1957	7.5	1976	2.5
1958	1.3	1977	7.0
1959	10.6	1978	5.8
1960	18.5	1979	9.8
1961	7.8	1980	19.0
1962	2.4	1981	16.3
1963	2.2	1982	3.0
1964	-0.2	1983	1.4
1984	-0.03	1994	4.1
1985	-0.2	1995	3.7
1986	0.7	1996	3.1
1987	0.5	1997	0.9
1988	1.3	1998	1.7
1989	4.4	1999	0.2
1990	4.1	2000	1.3
1991	3.6	2001	平
1992	4.5	2002	-0.2
1993	2.9	2003	-0.3

资料来源：

①《台湾银行季刊》1981 第 32 卷第 3 期。

②“行政院主计处”编《国民经济动向统计季报》2001 年第 95 期。

③台湾“中华民国统计月报”。

附注：1948 年以前系以旧台币计算之价格指数。

表6 台湾地区历年失业率统计表

单位:%

年份	失业率	年份	失业率	年份	失业率
1952	4.4	1960	4.0	1968	1.7
1953	4.2	1961	4.1	1969	1.9
1954	4.0	1962	4.2	1970	1.7
1955	3.8	1963	4.3	1971	1.7
1956	3.6	1964	4.3	1972	1.5
1957	3.7	1965	3.3	1973	1.3
1958	3.8	1966	3.0	1974	1.5
1959	3.9	1967	2.3	1975	2.4
1976	1.8	1986	2.7	1996	2.6
1977	1.8	1987	2.0	1997	2.7
1978	1.7	1988	1.7	1998	2.7
1979	1.3	1989	1.6	1999	2.9
1980	1.2	1990	1.7	2000	3.0
1981	1.4	1991	1.5	2001	4.6
1982	2.1	1992	1.5	2002	5.2
1983	2.7	1993	1.5	2003	5.0
1984	2.5	1994	1.6		
1985	2.9	1995	1.8		

资料来源：

①李国鼎著：《台湾的人力资源与人口问题》所附统计表，东南大学出版社1994年6月出版。

②《台湾经济动向统计季报》，“行政院主计处”2001年11月第95期。

③台湾“中华民国统计月报”。

表7　　主要国家/地区/人均国内生产总值统计表

单位：美元

年份	中国台湾	美国	日本	德国	法国	英国	加拿大	韩国	新加坡	中国香港	中国大陆
1982	2 654	13 964	9 169	10 616	10 127	8 674	缺数	1 893	6 181	5 432	268
1983	2 819	15 000	10 078	10 637	9 832	8 196	13 280	2 074	6 484	4 959	294
1984	3 134	16 510	10 689	10 057	9 289	7 705	13 747	2 260	6 872	5 871	298
1985	3 243	17 530	11 302	10 174	9 625	8 173	13 913	2 311	6 466	6 126	290
1986	3 897	18 374	16 653	14 552	13 348	9 931	14 356	2 636	6 533	7 258	277
1987	5 192	19 323	20 150	18 134	16 143	12 171	16 237	3 275	7 354	8 879	297
1988	6 223	20 606	24 285	19 415	17 461	14 692	18 309	4 330	8 855	10 355	364
1989	7 455	21 989	24 115	19 080	17 430	14 749	20 140	5 233	10 180	11 801	402
1990	7 918	22 983	24 705	23 780	21 441	17 088	20 715	5 893	12 157	13 091	342
1991	8 769	23 421	28 109	21 500	21 421	17 620	21 391	6 818	13 834	14 929	353
1992	10 274	24 742	30 561	24 443	23 442	18 461	20 476	7 194	15 445	17 359	415
1993	10 757	25 732	35 049	23 503	22 144	16 463	19 705	7 823	17 678	19 664	510
1994	11 613	27 069	38 441	25 690	23 294	17 733	19 487	9 017	20 765	21 674	455
1995	12 488	28 164	42 175	30 104	26 726	19 229	20 170	10 851	24 049	22 619	581
1996	13 073	29 453	37 339	29 097	26 643	20 081	20 741	11 423	24 775	24 418	671
1997	13 449	31 038	34 213	25 767	23 987	22 352	21 313	10 361	24 919	26 299	730
1998	12 268	32 457	31 171	26 219	24 668	23 813	20 409	6 829	20 953	24 486	762
1999	13 114	33 990	35 527	25 728	23 409	24 232	21 529	8 666	21 226	23 550	791
2000	13 985	35 082	37 436	22 829	23 409	23 822	23 321	9 673	22 949	23 918	855
2001	12 621	35 401	32 851	22 550	22 312	24 018	22 691	9 025	20 544	24 215	911
2002	12 588	36 012	31 161	24 093	23 487	26 505	23 535	10 006	21 162	23 800	1 090

资料来源：

①“行政院主计处”《国民经济动向统计季报》2001年11月第95期。

②台湾“中华民国统计月报”。原资料说明：平均每人国内生产总值=GDP/年中人口数，折成美元。

表8　　台湾地区历年出进口贸易统计表

单位：亿美元

项目 年份	合计	出口	进口	顺差（+） 逆差（-）	项目 年份	合计	出口	进口	顺差（+） 逆差（-）
1952	3.03	1.16	1.87	-0.71	1978	237.13	126.87	110.26	+16.60
1953	3.20	1.28	1.92	-0.64	1979	308.77	161.03	147.74	+13.29
1954	3.04	0.93	2.11	-1.18	1980	395.43	198.10	197.33	+0.78
1955	3.24	1.23	2.01	-0.78	1981	438	226	212	+14
1956	3.12	1.18	1.94	-0.76	1982	411	222	189	+33
1957	3.60	1.48	2.12	-0.64	1983	454	251	203	+48
1958	3.82	1.56	2.26	-0.70	1984	525	305	220	+85
1959	3.88	1.57	2.31	-0.74	1985	508	307	201	+106
1960	4.61	1.64	2.97	-1.33	1986	640	398	242	+156
1961	5.17	1.95	3.22	-1.27	1987	880	535	345	+190
1962	5.22	2.18	3.04	-0.86	1988	1 103	606	497	+109
1963	6.94	3.32	3.62	-0.30	1989	1 184	662	522	+140
1964	8.61	4.33	4.28	+0.05	1990	1 219	672	547	+125
1965	10.06	4.50	5.56	-1.06	1991	1 391	762	629	+133
1966	11.58	5.36	6.22	-0.86	1992	1 535	815	720	+95
1967	14.47	6.41	8.06	-1.65	1993	1 622	851	771	+80
1968	16.92	7.89	9.03	-1.14	1994	1 783	930	853	+77
1969	22.62	10.49	12.13	-1.64	1995	2 153	1 117	1 036	+81
1970	30.05	14.81	15.24	-0.43	1996	2 183	1 159	1 024	+135
1971	39.04	20.60	18.44	+2.16	1997	2 365	1 221	1 144	+77
1972	55.02	29.88	25.14	+4.74	1998	2 153	1 106	1 047	+59
1973	82.75	44.83	37.92	+6.91	1999	2 323	1 216	1 107	+109
1974	126.05	56.39	69.66	-13.27	2000	2 883	1 483	1 400	+83
1975	112.61	53.09	59.52	-6.43	2001	2 301	1 229	1 072	+157
1976	157.65	81.66	75.99	+5.67	2002	2 431	1 306	1 125	+181
1977	178.72	93.61	85.11	+8.50	2003	2 715	1 442	1 273	+169

资料来源：

①李国鼎著：《台湾经济发展背后的政策演变》所附统计表，东南大学出版社1993年版。

②《财政统计月报》，台湾“财政部”统计处1996年2月编印。

③台湾“中华民国统计月报”。

附注：从1981年开始金额单位亿美元后无尾数。

表9　　两岸间接贸易统计表（1979 - 2003年）

单位：亿美元

年份	贸易总额	台对大陆出口	台自大陆进口	台出（+）入（-）超
1979	0.78	0.22	0.56	(-) 0.34
1980	3.11	2.35	0.76	(+) 1.59
1981	4.59	3.84	0.75	(+) 3.09
1982	2.79	1.95	0.84	(+) 1.11
1983	2.48	1.58	0.90	(+) 0.68
1984	5.53	4.26	1.27	(+) 2.99
1985	11.03	9.87	1.16	(+) 8.71
1986	9.55	8.11	1.44	(+) 6.67
1987	15.16	12.27	2.89	(+) 9.38
1988	27.21	22.42	4.79	(+) 17.63
1989	34.83	28.96	5.87	(+) 23.09
1990	40.43	32.78	7.65	(+) 25.13
1991	57.93	46.67	11.26	(+) 35.41
1992	65.80	58.80	7.00	(+) 51.80
1993	143.90	129.30	14.60	(+) 114.70
1994	163.20	140.80	22.40	(+) 118.40
1995	178.80	147.80	31.00	(+) 116.80
1996	189.00	161.00	28.00	(+) 133.00
1997	198.00	164.00	34.00	(+) 130.00
1998	205.00	166.00	39.00	(+) 127.00
1999	234.00	195.00	39.00	(+) 156.00
2000	250.00	208.00	42.00	(+) 166.00
2001	323.00	273.00	50.00	(+) 223.00
2002	513.00	447.00	66.00	(+) 381.00
2003	584.00	494.00	90.00	(+) 404.00
累计	3 263.12	2 759.98	503.14	(+) 2256.84

注：1991年以前系香港海关统计，1992年以后为大陆海关统计。

表10　台湾地区主要贸易对象贸易差额统计表（1979－2003年）

金额单位：亿美元

年份	台外贸差额		对美国		对大陆		对日本
1979	+	13	+	23	－	0.3	－23
1980	+	1	+	21	+	1.6	－32
1981	+	14	+	34	+	3.1	－35
1982	+	33	+	42	+	1.1	－24
1983	+	48	+	69	+	0.7	－31
1984	+	85	+	98	+	3.0	－33
1985	+	106	+	100	+	8.7	－21
1986	+	157	+	135	+	6.7	－37
1987	+	186	+	160	+	9.4	－48
1988	+	109	+	104	+	17.6	－61
1989	+	139	+	120	+	23.0	－70
1990	+	125	+	91	+	25.1	－77
1991	+	133	+	82	+	35.4	－97
1992	+	95	+	78	+	51.7	－129
1993	+	80	+	68	+	114.7	－142
1994	+	77	+	63	+	118.4	－146
1995	+	81	+	56	+	116.8	－171
1996	+	136	+	69	+	133.0	－138
1997	+	77	+	63	+	130.0	－173
1998	+	59	+	97	+	127.0	－177
1999	+	109	+	112	+	156.0	－187
2000	+	83	+	97	+	166.0	－220
2001	+	156	+	94	+	223.0	－131
2002	+	181	+	87	+	381.0	－153
2003	+	169	+	91	+	404.0	－207
合计	+	2 454	+	2 054	+	2 256.7	－2 563

注：表中（＋）为出超，（－）为入超。

资料来源：

①台湾“中华民国统计月报”。

②对大陆出入超参见附表9。

表 11　　台湾地区各级"政府"历年岁入岁出统计表

单位：新台币亿元

财政年度	岁入金额	岁出金额	差额	筹措资金来源			
				合计	发行公债	经建借款	前年度结余
1964	182	185	-3	9	8	0.5	0.4
1965	221	224	-3	12	12	0.2	0.2
1966	229	238	-9	23	21	2.2	0.2
1967	284	307	-23	32	28	3.4	0.6
1968	318	330	-12	35	30	4.6	0.3
1969	428	419	9	22	21	1.3	0.2
1970	483	492	-9	29	25	4.3	0
1971	528	548	-20	45	28	4.7	12.3
1972	634	637	-3	30	19	7.0	3.9
1973	823	799	24	73	29	12	32
1974	1 100	899	201	57	9	7	41
1975	1 263	1 264	-1	77	4	10	63
1976	1 561	1 500	61	100	46	19	35
1977	1 802	1 925	-123	136	31	15	90
1978	2 162	2 269	-107	175	65	59	51
1979	2 766	2 547	219	109	56	29	24
1980	3 407	3 454	-47	282	0	46	236
1981	4 117	4 332	-215	260	40	37	183
1982	4 545	4 937	-392	363	134	68	161
1983	4 611	4 982	-371	400	223	78	99
1984	5 159	5 190	-31	183	98	60	25
1985	5 426	5 637	-211	334	241	71	22
1986	5 848	6 327	-479	513	288	74	151
1987	6 502	6 621	-119	573	483	82	8
1988	7 654	7 519	135	869	765	93	11
1989	9 216	12 396	-318 0	4 609	1 174	3 131	304
1990	10 924	11 667	-743	1 107	158	729	220
1991	10 500	14 166	-366 6	3 887	1 450	1 366	1 071
1992	12 576	16 961	-438 5	4 532	3 129	891	512
1993	14 164	18 593	-442 9	4 780	3 409	996	375
1994	15 028	19 137	-410 9	4 217	1 083	2 311	823
1995	15 594	20 749	-515 5	5 433	751	3 894	788
1996	16 042	20 059	-401 7	4 198	1 158	2 497	543
1997	17 047	19 618	-257 1	3 693	1 363	2 000	330
1998	20 535	22 047	-151 2	2 719	599	1 763	357
1999	20 044	22 178	-213 4	2 137	776	1 124	237
2000	27 849	31 409	-356 0				
2001	19 130	21 590	-246 0				

资料来源：

①1964-1993年的统计系根据李国鼎著:《台湾的财政金融与税收改革（下）》所附统计表，东南大学出版社1994年版。

②1994-1995年根据《财政统计月报》，1996年台湾“财政部”统计处编印。

③1996-2001年根据《中国统计年鉴》，中华人民共和国统计局编。

附注：“财政年度”或“会计年度”的起讫时间：①1953年以前为历年制：即当年的1-12月；②1954-1958年度为7月制：即当年的7月至翌年的6月；③1960-2000年度：为头年的7月至当年的6月；④1998年10月修正预算法，将“政府”会计年度由7月制调整为历年制，并由1999年7月起编制1999年下半年及2000年度（1999年7月至2000年12月）一次18个月的预算，因此，2000年的统计变动较大，2000-2001年的统计缺筹措资金来源数字。2001年的统计不包括追加减预算。

表 12　　台湾地区各级"政府"历年岁入来源统计表

金额单位：亿台币

财政年度	总计		各项收入占收入总额%					
	金额	%	税收	专卖收入	公营和公用事业盈余	发行公债	经建借款	其他
1955	67	100.0	62.4	13.8	3.8	–	–	200
1960	121	100.0	57.1	15.6	9.4	–	–	17.9
1965	234	100.0	51.2	14.0	13.3	5.1	0.1	16.3
1966	252	100.0	54.0	14.7	9.4	8.3	0.8	12.8
1967	316	100.0	48.3	13.4	12.5	8.8	1.1	15.9
1968	352	100.0	55.5	13.6	8.7	8.5	1.3	12.4
1969	450	100.0	60.7	12.1	10.7	4.7	0.3	11.5
1970	512	100.0	59.9	11.7	9.6	4.9	0.8	13.1
1971	573	100.0	59.7	11.2	10.5	4.9	0.8	12.9
1972	664	100.0	61.8	10.5	11.6	2.9	1.1	12.1
1973	896	100.0	59.2	8.5	14.1	3.2	1.4	13.6
1974	1 158	100.0	69.8	6.9	8.6	0.8	0.6	13.3
1975	1 340	100.0	63.0	9.8	10.6	0.3	0.8	15.5
1976	1 661	100.0	64.4	8.9	10.0	2.8	1.1	12.8
1977	1 938	100.0	63.3	8.6	9.5	1.6	0.8	16.2
1978	2 336	100.0	63.8	8.2	9.3	2.8	2.5	13.4
1979	2 874	100.0	69.4	7.4	7.9	1.9	1.0	12.4
1980	3 689	100.0	64.3	6.5	9.0	0.0	1.3	18.9
1981	4 377	100.0	64.2	7.8	9.4	0.9	0.8	16.9
1982	4 908	100.0	61.2	7.7	11.3	2.7	1.4	15.7
1983	5 012	100.0	60.4	8.0	12.1	4.4	1.6	13.5
1984	5 341	100.0	64.3	7.5	11.8	1.8	1.1	13.5
1985	5 760	100.0	61.3	7.2	13.3	4.2	1.2	12.8
1986	6 362	100.0	56.1	7.0	15.7	4.5	1.2	15.5
1987	7 078	100.0	58.7	6.5	14.5	6.8	1.2	12.3
1988	8 526	100.0	60.0	5.4	13.1	9.0	1.1	11.4
1989	13 825	100.0	45.6	3.4	9.3	8.5	22.6	10.6
1990	12 032	100.0	66.1	4.4	10.1	1.3	6.1	12.0
1991	14 387	100.0	52.0	4.2	6.6	10.1	9.5	17.6
1992	17 018	100.0	53.1	3.4	8.3	18.3	5.2	11.7
1993	18 944	100.0	51.9	3.3	8.8	18.0	5.2	12.8
1994	19 245	100.0	55.2	3.4	9.6	5.6	12.0	14.2
1995	21 027	100.0	55.7	2.9	6.8	3.6	18.5	12.5
1996	20 240	100.0	56.4	2.8	8.9	5.7	12.3	13.8
1997	20 741	100.0	58.5	2.8	8.7	6.6	9.6	13.8
1998	23 254	100.0	57.6	2.5	15.6	2.6	7.6	14.2
1999	22 181	100.0	60.6	2.51	14.6	3.5	5.1	13.7

资料来源：同上。2000–2001 年的统计与以前的项目不一致。见表 11 附注。

表 13　台湾地区各级“政府”历年各项用途支出统计表

金额单位：亿台币

财政年度	总计		各项支出占支出总额%						
	金额	%	一般政务	防务	教科文	经济发展	社会安全	债务	其他
1955	65	100.0	15.0	48.6	13.6	10.6	6.7	1.9	3.7
1960	122	100.0	11.6	48.9	13.5	13.9	6.9	1.0	4.2
1965	224	100.0	12.8	41.0	12.5	19.1	7.6	4.3	2.7
1966	238	100.0	18.8	42.5	14.5	14.2	4.7	3.3	2.0
1967	307	100.0	13.6	37.4	13.2	22.1	7.2	5.0	1.5
1968	330	100.0	14.1	40.3	14.7	16.5	7.8	4.8	1.8
1969	419	100.0	12.1	36.6	16.3	17.2	8.9	7.2	1.7
1970	492	100.0	12.9	35.9	16.3	17.9	9.6	5.4	2.0
1971	548	100.0	12.6	35.1	17.6	15.5	10.4	7.0	1.8
1972	637	100.0	13.0	30.3	17.3	18.3	12.7	5.9	2.5
1973	799	100.0	10.4	31.0	16.9	22.8	10.9	5.1	2.9
1974	899	100.0	13.6	27.4	16.7	25.3	10.8	4.3	1.9
1975	1 264	100.0	15.4	23.9	16.4	29.7	10.0	3.0	1.6
1976	1 500	100.0	11.9	24.7	15.9	31.7	11.3	2.8	1.7
1977	1 925	100.0	11.7	24.4	14.7	34.7	10.6	2.8	1.1
1978	2 269	100.0	9.6	27.5	17.2	31.5	10.8	2.5	0.9
1979	2 547	100.0	9.8	27.7	16.2	30.4	11.4	3.2	1.3
1980	3 454	100.0	9.2	29.9	15.3	31.5	11.1	2.0	1.0
1981	4 332	100.0	9.7	24.2	17.5	33.5	11.8	2.1	1.2
1982	4 937	100.0	10.2	24.2	17.7	29.9	14.5	1.8	1.7
1983	4 982	100.0	10.9	26.9	19.4	24.3	15.2	2.5	0.8
1984	5 190	100.0	10.3	23.8	19.0	26.7	15.8	3.6	0.8
1985	5 637	100.0	11.0	24.0	19.8	24.5	15.7	4.2	0.8
1986	6 327	100.0	11.1	24.2	20.5	24.4	15.6	3.4	0.8
1987	6 621	100.0	10.9	22.5	20.3	25.9	15.5	4.1	0.8
1988	7 519	100.0	10.7	21.3	19.7	25.5	17.5	4.5	0.8
1989	12 396	100.0	7.8	15.2	16.7	43.7	12.2	3.5	0.9
1990	11 667	100.0	10.8	18.1	19.8	25.9	17.1	7.4	0.9
1991	14 166	100.0	10.8	16.0	20.7	22.7	16.5	12.3	1.0
1992	16 961	100.0	11.7	14.1	19.5	27.3	16.9	9.9	0.6
1993	18 593	100.0	11.2	13.7	19.3	29.3	16.7	9.0	0.8
1994	19 137	100.0	11.3	16.8	20.0	24.5	18.3	8.5	0.6
1995	20 749	100.0	10.7	13.0	17.2	21.1	20.0	17.3	0.6
1996	20 059	100.0	12.2	14.2	18.7	16.4	24.7	13.4	0.5
1997	19 618	100.0	12.5	12.9	21.0	12.4	26.8	13.0	1.4
1998	22 047	100.0	11.7	14.2	18.7	15.2	24.7	14.9	0.7
1999	22 178	100.0	12.6	12.9	19.4	15.8	24.9	13.9	0.5
2000	31 409	100.0	14.9	11.4	20.9	15.1	25.4	8.6	3.8
2001	21 590	100.0	15.5	11.3	20.0	13.6	29.4	8.5	1.7

资料来源：同表 11。

表14　台湾地区历年"国防支出"占各级"政府"总支出比重统计表

单位：%

财政年度	各级"政府"支出总额	"国防"占比重	财政年度	各级"政府"支出总额	"国防"占比重
1950	100	57.4	1967	100	36.9
1951	100	44.0	1968	100	38.8
1952	100	36.6	1969	100	36.6
1953	100	35.6	1970	100	35.9
1954	100	42.9	1971	100	35.1
1955	100	44.2	1972	100	30.3
1956	100	45.0	1973	100	31.0
1957	100	40.9	1974	100	27.4
1958	100	44.9	1975	100	23.9
1959	100	47.8	1976	100	24.7
1960	100	46.4	1977	100	24.4
1961	100	46.1	1978	100	27.5
1962	100	43.6	1979	100	27.7
1963	100	43.7	1980	100	29.9
1964	100	41.4	1981	100	24.2
1965	100	38.4	1982	100	24.2
1966	100	42.2	1983	100	26.9
1984	100	23.8	1993	100	13.7
1985	100	24.0	1994	100	16.8
1986	100	24.2	1995	100	13.0
1987	100	22.5	1996	100	14.2
1988	100	21.3	1997	100	12.9
1989	100	15.2	1998	100	14.2
1990	100	18.1	1999	100	12.9
1991	100	16.0	2000	100	11.4
1992	100	14.1	2001	100	11.3

资料来源：

① 1950—1970年的统计，系根据中国财经出版社1980年2月出版的《台湾经济》第266页。

② 1971年以后的统计，资料来源同表11。

表 15　　台湾地区历年银行机构家数统计表

单位：家

年份	全体银行机构			"中央"银行	一般银行		中小企业银行		外商银行在台分行	
	合计	总行	分行		总行	分行	总行	分行		
1950	238	8	230		8	230				
1951	241	8	233		8	233				
1952	327	13	314		8	235	5	79		
1953	328	13	315		8	236	5	79		
1954	329	10	313		8	237	8	76		
1955	328	16	312		8	236	8	76		
1956	332	16	316		8	240	8	76		
1957	332	16	316		8	240	8	76		
1958	333	16	317		8	241	8	76		
1959	334	16	318		8	241	8	76	(1)	1
1960	335	17	318		9	241	8	76	(1)	1
1961	343	19	324	1	10	247	8	76	(1)	1
1962	346	19	327	1	10	250	8	76	(1)	1
1963	364	19	345	1	10	266	8	78	(1)	1
1964	390	19	371	1	10	285	8	85	(1)	1
1965	412	20	392	1	11	300	8	88	(4)	4
1966	431	20	411	1	11	317	8	90	(4)	4
1967	461	21	440	1	12	339	8	96	(5)	5
1968	476	21	455	1	12	351	8	99	(5)	5
1969	486	22	464	1	13	358	8	101	(5)	5
1970	506	22	484	1	13	372	8	106	(6)	6
1971	537	22	515	1	13	399	8	110	(6)	6
1972	559	22	537	1	13	416	8	114	(7)	7
1973	574	22	552	1	13	426	8	117	(9)	9
1974	599	22	577	1	13	442	8	124	(11)	11
1975	621	23	598	1	14	456	8	130	(12)	12
1976	631	23	608	1	14	465	8	131	(12)	12
1977	650	23	627	1	14	481	8	134	(12)	12
1978	692	23	669	1	14	504	8	152	(13)	13
1979	703	24	679	1	15	513	8	153	(13)	13
1980	725	24	701	1	15	518	8	162	(21)	21
1981	761	24	737	1	15	542	8	171	(24)	24
1982	784	25	759	1	16	550	8	184	(25)	25
1983	798	25	773	1	16	556	8	189	(28)	28
1984	814	25	789	1	16	561	8	197	(31)	31
1985	845	25	820	1	16	585	8	203	(32)	32
1986	870	25	845	1	16	601	8	212	(32)	32
1987	926	25	901	1	16	632	8	236	(32)	33
1988	963	25	938	1	16	663	8	240	(32)	35
1989	1 016	25	991	1	16	692	8	261	(33)	38
1990	1 064	25	1 039	1	16	721	8	275	(35)	43
1991	1 119	26	1 093	1	17	756	8	290	(36)	47
1992	1 303	41	1 262	1	32	897	8	315	(36)	50
1993	1 477	42	1 435	1	33	1 030	8	352	(37)	53
1994	1 677	43	1 634	1	34	1 174	8	403	(37)	57
1995	1 908	43	1 865	1	34	1 361	8	446	(38)	58
1996	2 044	43	2 001	1	34	1 464	8	472	(41)	65
1997	2 293	48	2 245	1	39	1 685	8	491	(45)	69
1998	2 525	49	2 476	1	42	2 052	6	352	(46)	72
1999	2 699	53	2 646	1	47	2 288	5	288	(41)	70
2000	2 747	54	2 693	1	48	2 411	5	282	(41)	71

注：

①“中央银行”自1961年复业以后，在岛内一直未设分支机构，但在纽约和伦敦设有代表办事处。

②中小企业银行，1979年以前包括合会储蓄公司；之后合会储蓄公司全部完成改制为中小企业银行。

③外商银行在台分行有（ ）者为家数，有的一家外银在台设有几家分行。

资料来源：① 1960年以前根据有关资料统计。

② 1961–1980根据李国鼎著《台湾的财政金融与税制改革（下）》所附统计表，1994年东南大学出版社出版。

③ 1981–1997根据《财政部金融局统计提要》，“财政部”金融 统计室1998年11月和1999年10月编印。

④ 1998–2000根据“中央银行”《金融统计月报》。

表16　台湾地区历年基层金融机构家数统计表

单位：家

年份	合计		信用合作社		农会信用部		渔会信用部	
	总机构	分机构	总社	分社	本部	分部	本部	分部
1952	356		68		288			
1953	359		71		288			
1954	367		74		293			
1955	357		74		283			
1956	352		72		280			
1957	363		77		286			
1958	366		78		288			
1959	366		78		288			
1960	370		80		290			
1961	370		80		290			
1962	372		81		291			
1963	375		81		294			
1964	378		83		295			
1965	378		83		295			
1966	375		83		292			
1967	375		83		292			
1968	377		84		293			
1969	378		85		293			
1970	376		83		293			
1971	371		79		292			
1972	370		78		292			
1973	368		78		290			
1974	367		77		290			
1975	361		75		286			
1976	349		75		274			
1977	356		75		277		4	
1978	357		75		278		4	
1979	357		75		278		4	
1980	360		75		281		4	
1981	360	674	75	211	281	461	4	2
1982	362	712	75	227	283	483	4	2
1983	370	742	75	241	283	499	12	2
1984	373	784	75	265	282	517	16	2
1985	375	859	75	289	283	565	17	5
1986	378	906	75	303	284	593	19	10
1987	375	908	74	294	282	603	19	11
1988	378	935	74	308	282	614	22	13
1989	381	1 043	74	358	285	665	22	20
1990	383	1 143	74	399	285	713	24	31
1991	385	1 210	74	425	285	754	26	31
1992	386	1 242	74	439	285	770	27	33
1993	362	1 304	74	482	285	788	27	34
1994	386	1 395	74	530	285	827	27	38
1995	385	1 486	73	556	285	886	27	44
1996	385	1 567	73	595	285	925	27	47
1997	378	1 496	64	505	287	943	27	48
1998	368	1 453	54	446	287	958	27	49
1999	364	1 436	50	416	287	971	27	49
2000	362	1 418	48	396	287	973	27	49

资料来源同表13。空格栏原资料缺数。

表 17　台湾地区历年货币供给额统计表（1961-2002 年）

单位：新台币亿元

项目 年份	M_1A 金额	M_1B 金额	M_2 金额	年增率 %	项目 年份	M_1A 金额	M_1B 金额	M_2 金额	年增率 %
1961	77	77	167		1982	3 527	5 175	14 062	24.3
1962	81	81	190	13.9	1983	4 046	6 129	17 776	26.4
1963	104	104	248	30.5	1984	4 279	6 696	21 342	20.1
1964	140	140	323	30.2	1985	4 618	7 515	26 331	23.4
1965	162	162	374	15.5	1986	6 749	11 379	32 989	25.3
1966	182	182	446	19.3	1987	8 931	15 682	41 750	26.6
1967	236	236	549	23.1	1988	11 022	19 505	49 208	17.9
1968	259	264	617	12.5	1989	12 993	20 688	56 719	15.3
1969	288	305	751	21.6	1990	11 765	19 319	62 312	9.9
1970	320	350	926	23.3	1991	12 543	21 653	74 325	9.3
1971	400	458	1 193	28.9	1992	13 503	24 258	88 137	18.6
1972	551	614	1 581	32.5	1993	15 256	27 971	101 702	15.4
1973	823	923	2 052	29.8	1994	16 469	31 393	117 028	15.1
1974	881	1 019	2 560	24.8	1995	15 727	31 631	128 054	9.4
1975	1 118	1 312	3 277	28.0	1996	16 334	34 261	139 739	9.1
1976	1 376	1 641	4 130	26.0	1997	17 109	37 153	150 944	8.0
1977	1 776	2 192	5 452	32.0	1998	17 395	38 548	163 867	8.6
1978	2 381	3 002	7 141	40.0	1999	19 694	45 072	177 450	8.3
1979	2 547	3 234	7 823	9.6	2000	19 026	44 921	188 978	6.5
1980	3 054	3 969	9 536	21.9	2001	19 187	50 259	197 369	4.4
1981	3 330	4 516	11 314	18.7	2002	20 905	54 916	202 470	2.6

资料来源："中央银行"《金融统计月报》。

附注：

①"中央银行"于 1961 年在台复业，1961 年以前缺资料。

②货币供给额 M_1A = 通货净额（通货发行额 − 银行库存现金）+ 银行支票存款及活期存款。

货币供给额 M_1B = M_1A + 银行活期储蓄存款

货币供给额 M_2 = M_1B + 准货币（即企业及个人在银行各种定期存款）。

表 18　　台湾地区金融机构历年存放款统计表

单位：新台币亿元

项目＼年份	存款	放款	项目＼年份	存款	放款	项目＼年份	存款	放款
1949	2	4	1968	710	648	1987	42 088	24 197
1950	6	10	1969	847	795	1988	50 744	33 551
1951	12	16	1970	1 012	944	1989	59 439	43 907
1952	20	23	1971	1 232	1 155	1990	64 715	50 635
1953	28	30	1972	1 631	1 427	1991	75 765	61 897
1954	35	42	1973	2 222	2 144	1992	90 737	79 605
1955	50	56	1974	2 728	3 020	1993	104 544	95 110
1956	59	70	1975	3 469	3 911	1994	120 314	109 566
1957	73	87	1976	4 335	4 510	1995	131 309	121 003
1958	95	103	1977	5 520	5 458	1996	142 609	130 597
1959	116	122	1978	7 345	6 940	1997	154 266	140 847
1960	143	146	1979	8 270	8 055	1998	166 969	151 766
1961	202	193	1980	9 595	10 204	1999	180 642	156 750
1962	235	238	1981	11 118	11 522	2000	193 087	161 757
1963	304	264	1982	13 854	13 504	2001	201 607	160 227
1964	376	317	1983	17 593	15 609	2002	206 098	154 939
1965	440	377	1984	21 280	17 449	2003	217.556	163.588
1966	527	434	1985	26 259	18 395			
1967	623	524	1986	32 830	20 105			

资料来源：1960 年以前根据有关资料统计，1961 年以后根据：

①《台湾银行季刊》1981 年第 32 卷第三期。

②“中央银行”《金融统计月报》。

③台湾“中华民国统计月报”。

表 19　　台湾地区历年新台币发行额统计表

单位：新台币亿元

年份	金额	年份	金额	年份	金额
1949	1.98	1968	92.85	1987	2 850.00
1950	3.91	1969	109.15	1988	3 206.00
1951	5.95	1970	133.84	1989	3 484.00
1952	7.98	1971	166.00	1990	3 547.00
1953	9.83	1972	202.00	1991	3 808.00
1954	12.28	1973	288.00	1992	4 276.00
1955	14.84	1974	326.00	1993	4 611.00
1956	16.75	1975	389.00	1994	4 977.00
1957	20.41	1976	477.00	1995	5 067.00
1958	25.00	1977	606.00	1996	4 985.00
1959	27.77	1978	786.00	1997	5 104.00
1960	29.05	1979	883.00	1998	5 137.00
1961	30.22	1980	1 104.00	1999	6 112.00
1962	33.30	1981	1 283.00	2000	5 277.00
1963	40.54	1982	1 383.00	2001	5 257.00
1964	51.21	1983	1 596.00	2002	5 273.00
1965	56.88	1984	1 682.00	2003	6 082.00
1966	64.93	1985	1 828.00		
1967	82.58	1986	2 310.00		

资料来源：1960 年以前根据有关资料统计。1961 年以后根据：

①《台湾银行季刊》1981 年第 32 卷第三期。

②台湾“中央银行”经济研究处编《金融统计月报》。

注：

① 1949 年 6 月 15 日，台湾当局实行币制改革，决定发行新台币，收回以前发行的旧台币。

② 1949–1960 年的统计，包括银行的业务库存现金；以后的统计，均不包括银行和邮汇局的业务库存现金。

表 20　　台湾地区历年新台币对美元汇率统计表

单位：1 美元合新台币

年份	汇率	年份	汇率	年份	汇率
1949.6	5.00	1968	40.00	1987	28.55
1950	5.00	1969	40.00	1988	28.17
1951	10.30	1970	40.00	1989	26.17
1952	10.30	1971	40.05	1990	27.11
1953	15.65	1972	40.05	1991	25.80
1954	18.78	1973	38.00	1992	25.47
1955	24.78	1974	38.00	1993	26.72
1956	24.78	1975	38.00	1994	26.26
1957	24.78	1976	38.00	1995	27.32
1958	36.38	1977	38.00	1996	27.54
1959	36.38	1978	36.00	1997	32.62
1960	36.38	1979	36.03	1998	32.26
1961	40.00	1980	36.01	1999	31.44
1962	40.00	1981	37.84	2000	33.06
1963	40.00	1982	39.31	2001	35.04
1964	40.00	1983	40.27	2002	34.81
1965	40.00	1984	39.47	2003	34.00
1966	40.00	1985	39.85		
1967	40.00	1986	35.50		

资料来源：

①中国财经出版社 1980 年 2 月出版的《台湾经济》。

②李国鼎著《台湾经济发展背后的政策演变》所附统计表，东南大学出版社 1993 年出版。

③“中华民国统计月报”。

附注：1949 年 6 月 15 日，台湾当局实行币制改革，决定发行新台币。

当时规定新台币兑美元之汇率为新台币 1 元等于美元 2 角，即 1 美元合新台币 5 元。

表 21　　台湾地区历年外汇和黄金储备统计表

年份＼项目	外汇储备（亿美元）	黄金储备（万英两）	年份＼项目	外汇储备（亿美元）	黄金储备（万英两）
1952	合计 0.8 亿美元		1982	85.32	374.5
1961	0.27		1983	119.00	411.4
1962	0.71		1984	157.00	446.4
1963	1.77		1985	226.00	501.2
1964	2.42		1986	463.00	557.4
1965	2.45		1987	767.00	766.7
1966	2.75		1988	739.00	1 348.7
1967	3.35		1989	732.00	1 353.7
1968	3.02		1990	724.00	1 353.7
1969	3.61	234.3	1991	824.00	1 354.0
1970	5.40	234.3	1992	823.00	1 354.0
1971	6.17	228.9	1993	836.00	1 355.0
1972	9.52	228.9	1994	925.00	1 356.0
1973	10.26	232.1	1995	903.00	1 356.0
1974	10.92	230.1	1996	880.00	1 356.0
1975	10.74	230.4	1997	835.00	1 357.0
1976	15.16	223.4	1998	903.00	1 357.0
1977	13.45	241.1	1999	1 062.00	1 357.0
1978	14.06	241.1	2000	1 067.00	1 357.0
1979	13.92	241.3	2001	1 222.00	1 357.0
1980	22.05	318.8	2002	1 617.00	1 357.0
1981	72.35	325.8	2003	2 066.00	1 357.0

资料来源：

① 1966 年以前根据有关资料统计。

② 1966 年以后至 1986 年根据：1988 年中国统计出版社之台港等地区《经济和社会统计资料汇编》。

③ 1986 年以后根据台湾"中华民国统计月报"、台湾的《中央日报》和《经济日报》。

后 记

20 世纪 80 年代初，我开始研究台湾的金融，这时，两岸关系还未解冻，尚处于严重的敌对状态，研究台湾具有敏感性。但考虑到这是一个缺门，又具有专业性，于是在搜集材料很困难的情况下，1985 年我完成了第一本有关台湾方面的专著《台湾的金融和银行》，由北京出版社出版。这在当时是罕见的。在我请全国台湾同胞联谊会郑坚副会长为本书写序言时，他很支持并表示：这是他迄今所见到的第一本有关台湾方面的专著。

随着形势的发展变化，两岸关系逐渐趋向缓和，各方面的交往增多，研究台湾有许多便利的条件，还由于金融与经济密不可分，两岸关系在不断发展变化，原来就金融论金融，已不能适应形势的发展。在此情况下，我的研究领域逐步扩大到台湾的经济层面，进而扩大到两岸经贸关系和两岸关系方面，这也是与时俱进吧！

随着时间的推移，积累了有关台湾经济金融和两岸经贸关系等方面的大量手稿资料，这些手稿大都没有公开发表过，于是在百万字的手稿中，选择了一部分，于 2004 年完成了《台湾的经济和金融及两岸经贸关系》一书，由九州出版社出版。但限于篇幅，容纳有限。此书问世后，超乎预期，至今我手头只剩下孤本，网购、新华书店都不可得，九州出版社说此书早已售完，但还有索要此书者。因此，决定修订此书，重新出版。

此书的修订，增加了篇幅，结构也有所调整。全书的内容更充实，涵盖更全面了。总览全书，可以观察台湾的经济金融和两岸关系的方方面面。

本书的资料是比较充实的，有较详细的统计数据。对于资料的来源，过去我有所保留，趁这次出版的机会，对有些资料的来源作些说明。我可能是大陆金融界最早与台湾“中央银行”发生联系的人。早在 1991 年 8 月，在北京燕山大酒店召开“海峡两岸关系”学术研讨会上，我结识了台湾的经济学家、东吴大学的侯家驹教授（已作古），通过侯教授我与台湾“中央银行”经济研究处的人员取得了联系。因此，书中的资料来源是多方面的，其中侯家驹教授为我提供了我所需要的资料。台湾“中央银行”经济研究处的有关人员，我们以个人名义进行了交流，定期或不定期提供了我所需要的资料。在此，我感谢为我提供资料的台湾友人。

书中的新台币统计数字很多，除了有的折算成美元外，很多的统计只有新台币数字。本书附录有历年新台币兑美元的汇率统计，可查阅折算。

本书的跨度较大，涉及面较广，个人水平有限，难免有不妥甚至错误之处，请读者批评指正。

张邦钜

2014 年 2 月